智能网联汽车
计算平台部署与测试

中国汽车工程学会　　　　　　组　编
国家智能网联汽车创新中心

主　编　于万海　刘彦博　袁立栋
副主编　郭建朋　陈舒畅　孔春花　金昊炫
参　编　苏菲菲　刘　阳　舒　杰　莫日根　孙驰天　张智勇
　　　　孙伟奇　霍舒豪　李发致　李徵宇　陈思聪　杜春润
　　　　张　慧　李兰友　张霞峰　段卫洁　杨　真　张宏伟
　　　　孙凤霞　温　军　徐增勇　刘　强　王景智　郑敏聪

机械工业出版社

随着智能网联汽车技术的发展，计算平台的作用愈发重要。本书是智能网联汽车计算平台测试应用与调试开发的中级教材，主要介绍了计算平台的架构、搭建、拆装、应用开发等知识，全书以学习任务为出发点贯穿教学，包括计算平台的整体认知、计算平台的硬件检测、计算平台中软件工具链的安装与调试、计算平台中环境感知模块的测试、计算平台中决策规划的认知和计算平台执行器控制模块的测试6个项目，共计12个任务，每个任务通过任务导入、任务分析、任务资讯、任务准备、任务实施、任务评价逐层深入实践。本书还介绍了计算平台的基础知识、框架和硬件认知；计算平台的拆装调试与外围传感器调试，以及相关软件的环境部署和路径规划等相关操作。

本书可作为智能网联汽车技术及相关专业教材，也可作为汽车使用、维修、检测和管理等行业的有关人员的学习参考书，以及汽车相关专业院校师生的参考书。

为方便教学，本书配有电子课件等资源，凡选用本书作为授课教材的教师均可登录机械工业出版社教育服务网（www.cmpedu.com），以教师身份注册后免费下载，或咨询相关编辑，咨询电话：010-88379201。

图书在版编目（CIP）数据

智能网联汽车计算平台部署与测试/于万海，刘彦博，袁立栋主编. —北京：机械工业出版社，2024.3

ISBN 978-7-111-75186-1

Ⅰ. ①智… Ⅱ. ①于… ②刘… ③袁… Ⅲ. ①汽车–智能通信网–计算–测试平台–设备安装–教材 ②汽车–智能通信网–计算–测试平台–调试方法–教材 Ⅳ. ①U463.67

中国国家版本馆 CIP 数据核字（2024）第 042509 号

机械工业出版社（北京市百万庄大街22号　邮政编码100037）
策划编辑：师　哲　　　　　　责任编辑：师　哲
责任校对：张勤思　张　薇　　封面设计：张　静
责任印制：邓　博
北京盛通印刷股份有限公司印刷
2024年6月第1版第1次印刷
210mm×285mm・12.75印张・326千字
标准书号：ISBN 978-7-111-75186-1
定价：54.00元

电话服务　　　　　　　　　　网络服务
客服电话：010-88361066　　　机　工　官　网：www.cmpbook.com
　　　　　010-88379833　　　机　工　官　博：weibo.com/cmp1952
　　　　　010-68326294　　　金　书　网：www.golden-book.com
封底无防伪标均为盗版　　机工教育服务网：www.cmpedu.com

智能网联汽车专业"岗课赛证"系列教材（职业教育）

编审委员会

顾　　问：付于武　李　骏

主　　任：张进华

副 主 任：闫建来　严　刚　楼志刚

委　　员：徐念峰　尹万健　关志伟　张成山　李　雷　朱福根　解　云
　　　　　李晶华　刘学军　董铸荣　缑庆伟　陈黎明　张红英　于万海
　　　　　弋国鹏　吴书龙　赵玉田　刘卫国　詹海庭　徐月云

前言 Preface

党的二十大报告站在民族复兴和百年变局的制高点，对党和国家事业发展的目标任务和大政方针提出了一系列新思路、新战略、新举措，是指导我们全面建设社会主义现代化国家、向第二个百年奋斗目标进军的纲领性文献，对汽车产业和人才工作具有风向标意义。在政策、技术与市场等多重因素的影响下，汽车这一传统产业与能源、交通、信息通信等领域加速融合，正在逐步形成电动化、智能化、网联化的发展格局。智能网联汽车的发展已经进入快车道。目前国内高职院校汽车专业人才培养供给难以满足智能网联汽车产业发展的需求。

2021年4月，中国汽车工程学会、国家智能网联汽车创新中心发布了全国职业院校《智能网联汽车专业建设白皮书（2021版）》，为职业院校智能网联汽车技术专业建设提供了思路。为满足行业对智能网联汽车技术专业人才的需求，促进高职院校汽车专业建设，中国汽车工程学会和国家智能网联创新中心组织编写了本书。本书具有以下特点：

1）立足先进的职业教育理念，紧跟汽车新技术的发展步伐，结合智能网联汽车技术专业的职业规划、培养目标和与之对应的课程体系、教学体系进行教材内容设置，及时反映产业升级和行业发展需求，体现新知识、新技术、新工艺、新方法、新材料。

2）采用学习任务式编写体例。每一个学习任务都对应有相关的任务驱动，且配备有对应的技能操作步骤，可操作性强。

3）以就业为导向，以职业能力培养为核心，注重学生实践应用能力的培养和技能的提升，使学生的培养过程实现"理实一体"，旨在为行业培养高素质的智能网联汽车技术人才。

本书结合教育部等四部门印发的《关于在院校实施"学历证书+若干职业技能等级证书"制度试点方案》，响应国家等级证书制度试点工作，采用工作手册式教材编写形式，以全面素质为基础，以职业能力为本位，从岗位任务和岗位技能需求出发，培养学生职业岗位技能，实现课程内容与职业技能的融合，技术能力与工作岗位对接，实习实训与顶岗工作学做合一，使学生在学习和实践中了解职业及岗位，培养良好的职业道德和职业素养。

本书邀请了多位知名企业专家联合高校教师共同编写而成，由中国汽车工程学会和国家智能网联创新中心组编，河北科技工程职业技术大学于万海、上海交通大学电子信息与电气工程学院刘彦博、国汽智控（北京）科技有限公司袁立栋担任主编，国汽（北京）智能网联汽车研究院有限公司郭建朋、长春汽车工业高等专科学校陈舒畅、吉林交通职业技术学院孔春花、杭州科技职业技术学院金昊炫担任副主编，阿波罗智能技术（北京）有限公司苏菲菲、杭州华为企业通信技术有限公司刘阳、安谋科技（中国）有限公司舒杰、阿里云（北京）科技有限公司莫日根、腾讯云计算（北京）有限责任公司孙驰天、英特尔（中国）有限公司张智勇、心动互动娱乐有限公司城北大王寨孙伟奇、北京智行者科技股份有限公司霍舒豪、上海闵行职业技术学院李发致、上海盛子智能科技有限公司李徽宇、卡斯柯信号有限公司陈思聪、上海盛心杰缘智能科技有限公司杜春润、长春汽车工业高等专科学校张慧、杭州职业技术学院李兰友、广州科技贸易职业学院张霞峰、北京交通运输职业学院段卫洁、芜湖职业技术学院杨真、河北石油职业技术大学张宏伟、黑龙江农业工程职业学院孙凤霞、长春职业技术学院温军、河南交通职业技术学院徐增勇、烟台汽车职业学院刘强、广东轻工职业技术学院王景智、阳江市第一职业技术学校郑敏聪参加了编写。

由于编者水平有限，本书内容的深度和广度尚存在欠缺，欢迎广大同仁、读者予以批评指正。

编 者

二维码索引

名称	图形	页码	名称	图形	页码
MATLAB 仿真环境驾驶场景搭建		68	Gazebo 仿真环境下基于 OpenCV 的二维码识别		117
MATLAB 仿真平台路面实况标记		70	Gazebo 环境下基于 ROS 的阿克曼小车键盘控制		118
TAD Sim 安装		105	Gazebo 环境下基于 ROS 和 OpenCV 的阿克曼小车跟车		119
TAD Sim 添加路径规划		107	Apollo 安装		120
TAD Sim 添加信号灯		108	Apollo Studio 系统调试		166
基于 ROS 的消息发布与订阅		115	Apollo Sim Control 工具使用		169

目　录
Contents

前言

二维码索引

项目一　计算平台的整体认知 ·· 001
　　任务一　计算平台的架构认知 ··· 001
　　任务二　计算平台的接口认知 ··· 007

项目二　计算平台的硬件检测 ·· 015
　　任务一　计算平台的性能测试 ··· 015
　　任务二　计算平台的故障检测 ··· 024

项目三　计算平台中软件工具链的安装与调试 ·· 036
　　任务一　计算平台的软件部署 ··· 036
　　任务二　工具链的认知 ··· 048

项目四　计算平台中环境感知模块的测试 ·· 073
　　任务一　定位模块的观测与分析 ··· 073
　　任务二　感知模块的观测与分析 ··· 090

项目五　计算平台中决策规划的认知 ··· 100
　　任务一　仿真平台的决策规划 ··· 100
　　任务二　实车系统的决策规划 ··· 130

项目六　计算平台执行器控制模块的测试 ·· 156
　　任务一　控制模块的原理与分析 ··· 156
　　任务二　控制模块的观测与调试 ··· 173

参考文献 ·· 194

项目一
计算平台的整体认知

任务一　计算平台的架构认知

任务导入

自动驾驶技术是现在车企研究的重点领域，一名技术员想要从事自动驾驶相关的工作，该如何快速熟悉计算平台的架构呢？

任务分析

要完成本次任务，首先要了解计算平台的定义与发展历程，了解计算平台在自动驾驶环节的作用。通过对"任务资讯"的学习，达到如下所列"知识目标"的要求。对设计软件结构时影响系统性能的因素有一定认知后，进行"任务实施"环节的实操演练，达成如下所列"技能目标"的能力。

知识目标	1. 熟悉计算平台角色定义 2. 了解计算平台的发展历史与现状
技能目标	1. 具有叙述自动驾驶技术等级与对应等级要求的能力 2. 具有识别计算平台软硬件结构的能力
素养目标	培养学生独立思考、科学严谨的工作态度

一、计算平台角色定位

随着汽车技术的发展，传统汽车已不能满足现代人们的出行要求，智能化、网联化汽车的出现，使汽车的定位由传统的代步机械升级为集运输、娱乐、生活为一体的新型智能移动终端。智能网联汽车是基于传统汽车优化电子电气结构后，可实现自动驾驶的汽车，其需要强大的计算能力，并以数据存储和通信功能为基础搭建系统软件，这就是车载计算平台。计算平台可完成车辆行驶过程中大量数据的处理，进而实现车与车互联、车与物互联，构建道路交通中的通信体系，并依据用户需求自定义软件功能，最终实现汽车自动驾驶。

汽车电子电气系统的复杂度和集成度随着自动驾驶级别的提升而不断提高，新四化趋势带动汽车产业朝着智能化、网联化、电动化、共享化不断发展，汽车驾驶功能和安全功能等相关信息的数量随之增加，自动驾驶系统所需要处理的数据呈几何级数增长。随着自动驾驶系统实时性、安全等级需求不断提高，要求新型电子电气架构具备经济、高效地提供高性能计算的能力，并具备良好的可拓展性，由此诞生了异构分布式硬件平台。

二、驾驶自动化等级

在GB/T 40429—2021《汽车驾驶自动化分级》中，对驾驶自动化等级进行了划分，见表1-1。在汽车驾驶自动化的6个等级之中，0~2级为驾驶辅助，系统辅助人类执行动态驾驶任务，驾驶主体仍为驾驶人；3~5级为自动驾驶，系统在设计运行条件下代替人类执行动态驾驶任务，当功能激活时，驾驶主体是系统。

表1-1 驾驶自动化等级

级别	名称	定义
0级	应急辅助（emergency assistance）	系统不能持续执行动态驾驶任务中的车辆横向或纵向运动控制，但具备持续执行动态驾驶任务中的部分目标和事件探测与响应的能力
1级	部分驾驶辅助（partial driver assistance）	系统在其设计运行条件下持续地执行动态驾驶任务中的车辆横向或纵向运动控制，且具备与所执行的车辆横向或纵向运动控制相适应的部分目标和事件探测与响应的能力
2级	组合驾驶辅助（combined driver assistance）	系统在其设计运行条件下持续地执行动态驾驶任务中的车辆横向和纵向运动控制，且具备与所执行的车辆横向和纵向运动控制相适应的部分目标和事件探测与响应的能力
3级	有条件自动化驾驶（conditionally automated driving）	系统在其设计运行条件下持续地执行全部动态驾驶任务
4级	高度自动化驾驶（highly automated driving）	系统在其设计运行条件下持续地执行全部动态驾驶任务并自动执行最小风险策略
5级	完全自动驾驶（fully automated driving）	系统在任何可行驶条件下持续地执行全部动态驾驶任务并自动执行最小风险策略

不同等级的驾驶自动化系统对车辆的功能软件要求不同，驾驶自动化等级越高，对传感

器精度以及计算平台的算力、功耗等性能要求越严格。图 1-1 所示为不同级别驾驶自动化系统对计算平台智能化程度的需求。

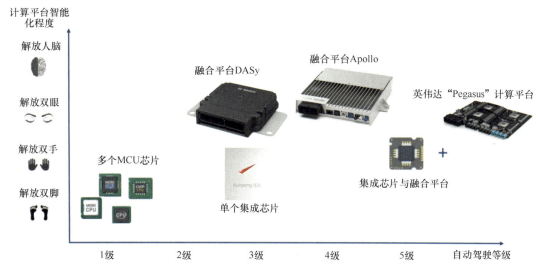

图 1-1 不同级别驾驶自动化系统对计算平台智能化程度的需求

三、自动驾驶计算平台的结构

自动驾驶计算平台的结构一般分为硬件平台、系统软件和功能软件 3 部分，如图 1-2 所示。硬件平台是自动驾驶系统中最基础、最核心的部分，其设计方案直接决定自动驾驶系统感知环境的能力、计算能力、计算平台功耗、稳定性与安全性等。搭载高性能硬件平台的系统软件，可用于开发者设计自动驾驶功能软件，也可用于用户进行自定义设置，在决定车辆安全性的同时，也是收获用户对自动驾驶优良评价的重要一环。功能软件是指车辆感知、决策、执行、网联、云控、数据传输等自动驾驶算法的核心模块，与系统软件共同构成完整的自动驾驶操作系统。

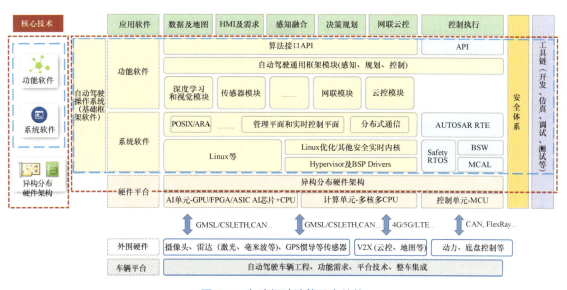

图 1-2 自动驾驶计算平台结构

1. 硬件平台

目前很多自动驾驶公司设计的硬件平台一般采用异构分布架构，如图 1-2 所示，包括 CPU 计算单元、AI 单元、控制单元等。

（1）**CPU 计算单元** 车规级 CPU 计算单元一般为 ARM 架构，由多个 CPU 组成，可执行自动驾驶相关的大多数算法，通过数据整合完成路径规划、决策控制等功能。

（2）**AI 单元** 常见的 AI 加速芯片包括 GPU、FPGA、ASIC 3 类，其中 GPU 适用于处理数量庞大但运算相对简单的计算，如摄像机采集的图形分析；FPGA 为现场可编程门阵列，解决了定制电路不足和编程器件门电路数量不足的问题；ASIC 是为特定用户需求设计的集成电路，具有体积小、功耗低、成本低等优点，且具有较好的可靠性和稳定性。

（3）**控制单元** 控制单元虽然对算力要求较低，却能保证车辆的稳定性和可靠性。它通过对底盘控制，实现车辆动力学控制和车辆安全监控。

2. 系统软件

与硬件相关的系统软件模块在智能网联汽车生态系统中发挥着承上启下的作用，连接硬件层与功能软件层。系统软件的架构包含操作系统、虚拟化软件和中间件 3 部分，为功能软件创建运行环境，提供服务。与传统汽车相比，自动驾驶汽车的计算平台操作系统由单核向多核发展，虚拟化软件可在同一处理器中划分出多个操作系统，不同安全等级的内核 OS 运行在各自分区中，采用分布式通信机制串联，可提升车辆驾驶系统的稳定性与安全性。图 1-3 所示为自动驾驶汽车系统软件升级前后对比。

（1）**虚拟化软件** 虚拟化软件也称为硬件抽象层，其功能为对硬件进行封装，是搭建内核与硬件平台的桥梁，主要包含板级支持包（Board Support Package，BSP）与虚拟机监视器（Hypervisor）。BSP 的功能主要是支持操作系统，通过构建嵌入式系统使操作系统更好地在硬件主板上运行。BSP 可在多平台移植。

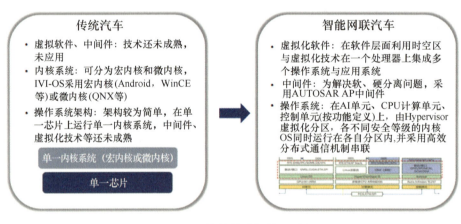

图 1-3 系统软件升级前后对比

（2）**操作系统** 操作系统是系统软件的核心，系统进程、设备驱动文件、内存、网络系统都汇总于此统一管理。计算平台的不同硬件架构单元加载的操作系统安全等级存在差异。负责车辆底盘控制的单元模块，由于直接涉及驾驶人和乘员的人身安全，操作系统等级需要达到 ASIL D 级别，CPU 计算单元作为智能网联车辆的"大脑"，安全等级也要达到 ASIL D 级。不同安全等级的功能单元对操作系统内核的要求不同，但需要同时满足安全功能的要求与驾驶系统的性能要求。

（3）中间件　中间件的主要作用是解决软、硬件解耦的问题。其位于操作系统、网络和数据控制的上层，应用软件的下层。它可以解决OEM厂商开发功能软件时担心基础软件层被标准化的顾虑，提升OEM厂商应用软件开发效率，为应用软件更全面的功能场景开发奠定基础。

3. 功能软件

功能软件是实现自动驾驶的核心模块，主要由功能软件通用框架和自动驾驶通用框架模型组成，环境模型、规划模型、控制模型分别负责车辆自动驾驶时的环境感知、规划决策和车辆控制，是保障自动驾驶车辆安全的重要环节。

任务准备

1. 工具、设备介绍

子任务模块	设备工具
子任务自动驾驶计算平台结构认知	自动驾驶计算平台

2. 实操预演

第一步　通过资料链接，熟悉计算平台软、硬件的结构组成。
第二步　通过资料链接，熟悉计算平台各部分的功能。

任务实施

1. 前期准备

准备自动驾驶计算平台结构图。

2. 实操演练

子任务　自动驾驶计算平台结构认知

实施步骤	使用工具	图示	操作要点
完成对自动驾驶计算平台的结构认知	自动驾驶计算平台结构图	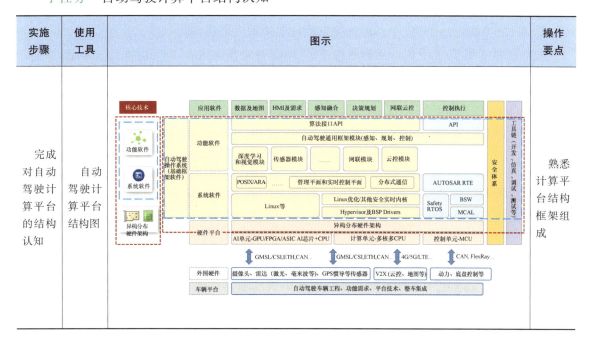	熟悉计算平台结构框架组成

任务评价

计算平台架构认知评分标准

学生姓名：_____　　学生学号：_____　　操作用时：_____ min

序号	作业内容	配分	作业项目	分值	扣分	备注
1	阐述驾驶自动化从0级到5级分级	30	□阐述驾驶自动化从0级到5级分级，举例说明不同分级中计算平台的样例	30		如有未完成的项目，根据情况酌情扣分
2	简述自动驾驶计算平台硬件结构	30	□简述CPU计算单元特点	10		
			□简述AI单元特点	10		
			□简述控制单元特点	10		
3	简述自动驾驶计算平台软件结构	40	□简述虚拟化软件特点	10		
			□简述操作系统内核特点	10		
			□简述中间件特点	10		
			□简述汽车操作系统特点	10		
			合　计	100		

考核成绩：_____　　　　教师签字：_____

课后测评

一、选择题

1. 在0级自动驾驶中，（　　）完成所有操作任务，如转向、制动、加速或减速，车辆仅为行驶工具。

　　A. 驾驶人　　　　B. 计算平台　　　　C. 云平台　　　　D. 路测单元

2. 在GB/T 40429—2021中，对驾驶自动化级别做出分层定义（　　）。

　　A. 0级至5级　　B. 1级至5级　　C. 0级至4级　　D. 1级至4级

3. 在（　　）自动驾驶中，车辆在检测到周边环境符合自动驾驶的安全功能时通知驾驶人，驾驶人可切换至自动驾驶模式，并在大多数场景中由自动驾驶系统完成车辆的控制与路径规划。

　　A. 1级　　　　B. 2级　　　　C. 3级　　　　D. 4级

4. 在（　　）自动驾驶中，可完全解放驾驶人的控制，车辆搭载的计算平台与多种传感器、通信机制将帮助驾驶人规划路径、进行车辆实时控制决策，直到到达目的地或主动退出驾驶模式，该模式下车辆也具备处理特殊交通事故的能力。

　　A. 2级　　　　B. 3级　　　　C. 4级　　　　D. 5级

二、判断题

（　　）1. 汽车电子电气系统的复杂度和集成度随着自动驾驶级别的提升而不断提高，新四化趋势带动汽车产业朝着智能化、网联化、电动化、共享化不断发展。

（　　）2. 自动驾驶计算平台，包括 CPU 计算单元、AI 单元、控制单元、ISP、存储功能等其他硬件组成自动驾驶域控制器。

（　　）3. 车规级 CPU 计算单元一般为 X86 架构，由多个 CPU 组成，可执行自动驾驶相关的大多数算法，通过数据整合完成路径规划、决策控制等功能。

（　　）4. 智能网联汽车常见操作系统广义角度讲可以分为两大类，即车控操作系统与智能座舱操作系统。

三、简答题

1. 请简述自动驾驶从 0 级到 5 级分级，不同分级中计算平台的特点。
2. 请简述计算平台 AI 单元的特点。
3. 请简述自动驾驶计算平台软件的结构特点。

任务二　计算平台的接口认知

任务导入

智能网联汽车搭载计算平台需要连接外围设备。一名技术员想要从事计算平台的外围设备调试工作，该如何使用计算平台的外围接口与外围设备进行连接，以实现其功能呢？

任务分析

要完成本次任务，首先要对计算平台的外围设备以及外围设备的接口有一定的认知，通过对"任务资讯"的学习，达到如下所列"知识目标"的要求。对计算平台的外围设备以及外围设备的接口有了一定的了解后，通过"任务实施"环节的实操演练，达成如下所列"技能目标"的能力。

知识目标	1. 了解常见的计算平台的外围设备 2. 了解计算平台的外围设备接口
技能目标	1. 具有识别计算平台的外围设备的能力 2. 具有识别计算平台的外围设备接口的能力
素养目标	培养学生一丝不苟、精益求精的工匠精神

任务资讯

一、计算平台的外围设备

为了让计算平台在不同的场景下完成不同的任务，满足多种用户需求，可以根据情况为计算平台配置多种外围设备。计算平台拥有丰富的外围接口，可以与多种类型的传感器相连接。当连接完成后，计算平台可以控制多种不同的传感器对场景的信息进行采集，并对采集到的数据进行分析与计算，完成不同类型的任务。下面将介绍一些常见的与计算平台相连接的外围设备。

1. 激光雷达

激光雷达（LIDAR）是一种运用激光的探测和测距原理，工作在光学波段的雷达。常见的激光雷达样式如图1-4所示。激光雷达通过测量光在空间中传播的时间，再转换成距离，得出物体与激光雷达之

图1-4 常见的激光雷达样式

间的距离。激光雷达具有较高的距离分辨率、角分辨率和速度分辨率，获取的信息量丰富，可直接获取目标的距离、角度、反射强度、速度等信息，生成目标的多维度图像。

2. 毫米波雷达

毫米波雷达（电磁波频率范围是30~300GHz）利用射频芯片、天线发射调频连续波（FMCW）进行测量。常见的毫米波雷达样式如图1-5所示。

连续波遇到障碍物后，会产生反射，形成回波。毫米波雷达不断地对回波进行测量，经混频

图1-5 常见的毫米波雷达样式

放大处理后，运用其差拍信号时间差来计算出障碍物与毫米波雷达之间的距离。然后，根据差频信号相位差与相对速度的关系，测量出障碍物对雷达的相对速度及危险时间，从而对车辆行驶做出预判。毫米波雷达的电磁波波段频率高、波长短，能够降低由不需要的反射所引起的误差，具有检测精度高的优点。另外，毫米波雷达对烟、雾、灰尘的穿透能力极强，在恶劣天气条件下，整体表现更好，具备全天候的工作能力，故已成为自动驾驶领域首选的雷达。毫米波雷达在驾驶自动化0~3级阶段已经广泛应用在前方碰撞预警系统（FCW）、自适应巡航系统（ACC）、自动紧急制动系统（AEB）、变道辅助系统（LCA）等领域，通信接口为CAN。

3. 超声波雷达

超声波雷达利用无线电波来确定物体的范围、高度、方向或速度。常见的超声波雷达样式如图1-6所示。超声波雷达系统被用于机场的空中交通管制，以及远距离监视和预警系统。相比于普通的雷达，超声波雷达传感器是运用声波工作的，而不是电磁波。这是超声波雷达和普通雷达传感器之间的关键区别。

图1-6 常见的超声波雷达样式

4. 车载摄像头

车载摄像头是实现汽车主动安全功能的主要视觉传感器。自动驾驶汽车通过车载摄像头采集图像，实时感知车身周围的各种复杂路况，并实现前方碰撞预警（FCW），车道偏离预警（LDW）和行人检测（PD）等各种高级驾驶辅助系统（ADAS）的功能。根据安装位置和功能的不同，车载摄像头分为前视摄像头、后视摄像头和环视摄像头等。根据镜头的数量

不同，车载摄像头分为单目摄像头、双目摄像头和三目摄像头等。常见的车载摄像头样式如图1-7所示。

5. 惯性测量单元

惯性测量单元（Inertial Measurement Unit，IMU）是一个由陀螺仪和加速度计组成的传感器设备。常见的惯性测量单元样式如图1-8所示。通常情况下，1个惯性测量单元包含3个单轴加速度计和3个单轴陀螺仪。陀螺仪用于测量物体在三维坐标系中的角速率，加速度计用于测量物体在三维坐标系中的加速度。对这些数值进行计算，就可以得出物体的位姿信息。通过惯性测量单元，可以测量各种数值，包括速度、方向、加速度、角速率，以及设备周围的磁场（在有磁强计的情况下）。一般情况下，惯性测量单元会和GPS结合使用。这样，在某些GPS信号微弱的地方，惯性测量单元就能够发挥它的优势，可以让汽车继续获得绝对位置信息，防止出现丢失位置信息的状况。IMU的通信接口一般是RS422。

图1-7　常见的车载摄像头样式

6. 光电编码器

光电编码器是一种通过光电转换将输出轴上的机械几何位移量转换成脉冲或数字量的传感器。光电编码器由光栅盘和光电探测器组成。由于光电编码器与电动机同轴，当电动机旋转时，随着光栅盘和电动机的旋转，可以通过检测装置测量发光二极管等电子器件输出的脉冲数。光电编码器可以用于自动驾驶模拟器、电机控制系统的传感器，完成测量转向盘的旋转角度、采集车轮的轮速等任务。常见的光电编码器样式如图1-9所示。

图1-8　常见的惯性测量单元样式

图1-9　常见的光电编码器样式

二、计算平台外围设备的接口

1. 基于神经网络处理器（NPU）架构的计算平台

MDC 300F计算平台作为基于NPU架构的国产计算平台代表，其产品共有7个对外接口，各接口及说明见表1-2。MDC 300F产品根据散热方式不同，提供两个形态：液冷型号为MDC 300，风冷型号为MDC 300F。

表1-2　MDC 300F接口介绍

序号	插接器名称	插接器说明
1	低速插接器	提供CAN FD（Controller Area Network Frequency Diversity）/CAN、LIN（Local Interconnect Network）、UART（Universal Asynchronous Receiver/Transmitter）、GPIO（General-Purpose Input/Output）等接口，分别对接毫米波雷达、超声波雷达等

(续)

序号	插接器名称	插接器说明
2	四合一车载以太网插接器 1	提供 4 路车载以太接口，分别对接 T-BOX（TelematicsBOX）、HMI（Human Machine Interface）、黑匣子和激光雷达（车载以太接口）等设备
3	四合一车载以太网插接器 2	提供 4 路车载以太接口，分别对接 T-BOX、HMI、黑匣子和激光雷达（车载以太接口）等设备
4	四合一摄像头插接器 1	提供 GMSL（Gigabit Multimedia Serial Link）接口，对接 4 个摄像头
5	四合一摄像头插接器 2	提供 GMSL 接口，对接 4 个摄像头
6	四合一摄像头插接器 3	提供 GMSL 接口，对接 3 个摄像头。同时预留 1 路 FPDLink 视频输出接口（MDC 300F 1.0.0 版本不支持，仅预留面板接口）
7	风扇插接器	提供风扇供电和控制信号

MDC 300F 支持智能驾驶主流传感器的接入，包括摄像头、毫米波雷达、激光雷达、超声波雷达等，提供丰富、灵活可变的主流硬件接口。

2. 基于图形处理器（GPU）架构的计算平台

智行者计算平台作为基于 GPU 架构的国产计算平台代表，其外围接口丰富，可以外接多种类型的传感器，如激光雷达、毫米波雷达、超声波雷达、摄像头、IMU、光电编码器等，同时会对外部传感器和车身底层进行交互和控制。其示意图如图 1-10 所示。

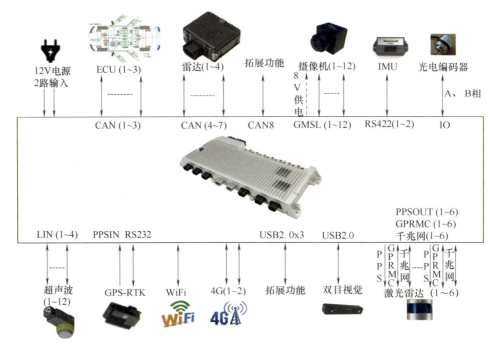

图 1-10 智行者计算平台外围接口

智行者计算平台的外观结构及接口示意图如图 1-11 所示。

智行者计算平台（图 1-11a）从左到右的接口说明见表 1-3。

表 1-3 智行者计算平台接口说明

名称	说明
主连接器	控制器主线束
M-WiFi	主 Xavier WiFi 天线，Fakra 接口

（续）

名称	说明
MC-1，MC-2，MC-3，MC-4，MC-5，MC-6	主 Xavier GMSL 摄像头接口，Fakra 接口
SC-1，SC-2，SC-3，SC-4，SC-5，SC-6	从 Xavier GMSL 摄像头接口，Fakra 接口
M4G-0	主 Xavier 4G 天线，Fakra 接口
S4G-1	从 Xavier 4G 天线，Fakra 接口

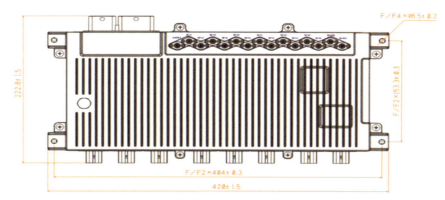

a) 外观俯视图

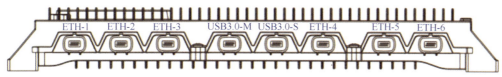

b) 后侧接口示意图

c) SIM 卡接口示意图

图 1-11　接口结构图

智行者计算平台后侧（图 1-11b）从左到右的接口说明见表 1-4。

表 1-4　外围接口

名称	接口	备注
ETH-1~ETH-6	千兆以太网接口，内部连接主从 Xavier	主：Xavier IP：192.168.1.102， 从：Xavier IP：192.168.1.103
USB3.0-M	主 Xavier USB 接口	
USB3.0-S	从 Xavier USB 接口	

SIM 卡接口示意图（图 1-11c）中，挡板位置是两张 4G SIM 卡的更换接口，说明见表 1-5。

表 1-5　SIM 卡接口

名称	接口
4G1—SIM	4G 模块 1 的 SIM 卡槽
4G0—SIM	4G 模块 0 的 SIM 卡槽

（续）

任务准备

1. 工具、设备介绍

子任务模块	设备工具
子任务1 计算平台外围设备的认知	计算平台外围设备
子任务2 MDC 300F 计算平台外围设备接口的认知	MDC 300F 计算平台
子任务3 智行者计算平台外围设备接口的认知	智行者计算平台

2. 实操预演

第一步 通过资料链接,熟悉计算平台的外围设备。
第二步 通过资料链接,熟练计算平台外围设备的接口。

任务实施

1. 前期准备

1)穿好防静电服,戴好防静电手环。
2)准备计算平台和计算平台外围设备。

2. 实操演练

(1)子任务1 计算平台外围设备的认知

实施步骤	使用工具	图示	操作要点
根据外观特征,对每个计算平台的外围设备进行辨识	计算平台外围设备		熟悉每个计算平台外围设备的外观特点

(2)子任务2 MDC 300F 计算平台外围设备接口的认知

实施步骤	使用工具	图示	操作要点
1. 在 MDC 300F 计算平台上找到全部的外围设备接口	MDC 300F 计算平台		识别 MDC 300F 计算平台上外围设备接口的位置
2. 识别出4种类型的外围设备接口	MDC 300F 计算平台	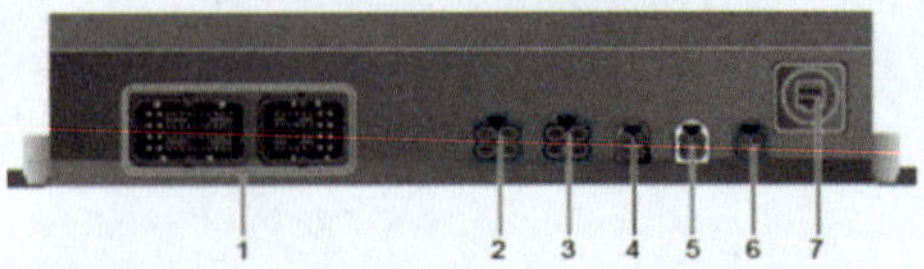	熟悉 MDC 300F 计算平台上4种类型外围设备接口的特点

（3）子任务3　智行者计算平台外围设备接口的认知

实施步骤	使用工具	图示	操作要点
1. 在智行者计算平台上找到全部的外围设备接口	智行者计算平台		识别智行者计算平台上外围设备接口的位置
2. 识别出4种类型的外围设备接口：GMSL摄像头接口、Fakra接口、USB接口、千兆以太网接口	智行者计算平台	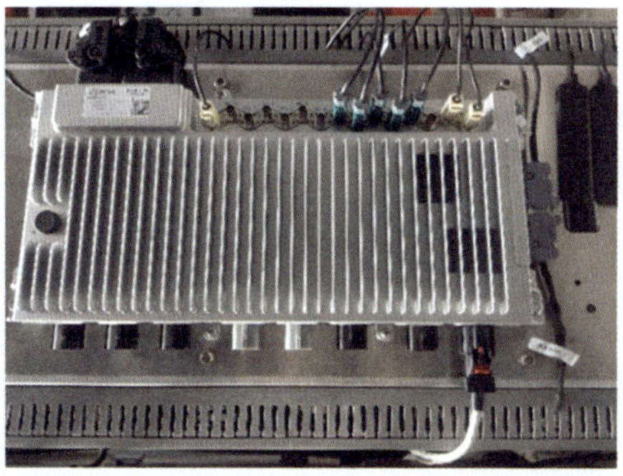	熟悉智行者计算平台上4种类型外围设备接口的特点

任务评价

计算平台的接口认知操作评分标准

学生姓名：_____　　学生学号：_____　　操作用时：_____min

序号	作业内容	配分	作业项目	分值	扣分	备注
1	计算平台外围设备的辨识	30	□辨识6种外围设备：激光雷达、毫米波雷达、超声波雷达、车载摄像头、惯性测量单元、光学编码器	30		总6种外围设备，每种占5分
2	MDC 300F计算平台外围设备接口的辨识	20	□识别计算平台的低速接口	5		如有未完成的项目，根据情况酌情扣分
			□识别计算平台的四合一车载以太接口	5		
			□识别计算平台的四合一摄像头接口	5		
			□识别计算平台的风扇接口	5		
3	智行者计算平台外围设备接口的辨识	20	□识别计算平台的摄像头接口	5		
			□识别计算平台的USB接口	5		
			□识别计算平台的SIM接口	5		
			□识别计算平台的千兆以太网接口	5		
4	将计算平台归位	30	□把计算平台归位，放置到规定位置	30		如未操作，现场考评员提醒并扣除对应项目分值
	合　计			100		

考核成绩：_____　　　　教师签字：_____

课后测评

一、选择题

1. 按照驾驶自动化等级定义，（   ）级别的自动驾驶车辆可依靠传感器实现周边环境感知、检测功能。

   A. L1　　　　　　B. L3　　　　　　C. L4　　　　　　D. L5

2. 智能网联汽车中，新四化趋势带动汽车产业发展，其中不包括（   ）。

   A. 智能化　　　　B. 网联化　　　　C. 电动化　　　　D. 低成本化

3. 在计算平台的外围设备中，较容易受极端天气影响的是（   ）。

   A. 激光雷达　　　B. 毫米波雷达　　C. 车载摄像头　　D. 惯性测量单元

4. 在计算平台的外围设备中，可用于测量车辆的位姿信息的是（   ）。

   A. 激光雷达　　　B. 毫米波雷达　　C. 车载摄像头　　D. 惯性测量单元

二、判断题

（   ）1. 自动驾驶平台结构中，系统软件可为车辆提供车辆感知、决策、执行、网联、云控、数据传输等自动驾驶算法功能。

（   ）2. 车控操作系统包含传统车控操作系统和自动驾驶操作系统。

（   ）3. 通过为车辆安装激光雷达，可以生成车辆周围环境的点云信息。

（   ）4. 超声波雷达与毫米波雷达工作原理相似，都是使用电磁波采集、检测周围的环境数据。

（   ）5. 惯性测量单元需要与网络进行连接才能够获得车辆的位姿信息。

三、简答题

1. 简述采用域控制器方式控制的电子电气架构特点。

2. 简述 MDC 300F 计算平台外围设备接口有哪些特点。

3. 简述智行者计算平台外围设备接口有哪些特点。

项目二
计算平台的硬件检测

任务一　计算平台的性能测试

任务导入

智能网联汽车搭载计算平台来完成一系列的自动驾驶任务。一名技术员想要从事计算平台的性能测试工作，该如何完成计算平台的硬件拆装与性能测试呢？

任务分析

要完成本次任务，首先要对计算平台的硬件拆装与性能测试有一定的认知，通过对"任务资讯"的学习，达到如下所列"知识目标"的要求。对计算平台的硬件拆装与性能测试有了一定的了解后，通过"任务实施"环节的实操演练，达成如下所列"技能目标"的能力。

知识目标	1. 了解计算平台的整体结构 2. 了解计算平台的性能测试工作
技能目标	1. 具有拆装计算平台结构的能力 2. 具有完成计算平台性能测试的能力
素养目标	培养学生独立思考、科学严谨的工作态度

任务资讯

一、基于GPU架构的计算平台控制器结构

智行者计算平台控制器外部结构如图2-1所示，主要有24个接插件接口。接插件接口

说明如下：

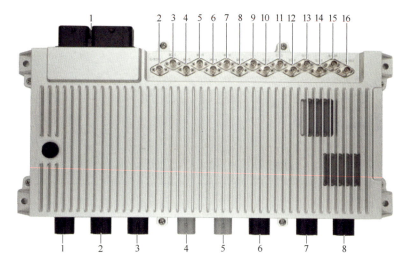

图 2-1　智行者计算平台控制器外部结构

智行者计算平台顶部从左到右的接口说明见表 2-1。

表 2-1　智行者计算平台顶部接口说明

顶部编号	名称	说明
1	主连接器	控制器主线束
2	M-WiFi	主 Xavier WIFI 天线，Fakra 接口
3~8	MC-1，MC-2，MC-3，MC-4，MC-5，MC-6	主 Xavier GMSL 摄像头接口，Fakra 接口
9~14	SC-1，SC-2，SC-3，SC-4，SC-5，SC-6	从 Xavier GMSL 摄像头接口，Fakra 接口
15	M4G-0	主 Xavier 4G 天线，Fakra 接口
16	S4G-1	从 Xavier 4G 天线，Fakra 接口

智行者计算平台顶部编号为 1 的接口为主连接器，采用莫仕（Molex）接插件（型号为 50225-0801），如图 2-2 所示，总共有 80 个引脚。每个引脚可以承受最大为 6A 的直流电流、14V 的直流电压，工作温度范围为 -40~105℃。

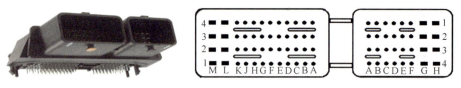

图 2-2　智行者计算平台主连接器

智行者计算平台顶部编号为 2~16 的接口采用 Fakra 接插件（型号为 818010765），如图 2-3 所示，引脚可以承受最大为 0.6A 的直流电流、60V 的直流电压，工作温度范围为 -40~105℃。

Fakra 接插件接口定义及参数见表 2-2。

智行者计算平台底部从左到右的接口说明见表 2-3。

图 2-3　智行者计算平台 Fakra 接插件

表 2-2　Fakra 接插件接口定义及参数

序号	管脚对应	网络名称	功能定义	信号类型	电压 /V	最大电流 /A	线束要求
1	1	sigle	sigle	sigle	8	0.6	50Ω 射频同轴线
2	2	GND	GND	GND	0	0.6	—
3	3	GND	GND	GND	0	0.6	—

表 2-3　智行者计算平台底部接口说明

底部编号	名称	说明	备注
1~3 6~8	ETH-1~ETH-6	千兆以太网接口，内部连接主从 Xavier	主 Xavier IP：192.168.1.102； 从 Xavier IP：192.168.1.103
4	USB2.0-M	主 Xavier USB 接口	—
5	USB2.0-S	从 Xavier USB 接口	—

智行者计算平台底部编号为 1~8 的接口采用 Xavier 接插件，如图 2-4 所示。

二、基于NPU架构的计算平台控制器结构

MDC 300F 计算平台控制器外部结构如图 2-5 所示，外部主要有 7 个接插件接口。接插件接口说明如下：

MDC 300F 计算平台接口说明见表 2-4。

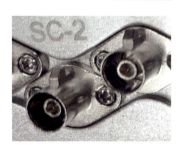

图 2-4　Xavier 接插件

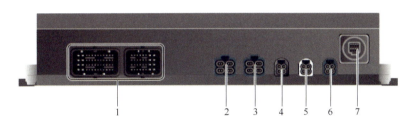

图 2-5　MDC 300F 计算平台控制器外部结构

表 2-4　MDC 300F 计算平台接口说明

编号	名称	说明
1	低速连接器	提供 CAN FD（Controller Area Network Frequency Diversity）/CAN、LIN（Local Interconnect Network）、UART（Universal Asynchronous Receiver/Transmitter）、GPIO（General-Purpose Input/Output）等接口，分别对接车控、毫米波雷达、超声波雷达等
2	四合一车载以太网连接器 1	提供 4 路车载以太网接口，分别对接 T-BOX（Telematics BOX）、HMI（Human Machine Interface）、黑匣子和激光雷达（车载以太网接口）等设备
3	四合一车载以太网连接器 2	提供 4 路车载以太网接口，分别对接 T-BOX、HMI、黑匣子和激光雷达（车载以太网接口）等设备
4	四合一摄像头连接器 1	提供 GMSL 接口，对接 4 个摄像头
5	四合一摄像头连接器 2	提供 GMSL 接口，对接 4 个摄像头
6	四合一摄像头连接器 3	提供 GMSL 接口，对接 3 个摄像头，同时预留 1 路 FPDLink 视频输出接口（MDC 300F 1.0.0 版本不支持，仅预留面板接口）
7	风扇连接器	提供风扇供电和控制信号

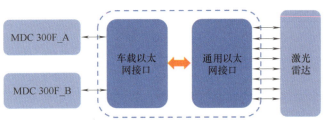

由于当前大多数的激光雷达都是通用以太网接口,而 MDC 300F 是车载以太网接口,如图 2-6 所示,所以需要通过 MTB 300 转接盒将通用以太网接口转换为车载以太网接口,同时实现多路时间信息和时间同步信息的转发,让 MDC 300F 适配于多种场景。MTB 300 转接盒主要是用于解决当前激光雷达接口不规范的问题,以更好的适配现阶段的激光雷达产品。

图 2-6 MTB 300 转接盒的系统功能

任务准备

1. 工具、设备介绍

子任务模块	设备工具
子任务 智行者计算平台性能测试	计算平台、Windows 系统、Xshell 软件、Jperf 软件

2. 实操预演

通过资料链接,熟悉智行者计算平台的性能测试步骤。

任务实施

1. 前期准备

1)穿好防静电服,戴好防静电手环。

2)准备计算平台和配备有 Windows 系统的计算机。

2. 实操演练

子任务 智行者计算平台性能测试

实施步骤	使用工具	图示	操作要点
1. 将计算机与计算平台连接完成后,打开 Xshell 软件,新建会话属性	Windows 操作系统、Xshell 软件、Jperf 软件		计算机开机,双击"Xshell"图标,打开该软件,然后单击"新建"
2. 编辑新建会话属性	同上		填写名称,协议选择"SSH",填写计算平台的 IP 地址并选择端口号

018

(续)

实施步骤	使用工具	图示	操作要点
3. 连接计算平台	同上		选中刚创建的新建会话，然后单击"连接"
4. 保存密钥	同上		单击"接受并保存"
5. 输入SSH用户名	同上		在弹出的窗口中输入登入的用户名
6. 登入计算平台	同上		输入密码

(续)

实施步骤	使用工具	图示	操作要点
7. 查看是否连接成功	同上	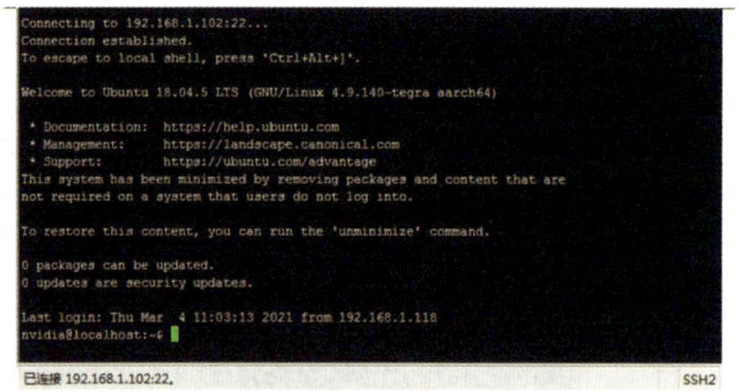	若连接成功，则出现左图底部提示信息：已连接
8. 打开测试软件	同上	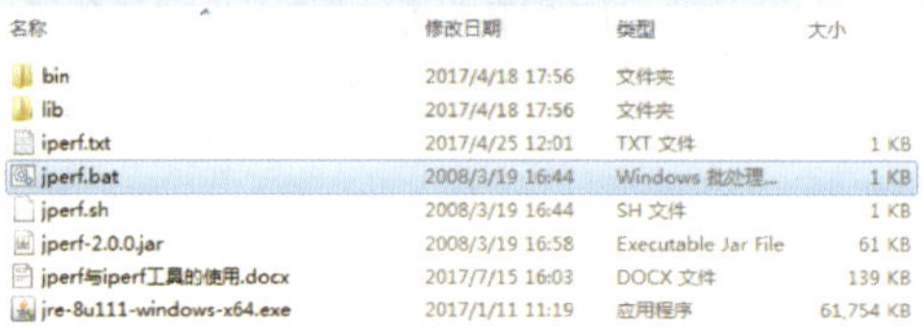	返回桌面，找到 Jperf 软件快捷方式，双击"jperf.bat"图标
9. 设置 Server 参数	同上	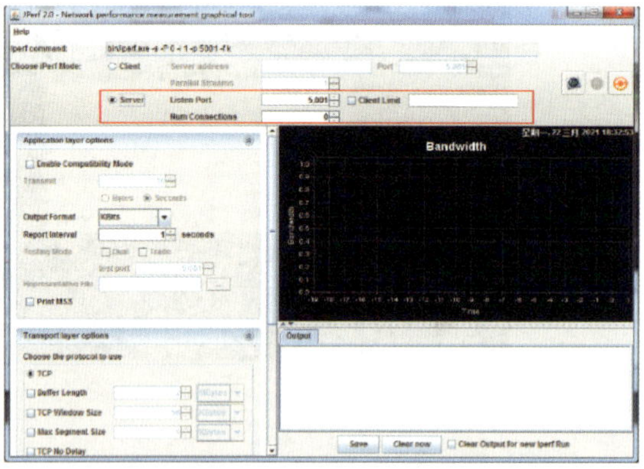	在上方窗口输入 Server 参数
10. 设置 TCP 参数	同上	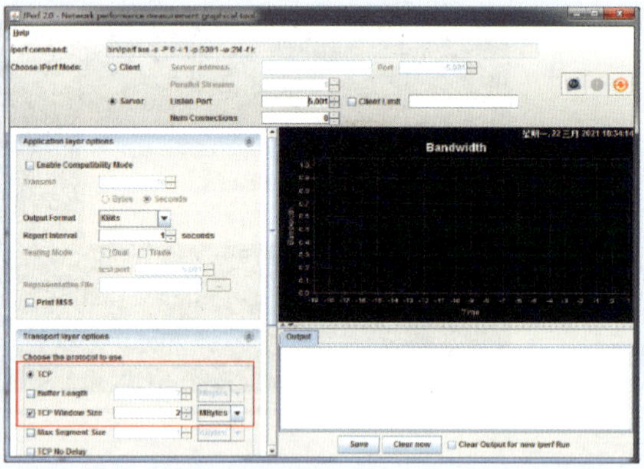	在左下方窗口输入 TCP 参数
11. 开始测试	同上	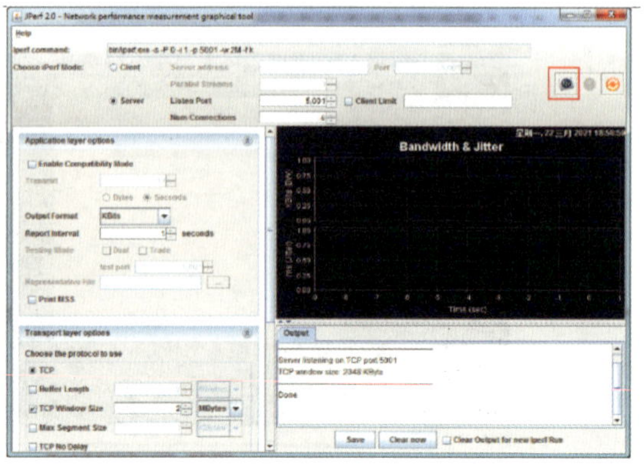	单击测试图标（右上角左数第一个图标）

(续)

实施步骤	使用工具	图示	操作要点
12. 确认测试开始	同上		测试开始后，右上角会出现感叹号，曲线窗口会显示速率曲线
13. 登录计算平台成功后，开始输入测试命令	同上		输入以下命令：iperf-c 192.168.1.118-i 1-w 2M-t 600，回车后开始测试，屏幕跟着测试滚动，同时在Jperf的软件界面，会显示测试网速的曲线

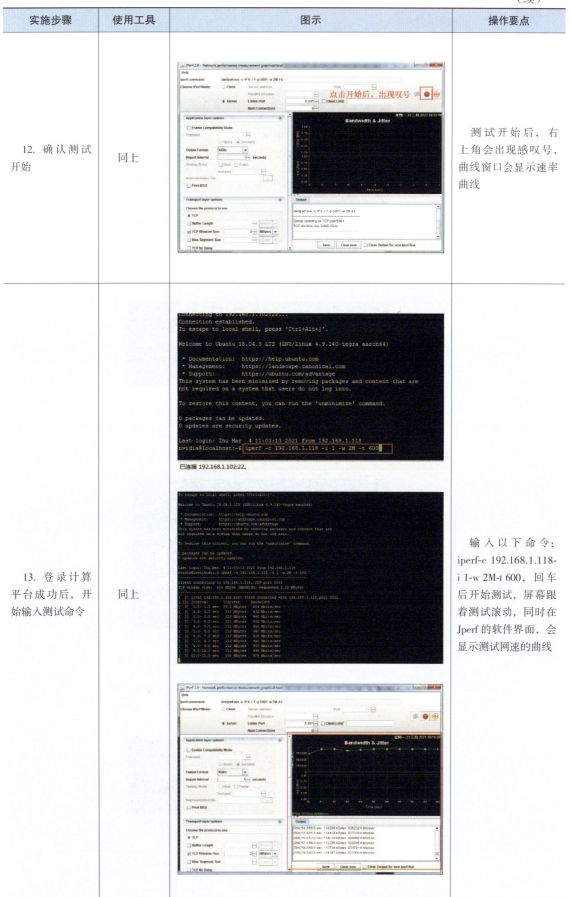

（续）

实施步骤	使用工具	图示	操作要点
14. 查看网速	同上	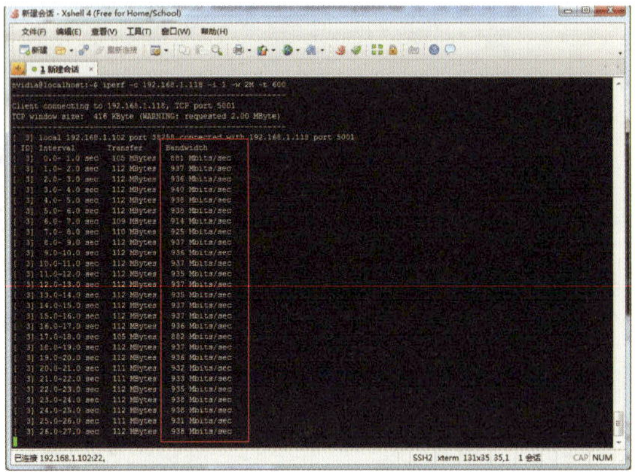	Xshell 中显示的数值即为网口的实时速率，由于没有其他程序占用网口，该数值接近网口通信带宽
15. 停止测试	同上	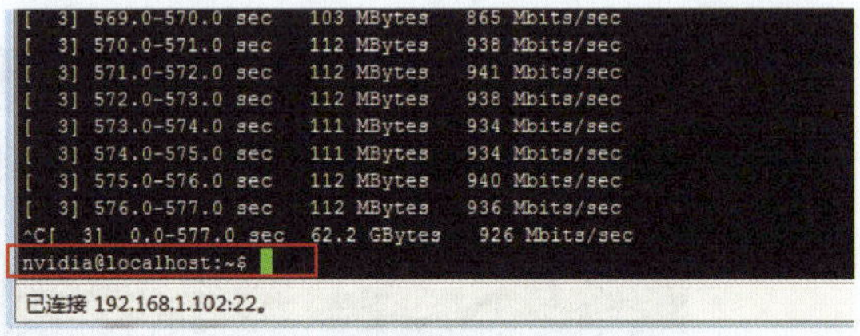	千兆以太网的性能测试操作完成，在 Xshell 软件界面，按下 Ctrl+C 停止测试，数值不再滚动，输入退回命令
16. 关闭测试软件	同上	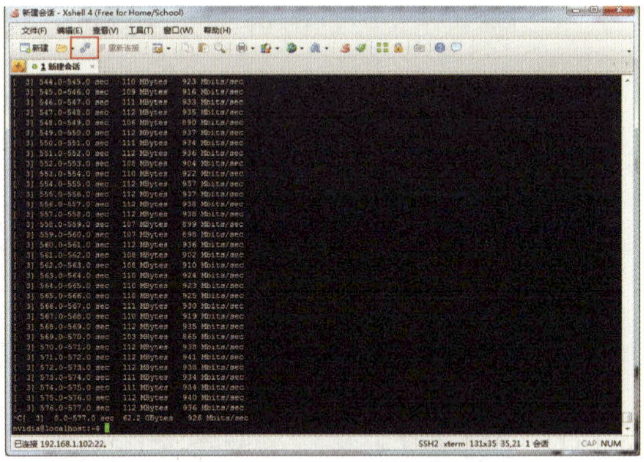	断开 Xshell 软件，然后单击右上角的关闭软件
17. 关闭 Jperf 软件	同上	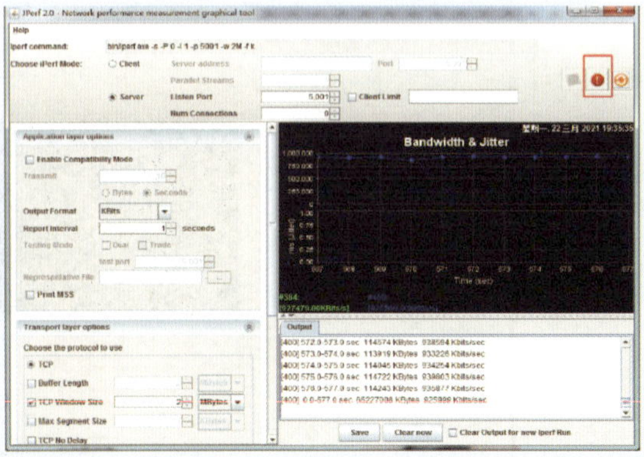	停止 Jperf 软件，然后单击右上角的关闭软件

任务评价

计算平台的性能测试操作评分标准

学生姓名：_____　　学生学号：_____　　操作用时：_____ min

序号	作业内容	配分	作业项目	分值	扣分	备注
1	连接计算平台与计算机，完成准备工作	30	□开启计算机，完成准备工作	30		如有未完成的项目，根据情况酌情扣分
2	计算平台通信检测	40	□打开 Xshell 软件，新建会话	5		
			□编辑新建会话属性	5		
			□连接计算平台，保存密钥	5		
			□登入计算平台，确认连接	5		
			□打开测试软件，设置参数	5		
			□输入测试命令，开始测试	5		
			□查看测试结果	5		
			□关闭测试软件	5		
3	关闭并归位设备	30	□完成计算机关机操作	30		
	合　计			100		

考核成绩：_____　　教师签字：_____

课后测评

一、选择题

1. 智行者计算平台外部主要有（　　）个接插件接口。
A. 8　　　　B. 16　　　　C. 24　　　　D. 32

2. 智行者计算平台 WIFI 天线和 4G 天线通过（　　）接口进行连接。
A. USB　　　B. CAN　　　C. GSML　　　D. Fakra

3. MDC 300F 计算平台控制器外部主要有（　　）个接插件接口。
A. 5　　　　B. 6　　　　C. 7　　　　D. 8

二、判断题

（　　）1. 智行者计算平台主连接器采用的接插件总共有 80 个引脚。

（　　）2. 智行者计算平台只有主 Xavier GMSL 摄像头接口，没有从 Xavier GMSL 摄像头接口。

（　　）3. 智行者计算平台每个引脚可以承受最大为 6A 的直流电流、14V 的直流电压。

（　　）4. MDC 300F 计算平台配置有 3 个四合一摄像头连接器。

（　　）5. MDC 300F 计算平台在连接激光雷达时，需要通过 MTB 300 转接盒将通用以太网接口转换为车载以太网接口。

三、简答题

1. 简述智行者计算平台的接口定义与功能。
2. 简述 MDC 300F 计算平台的接口定义与功能。
3. 简述 3 种可与 MDC 300F 计算平台连接的外围设备。

任务二　计算平台的故障检测

任务导入

智能网联汽车搭载计算平台来完成一系列的自动驾驶任务。一名技术员想要从事计算平台的故障检测工作，该如何进行准备并完成故障检测呢？

任务分析

要完成本次任务，首先要对计算平台的故障检测有一定的认知，通过对"任务资讯"的学习，达到如下所列"知识目标"的要求。对计算平台的故障检测有了一定的了解后，通过"任务实施"环节的实操演练，达成如下所列"技能目标"的能力。

知识目标	1. 了解计算平台的总线及作用 2. 了解计算平台的中间件类型
技能目标	1. 具有安装计算平台系统的能力 2. 具有完成计算平台故障检测的能力
素养目标	培养学生一丝不苟、精益求精的工匠精神

任务资讯

一、计算平台总线及作用

1. 基于 NPU 架构的计算平台

（1）MDC 300F 传感器数据通信架构　如图 2-7 所示，MDC 300F 计算平台接口通信方式支持多种传感器的接入。计算平台的外围设备 ECU 通过 CAN 接口与计算平台的 MCU（Micro Controller Unit）进行数据通信传输；GPS/IMU 通过 UART 接口与计算平台的 MCU 进行数据通信传输；摄像头通过 GMSL 接口与计算平台的 Host（Kunpeng 920）进行数据通信传输。

计算平台内部支持多种传感器输出协议。MCU 与 Host 之间通过 DDS（Data Distribution Service）和 SOME/IP（Scalable Service-Oriented Middleware over IP）协议来完成通信。数据通信可以分为两部分：第一部分是通过 MCU 将 CAN/CANFD 和 UART 的数据进行转发，其中包括数据接收和发送，不对数据内容进行解析和处理；第二部分是通过网络透传接口传输的激光雷达裸数据。摄像头数据采用数据抽象，不提供透传接口。透传接口数据传输流程如图 2-8 所示。

其中，Host 上接收的透传数据可以用于开发等操作，Host 上的数据流如下：

1）SOME/IP 服务发现。

2）根据实际需求订阅指定 instance Id 的数据。

3）对订阅的数据进行抽象。

4）抽象完的数据进行算法处理或二次发布。

表 2-5 介绍了 MDC 300F 计算平台的通路配置信息和默认配置说明。配置文件位于 Host 上的"/home/mdc/conf"目录下。

MDC 300F 计算平台支持 12 路 CAN/CANFD 通路和 1 路 UART 通路。

（2）CAN 通路配置参数定义　下面介绍 CAN 通路配置文件"canbus_config.json"中定义的各个字段的含义。CAN 通路的消息说明见表 2-6。

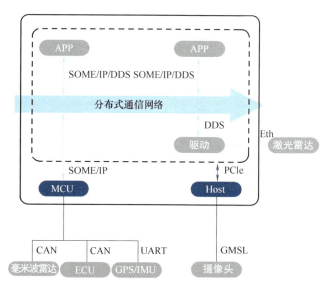

图 2-7　MDC 300F 计算平台传感器数据通信架构

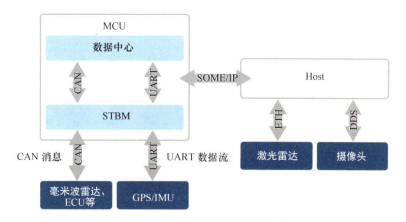

图 2-8　透传接口数据传输流程

表 2-5　MDC 300F 计算平台的通路配置信息和默认配置说明

通路类型	配置方式	配置文件	默认配置内容
CAN	Json 配置文件	canbus_config.json	CAN 比特率：500kbit/s 接收 canId：NONE 发送 canId：NONE
UART	Json 配置文件	uartbus_config.json	比特率：230400bit/s 数据位：8 奇偶校验位：NONE 停止位：1
CANFD	Json 配置文件	canfdbus_config.json	CAN 比特率：500kbit/s CANFD 比特率：2000kbit/s

（3）UART 通路配置参数定义　下面介绍 UART 通路配置文件"uartbus_config.json"中定义的各个字段的含义。UART 通路的消息说明见表 2-7。

表 2-6 计算平台 CAN 通路的消息说明

消息内容	内容填充	说明
CanBusConfigList	0~11	CAN 通路配置
Compensation	0~19	补偿信息列表，用于传感器数据补偿 补偿信息有两种方式：Host 侧直接发送 CAN 帧消息进行补偿；通过设置补偿规则，由 MCU 侧自动从源消息中获取信息并补偿到目的消息中

表 2-7 UART 通路的消息说明

消息内容	内容填充	说明
HeadType	・0：无效类型 ・1：固定长度类型 ・2：动态长度类型	头信息类型
DataType	・0：无效类型 ・1：固定长度类型 ・2：动态长度类型	数据段类型
FrameSyncConfig	—	同步头信息，包含： ・SyncLength：同步头长度信息 ・SyncData：同步头内容 例如，M39 接收的帧：SyncLength=2，SyncData={0xaa, 0x55} 同步头长度取值范围为 0<SyncLength≤20
PackageHeadIdConfig	—	帧头配置信息（根据 HeadType，两种方式选一）： ・HeadLengthPos：帧头长度所在位置，动态类型头长度信息位置，一般会在同步信息后的位置，计算位置从同步头开始 ・HeadFixLength：固定头类型、头长度信息，头长度设置为固定值，包含头部头长度
PackageLengthConfig	—	数据段配置信息（根据 DataType，两种方式选一）： ・DataLengthSignalPosStartByte + DataLengthSignalSize：动态类型数据长度信息位置（计算位置从同步头开始）+ 长度占字节数 ・DataFixLength：帧数据固定类型数据长度信息
PackageChecksumConfig	ChecksumType： ・0：无校验 ・1：数据和	Checksum 校验信息，根据校验类型，校验起始位置（计算位置从同步头开始）和校验长度，包含 ChecksumSignalStartPos，StartByteChecksumSignalLengthSize 和 ChecksumType

（4）CANFD 通路配置参数定义　下面介绍 CANFD 通路配置文件"canfdbus_config.json"中定义的各个字段的含义。CANFD 通路的消息说明见表 2-8。

表 2-8 CANFD 通路的消息说明

消息内容	说明
CanBusConfigList	CAN 通路配置
ConfigurationSummary	配置摘要。配置摘要功能尚未启用，在下发配置表时，不会对该字段进行校验
CanBusConfigFunListParam	12 路物理 CANFD 总线参数配置信息
RxFilterFunListParam	12 路 CANFD 通路上行数据过滤功能
McuSendMsgListFunParam	12 路 CANFD 通路下行 MCU 数据维稳发送功能
SignalFillingFunListParam	12 路 CANFD 需要 MCU 进行信号填充的功能，信号填充功能尚未启用，在下发配置表时，不会对该字段进行校验
CompensationFunListParam	20 条数据补偿配置信息
UsrReserved	预留信息

（5）配置文件示例　在 Host 的"/home/mdc/conf"目录下，存有配置文件，样例见表 2-9。本任务对 CAN，CANFD 和 UART 的默认配置文件进行详细介绍。

表 2-9　配置文件样例

文件	说明
canbus_config.json	默认的 CAN 配置文件
canbus_config_mag.json	备用的 CAN 配置文件
canbus_config_ars408.json	ars408 毫米波雷达 CAN 配置文件
uartbus_config.json	导远 GPS 传感器 UART 配置文件（默认的配置文件）
uartbus_config_m39.json	M39 GPS 传感器 UART 配置文件
uartbus_config_novatel.json	novatel GPS 传感器 UART 配置文件
canfdbus_config.json	默认的 CANFD 配置文件

2. 基于 GPU 架构的计算平台

（1）SPI 总线　智行者计算平台的 SPI 接口是一种通信总线，其具备传输速度高、全双工与同步等优势。同时，SPI 总线在芯片的管脚上只用到了 4 根线，不仅可以节省芯片的管脚，还可以为 PCB 的布局节省空间，提供一定的便利性。因此，目前许多芯片都采用了 SPI 总线。

SPI 接口运用的架构为主从模式（Master Slave）。一般情况下，仅支持 1 个 Master 和多个 Slave 模式，如图 2-9 所示。

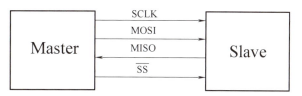

图 2-9　SPI 接口传输架构

SPI 接口配备有 4 根传输线：MOSI 是主器件数据输出，从器件数据输入；MISO 是主器件数据输入，从器件数据输出；SCLK 是时钟信号，由主器件产生；$\overline{SS}$ 是从器件使能信号，由主器件控制。

（2）CAN 总线　CAN 接口的全称为控制器局域网（Controller Area Network），是一种具备多种功能的车用总线标准。CAN 接口可以用于在不需要主机（Host）的情况下，允许网络上的单片机和仪器进行通信传输。

CAN 接口创建在基于信息导向传输协定的广播机制上。根据其信息传输的数据，通过信息标志符来定义数据和消息的优先级进行传输，而不是使用特定站点地址的方式。

CAN 总线网络主要挂在 CAN-H 线和 CAN-L 线上，其中 CAN-H 线代表的是 CAN-High 数据总线；CAN-L 线代表的是 CAN-Low 数据总线。各个节点之间可以通过 CAN-H 线和 CAN-L 线完成信号的串行差分交互。同时，为了防止信号的反射和干扰，可以在 CAN-H 线和 CAN-L 线之间增加 1 个 120Ω 的终端电阻。由于电缆的特性阻抗为 120Ω，可以模拟无限远的传输线。

CAN 接口的定义如下：

1）CAN-H—CAN-L < 0.5V 时候为隐性的，逻辑信号表现为"逻辑 1"——高电平。

2）CAN-H—CAN-L > 0.9V 时候为显性的，逻辑信号表现为"逻辑 0"——低电平。

（3）RS—232　RS—232（又称为 EIA RS—232）是常用的串行通信接口标准之一，工业控制的 RS—232 一般只使用 RXD、TXD、GND 3 条线。采用 3 条信号线（接收线、发送线和信号地）能实现简单的全双工通信过程。

RS—232 规定的标准传送速率有 50b/s、75b/s、110b/s、150b/s、300b/s、600b/s、1200b/s、2400b/s、4800b/s、9600b/s 和 19200b/s，可以灵活地适应不同速率的设备。对于慢速外设，可以选择较低的传送速率；反之，可以选择较高的传送速率。

RS—232 接口在 TXD 和 RXD 数据线上的定义如下：

1）逻辑 1 为 –15~–3V 的电压。

2）逻辑 0 为 3~15V 的电压。

RS—232 接口在 RTS、CTS、DSR、DTR 和 DCD 等控制线上的定义如下：

1）信号有效（ON 状态）为 3~15V 的电压。

2）信号无效（OFF 状态）为 –15~–3V 的电压。

（4）RS—422　RS—422 标准是常用的串行通信接口标准之一，定义了接口电路的特性。RS—422 接口一般使用 4 线、全双工、差分传输、多点通信的数据传输协议。在实际的应用中，还会包含 1 根信号地线。相比于 RS—232，RS—422 能够在相同的数据传输线上连接多个接收节点，具备更高的传输能力，这得益于其接收器使用了高输入阻抗和发送驱动器。通常情况下，其配备有一个主设备和多个从设备。从设备之间无法相互进行通信，使用点对点通信方式。

RS—422 接口通常情况下的定义如下：

1）逻辑 1 为 –15~–3V 的电压。

2）逻辑 0 为 3~15V 的电压。

（5）LIN 总线　LIN（Local Interconnect Network）总线是基于通用异步收发器和串行接口的低成本串行通信协议，其主要应用于智能网联汽车中车身网络模块节点之间的低端传输。一般情况下，LIN 总线用于智能传感器和执行器的串行通信，而这正是 CAN 总线的带宽和功能所不要求的部分，其特征见表 2-10。

表 2-10　LIN 总线特征介绍

特性	数据链路层标准	物理层标准	总线数目	总线最大速率
高速 CAN	ISO11898	ISO11898-2	2（双纹线）	1Mb/s
容错 CAN	ISO11898-1	ISO11898-3	2（双纹线）	125kb/s
LIN	UART/SCI 串行接口	ISO9141	1	20kb/s

（6）USB2.0　USB（Universal Serial Bus）即通用串行总线，是一种广泛应用于信息领域的接口。其具有高速传输、热插拔以及支持多个设备连接的优点，目前共有 4 种：USB1.1、USB2.0、USB3.0 和 USB3.1。

（7）PCI Express 总线　PCI Express（Peripheral Component Interconnect Express）是一种高速串行计算机扩展总线标准，缩写为 PCIe。该标准最早由英特尔在 2001 年提出，目的是用来取代之前的 PCI、PCI-X 和 AGP 总线标准。

PCIe 总线标准运用分层的结构，包含了事务层（Transaction Layer）、数据链路层（Data Link Layer）和物理层（Physical Layer）。每一层都具备发送和接收两个功能模块。PCIe 的结构如图 2-10 所示。

图 2-10　PCIe 的结构

二、计算平台中间件的认知

1. 中间件的概念及作用

中间件是为了处理分布异构问题而提出的概念。在不同环境下，针对中间件的定义会稍有不同。中间件定义的其中之一是处于平台和应用软件之间的通用服务，其中平台包括了硬件和操作系统。中间件之所以得名，是因为中间件通常充当应用程序前端与后端资源（例如硬件平台、操作系统、数据库或专用硬件设备）之间的中介，使用者可以通过中间件从客户端请求后端的资源与数据。在智能网联汽车计算平台中，中间件的作用是连接用户交互界面与计算平台的硬件设备。使用户能够通过对前端的界面进行操作来调用后端计算平台的系统与硬件设备。这样，用户可以容易、直接地去使用计算平台，省去了架设硬件与软件之间通信协定的繁琐步骤。

2. 中间件的类型

（1）Hadoop　当一个大的任务由一台机器在规定的时间内不能完成时，就要采用分布式计算，即联合很多台机器共同完成任务。换句话说，就是把大任务拆分成多个小任务，然后把这些小任务分配给多台计算机共同去完成。参与计算的多台计算机组成一个分布式系统，需要运行一系列的分布式基础算法。

如图 2-11 所示，Hadoop "覆盖"在操作系统之上，向上提供函数调用（API）和命令接口，在水平方向完成分布式系统的基础算法。作为编程人员和用户，只要了解 API 和命令即可。

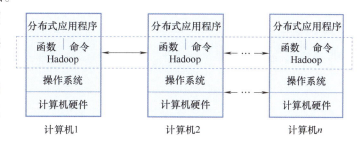

图 2-11　Hadoop 体系结构

（2）LVS　Linux 虚拟服务器（Linux Virtual Server，LVS），把多台物理 Linux 计算机逻辑上整合成一台超级计算机，对用户来说感觉只有一台计算能力很强的服务器，如图 2-12 所示。LVS 是一个由软件实现的负载均衡器，工作在网络 OSI 的第 4 层（应用层），代码已经并入了 Linux 内核。

（3）Linux-HA　如果负载均衡器出现故障，那么整个系统将会瘫痪，因此诞生了各种集群软件。微软就在 Windows 服务器版中集成故障转移集群软件，例如 Linux-HA 和 Keepalive 等。Linux-HA 意为 Linux 高可用性项目，此项目具体包含的组件见表 2-11。

表 2-11　Linux-HA 组件

名称	作用
Heartbeat	负责维护集群中各节点的信息及它们之间的心跳通信
Pacemaker	集群资源管理器，是核心组件，客户端通过 Pacemaker 来配置、管理并监控整个集群，OpenStack 高可用性部署实例中一般都采用 Pacemaker 和 HAProxy

(续)

名称	作用
Resource Agent	用于控制服务启停、监控服务状态的脚本集合，本地资源管理器（LRM）调用这些脚本来启动、停止、监控各种集群资源
Cluster Glue	包含一套函数库和工具，在集群栈中，除集群消息传输（由 Heartbeat 承担）、集群资源管理（由 Pacemaker 承担）和资源代理（由 Resource Agent 承担）功能外，其他功能都由 Cluster Glue 来完成，它包含的两个主要部分是 LRM 和 Stonith，前者是本地资源管理器，后者的任务是隔离故障机器

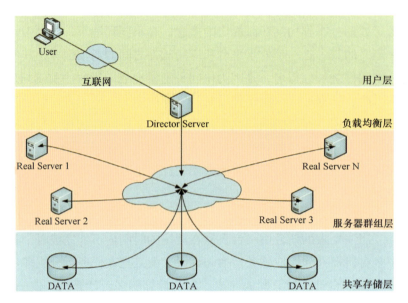

图 2-12　LVS 体系结构

任务准备

1. 工具、设备介绍

子任务模块	设备工具
子任务 1　基于 GPU 架构的智行者计算平台通信检测	CAN 盒、Windows 系统、上位机软件、CAN_Tool 软件
子任务 2　基于 GPU 架构的智行者计算平台供电故障检测	CAN 盒、Linux 系统、上位机软件、CAN_Tool 软件

2. 实操预演

1）通过资料链接，熟悉智行者计算平台通信检测的步骤。

2）通过资料链接，熟悉智行者计算平台供电故障检测的步骤。

任务实施

1. 前期准备

1）穿好防静电服，戴好防静电手环。

2）准备计算平台，配备有 Windows 系统和 Linux 系统的计算机，CAN 盒和万用表。

2. 实操演练

(1) 子任务 1　基于 GPU 架构的智行者计算平台通信检测

实施步骤	使用工具	图示	操作要点
1. 计算平台装配调试台架与智能传感器装配调试	CAN 盒、Windows 操作系统、上位机软件、CAN_Tool 软件	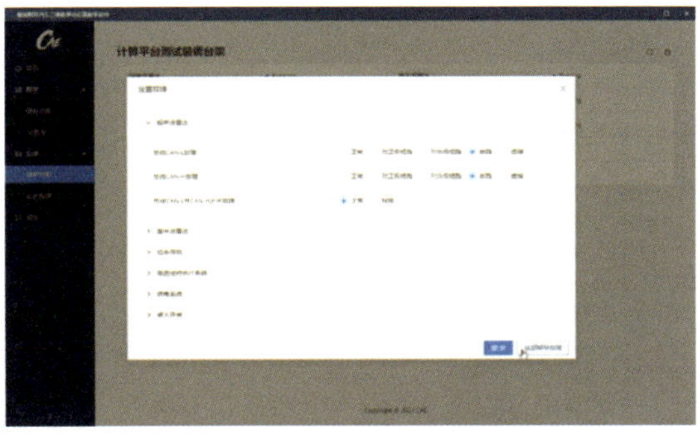	配合三维数字化仿真教学软件进行故障设置，同时计算平台台架需要与智能传感器装配调试台架或底盘线控装配调试台架进行线束连接，保持两个台架的正常数据通信
2. 确认故障现象	同上	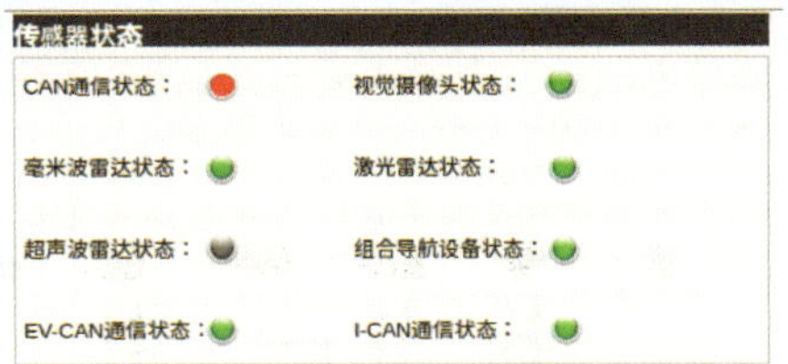	打开计算平台上位机软件
3. 使用 CAN 盒进行 CAN 数据检测	同上	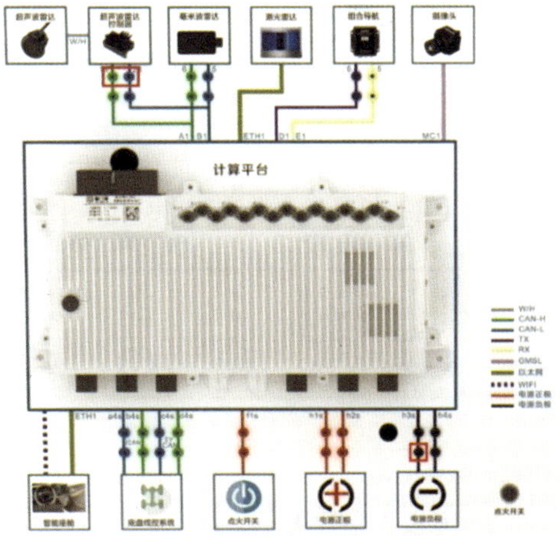	准备检测工具 CAN 盒，将 CAN 盒的 CAN1-L 线和 CAN1-H 线插入相应的孔位，并将 CAN 盒的 USB 连接线插入台架的插座面板
4. 打开 CAN_Tool 软件	同上		双击软件图标
5. 启动设备	同上	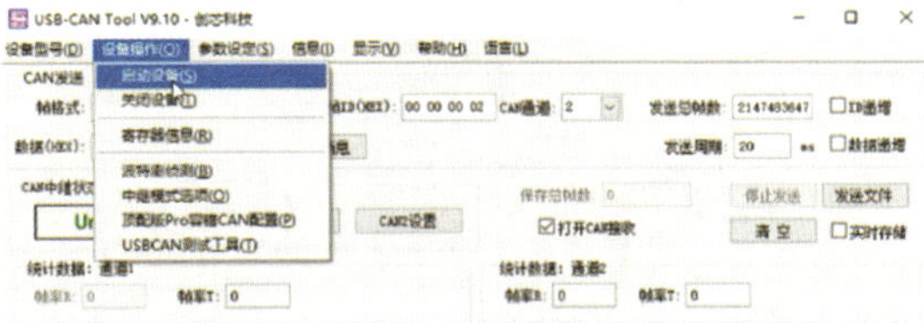	单击"设备操作"，然后单击"启动设备"
6. 查看合并相同 ID 数据	同上	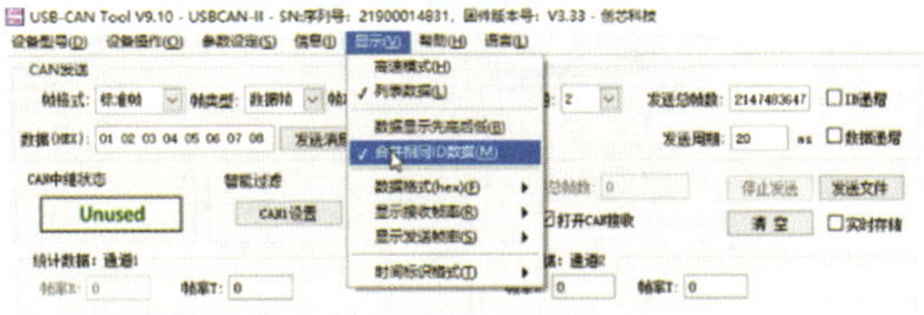	单击菜单栏中的"显示"，选择"合并相同 ID 数据"，并进行查看

（续）

实施步骤	使用工具	图示	操作要点
7. 检查 ID 号	同上	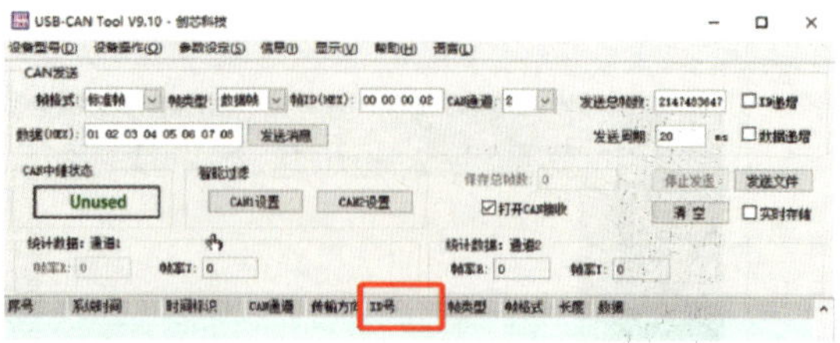	查看此时是否存在 ID 数据以及相应的 ID 数量和 ID 号
8. 关闭设备	同上	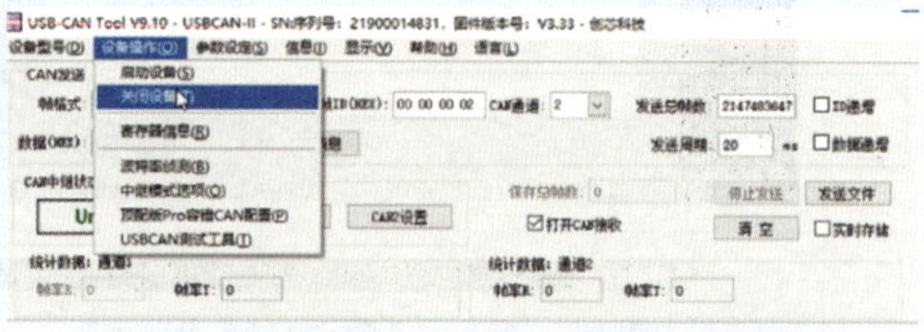	单击"设备操作"，然后单击"关闭设备"
9. 进行 CAN 数据检测	同上	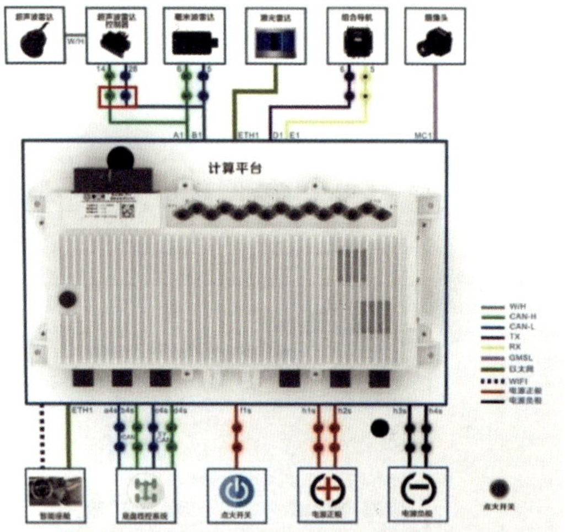	将 CAN 盒的 CAN1-L 线和 CAN1-H 线插入相应的孔位，并将 CAN 盒子的 USB 连接线插入台架的插座面板
10. 再次启动设备	同上	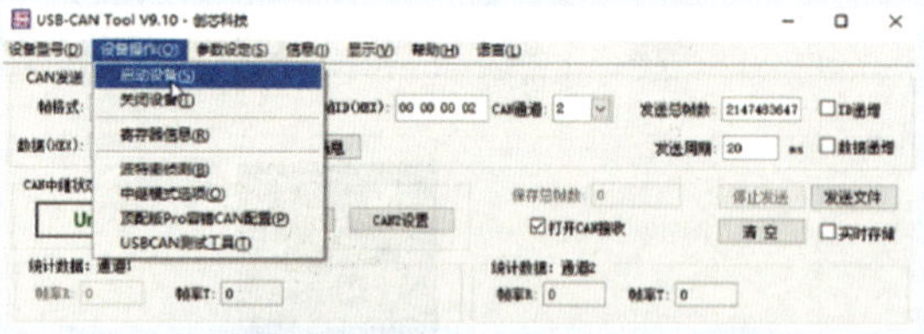	再次单击"设备操作"，然后单击"启动设备"
11. 再次查看合并相同 ID 数据	同上	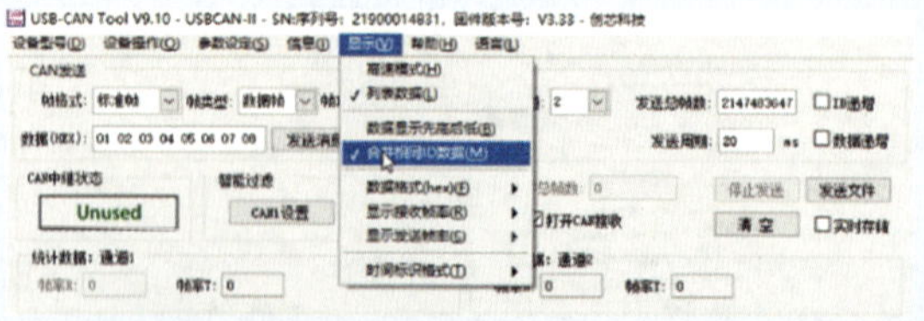	单击菜单栏中的"显示"，选择"合并相同 ID 数据"并查看
12. 关闭设备	同上	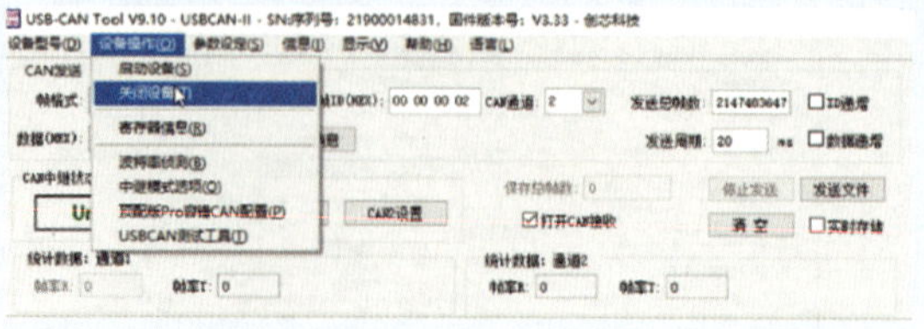	单击"设备操作"，然后单击关闭设备

（2）子任务 2　基于 GPU 架构的智行者计算平台供电故障检测

实施步骤	使用工具	图示	操作要点
1. 计算平台装配调试台架处于正常开启状态，打开虚拟机读取传感器数据	CAN 盒、Linux 操作系统、上位机软件、CAN_Tool 软件	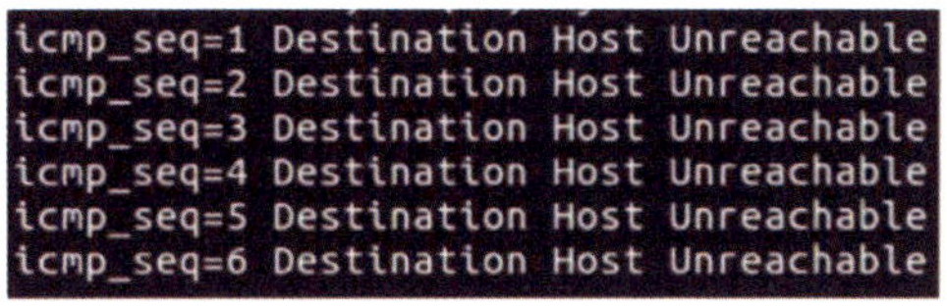 icmp_seq=1 Destination Host Unreachable icmp_seq=2 Destination Host Unreachable icmp_seq=3 Destination Host Unreachable icmp_seq=4 Destination Host Unreachable icmp_seq=5 Destination Host Unreachable icmp_seq=6 Destination Host Unreachable	打开虚拟机，打开终端命令窗口，输入"ping 192.168.1.102"并确认
2. 检查虚拟机 IP 地址与计算平台 IP 地址	同上	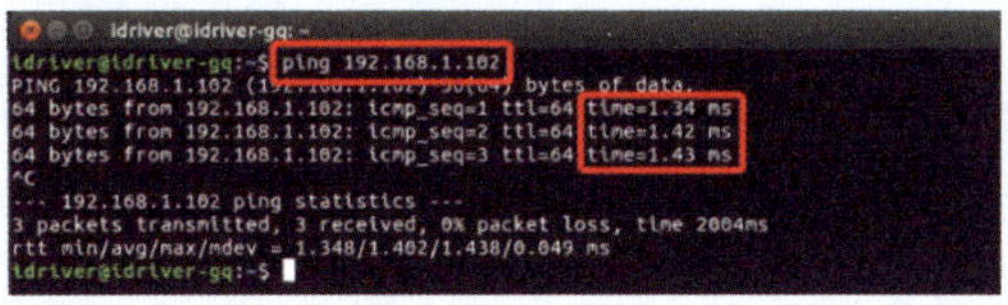	两者的 IP 应处于同一网段，同时 IP 地址不冲突，例如：192.168.1.XXX，其两者的 IP 都应为 192.168.1 的网段，同时 XXX 不能重复
3. 选用万用表，并将万用表旋转按钮旋转至蜂鸣档，进行校表	同上	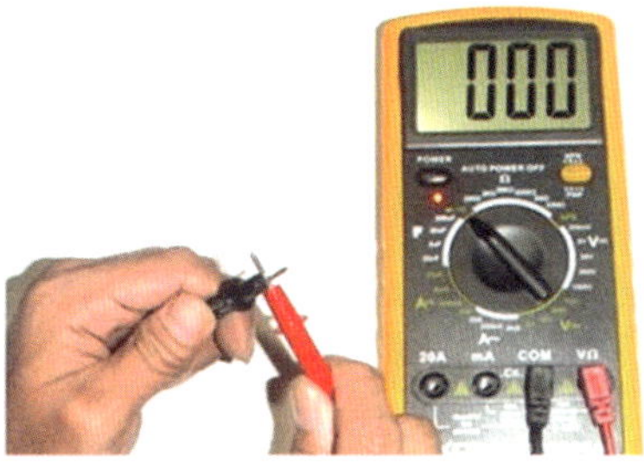	将万用表旋转按钮旋转至直流电压档（20V），再将万用表的黑表笔插入电源负极检测口，红表笔分别插入点火开关的下端检测口和上端检测口，如果显示电压为蓄电池电压（12V 以上），则说明点火开关供电正常
4. 检测计算平台的供电电源线是否存在短路	同上	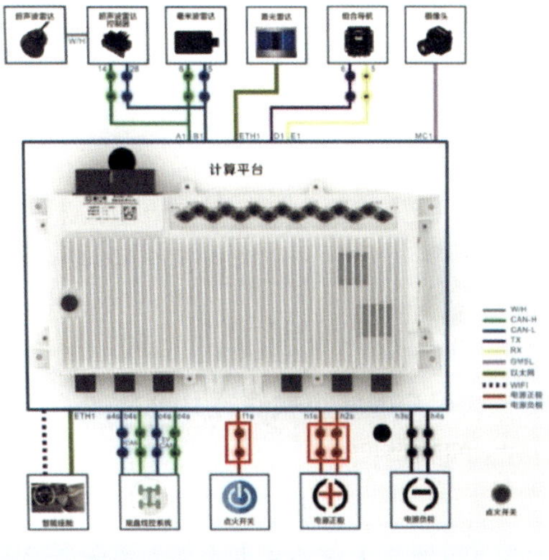	将万用表的黑表笔插入电源负极检测口，红表笔分别插入 h1s 和 h2s 的下端检测口和上端检测口，检测上端、下端显示电压

任务评价

计算平台的故障检测操作评分标准

学生姓名：_____　　学生学号：_____　　操作用时：_____ min

序号	作业内容	配分	作业项目	分值	扣分	备注
1	连接计算平台与计算机，完成准备工作	20	□开启计算机，完成准备工作	20		
2	计算平台通信检测	40	□确认故障现象	5		如有未完成的项目，根据情况酌情扣分
			□使用CAN盒进行CAN数据检测	5		
			□开启上位机软件	5		
			□启动设备，进行CAN数据检测	5		
			□查看检查ID号	5		
			□关闭设备并重启	5		
			□再次查看合并相同ID数据	5		
			□确认运行状况，关闭设备	5		
3	计算平台供电故障检测	15	□检查虚拟机与计算平台IP地址	5		
			□对万用表进行校表	5		
			□检测供电电源线是否存在短路	5		
4	关闭并归位设备	25	□完成计算机关机操作	25		
	合　计			100		

考核成绩：_____　　教师签字：_____

课后测评

一、选择题

1.（　　）是位于平台（硬件和操作系统）和应用之间的通用服务，这些服务具有标准的程序接口和协议。

A. 上层件　　　B. 中层件　　　C. 中间件　　　D. 下层件

2. 针对不同的操作系统和硬件平台，中间件可以有符合（　　）和协议规范的多种实现。

A. 接口　　　B. 网络　　　C. 通信　　　D. 传输

3. 中间件处于（　　）与用户的应用软件的中间。

A. 传感器　　　B. 网络通信　　　C. 操作系统　　　D. 驱动

二、判断题

（　　）1. 计算平台的中间件位于客户机服务器的操作系统之上，管理计算资源和网络通信。

(　　) 2. 中间件的功能之一是保护企业在应用软件开发和维护中的重大投资。

(　　) 3. 中间件提供的程序接口定义了一个相对稳定的低层应用环境。

(　　) 4. 当一个大的任务由一台机器在规定的时间内不能完成时，就要采用分布式计算，即很多台机器联合起来共同完成任务。

(　　) 5. 在操作系统的进程中，进程用户空间是相互依赖的，一般而言是可以相互访问的。

三、简答题

1. 简述计算平台中间件的概念。
2. 简述计算平台中间件的作用。
3. 简述 1 种采用分布式计算的中间件类型。

项目三
计算平台中软件工具链的安装与调试

任务一　计算平台的软件部署

✅ | 任务导入

智能网联汽车搭载的计算平台需要完成软件部署来实现其功能。一名技术员想要从事计算平台的软件部署工作，该如何做才能实现其功能呢？

💻 | 任务分析

要完成本次任务，首先要对计算平台的软件部署有一定的认知，通过对"任务资讯"的学习，达到如下所列"知识目标"的要求。对计算平台的软件部署有了一定的了解后，通过"任务实施"环节的实操演练，达成如下所列"技能目标"的能力。

知识目标	1. 掌握智能网联汽车软件架构 2. 掌握智能网联汽车 OTA 部署
技能目标	1. 具有讲解智能网联汽车软件架构的能力 2. 具有讲解智能网联汽车 OTA 部署的能力
素养目标	培养学生独立思考、科学严谨的工作态度

任务资讯

一、智能网联汽车软件架构

1. 计算平台软件架构

智能网联汽车计算平台架构主要包含自动驾驶操作系统和异构分布硬件架构两部分。其中,自动驾驶操作系统的软件架构包含了系统软件和功能软件。系统软件包含管理平面和实时控制平面模块、分布式通信模块、Linux 系统模块、驱动模块等;功能软件包含深度学习和视觉模块、传感器模块、网联模块、云控模块、算法接口模块等。

2. 百度 Apollo 软件架构

百度 Apollo 系统自 2017 年 4 月至 2023 年 12 月,快速迭代到 9.0 版本,如图 3-1 所示。

图 3-1　Apollo 版本迭代历程

百度 Apollo 架构中的软件架构如图 3-2 所示,Apollo 开放平台 9.0 中,从工程、算法、工具和文档 4 个方向实现了全面升级,使 Apollo 系统使用更简单、更灵活、更高效。同时,面向企业开发者推出了封闭园区低速场景的通用能力与服务,加速企业开发者快速扩展与落地。

图 3-2　Apollo 9.0 软件架构

应用程序模块中包含了地图引擎模块、定位模块、感知模块、预测模块、规划模块、控制模块、人机交互模块等；运行框架使用的是 Apollo Cyber RT 框架，包含了基础库、通信层、数据层和计算层，为系统提供运行环境；实时操作系统（Real-Time Operating System, RTOS）是能够在指定时间内完成给定任务的操作系统，并且能够在较短时间内进行分析计算，处理系统收集的数据并输出执行指令。

3. 基于 NPU 架构的计算平台软件架构

MDC 300F 平台软件包括 BIOS（Basic Input and Output System）、操作系统、软件中间件与基础库以及软件平台服务，具体如图 3-3 中实线框所示。基于 MDC（Mobile Data Center）平台软件之上，客户可以开发自动驾驶的功能软件及应用软件，这部分属于客户软件，具体如图 3-3 中虚线框所示，不在 MDC 平台软件范围之内。

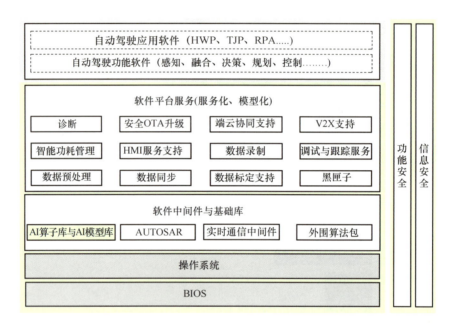

图 3-3　MDC 300F 平台软件逻辑结构

4. 基于 GPU 架构的计算平台软件架构

智行者计算平台的软件架构包含了视频平台、软件平台、驱动模块和安全操作系统。智行者计算平台的软件架构如图 3-4 所示。

其中，视频平台包括规划模块、地图模块和感知模块；软件平台包括可视化模块、人工智能驾驶舱模块和人工智能助手模块；驱动模块包括网络模块、校对模块和核心模块；安全操作系统的功能包括处理传感器收集的信息，完成高效并行计算的软件库、处理来自 AI 的反馈信息以及访问硬件引擎和其他工具模块。

二、智能网联汽车OTA部署

1. OTA 概念

OTA（Over the Air）是指通过移动或蜂窝网络下载应用程序、服务和配置的机制。一般情况下，OTA 技术用于自动更新固件、软件甚至加密密钥。在自动驾驶汽车领域中，OTA 一般应用于计算平台系统与软件的更新。通过 OTA 技术，搭载在汽车上的计算平台可以不断更新自己的系统与软件，从而配备更加完善的系统并实现更多的功能。

图 3-4　智行者计算平台的软件架构

为了实现智能网联汽车上控制器的 OTA 功能，车辆必须搭建整个 OTA 系统，其简要架构如图 3-5 所示。整个系统由云端服务器和车辆终端组成。

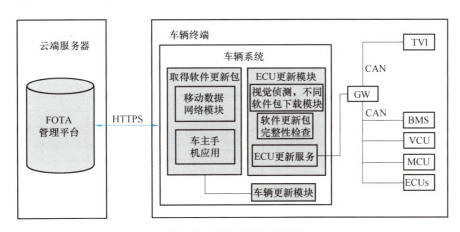

图 3-5　OTA 系统的架构

OTA 云端服务器中包括了控制器的完整升级包，控制器能够通过 OTA 进行更新和升级。OTA 云端服务器是一个独立的平台，可以为多种不同车型、不同规格和不同类型的 ECU 软件提供升级服务。OTA 云端服务器的架构主要包括五部分：OTA 管理平台、OTA 升级服务、任务调度、文件服务、任务管理，如图 3-6 所示。

2. 百度 Apollo 平台 OTA 部署

百度 Apollo 平台的 OTA 部署通过运行脚本文件 ota.sh 来完成，其中各个函数的功能如下。

update 函数用于软件的更新，代码如下。

```
1. function update() {
2.     UPDATE_TAG=$(python ${APOLLO_ROOT}/modules/tools/ota/query_client.py
3.     if [ "$?" != "0" ]; then
```

```
4.      echo $UPDATE_TAG
5.      exit 1
6.   fi
7.   tip = "Type 'y' or 'Y' to start upgrade, or type any other key to exit"
8.   echo $tip
9.   read -n 1 user_agreed
10.  if [ "$user_agreed"!= "y" ] && [ "$user_agreed"!= "Y" ]; then
11.      exit 1
12.  fi
13.  cp ${APOLLO_ROOT}/scripts/ota.sh "${CACHE_DIR}"
14.  ssh $DOCKER_USER@localhost bash ${CACHE_DIR}/ota.sh download $UPDATE_TAG
15.  python ${APOLLO_ROOT}/modules/tools/ota/verify_client.py
16.  if [ "$?" != "0" ]; then
17.      exit 1
18.  fi
19.  [-e "${CACHE_DIR}/apollo_release" ] && rm-rf "${CACHE_DIR}/apollo_release"
20.  tar xzf ${CACHE_DIR}/apollo_release.tar.gz -C ${CACHE_DIR}
21.  NEW_TAG="${UPDATE_TAG}-local"
22.  ssh $DOCKER_USER@localhost bash ${CACHE_DIR}/ota.sh setup $NEW_TAG
23.  python ${APOLLO_ROOT}/modules/tools/ota/update_client.py ${UPDATE_TAG}
24. }
```

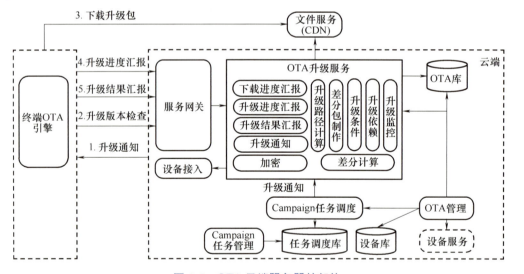

图 3-6 OTA 云端服务器的架构

clean 函数用于清理软件包，代码如下。

```
1. function clean( ) {
2.   rm -rf ${CACHE_DIR}/apollo_update
3.   rm -rf ${CACHE_DIR}/apollo_release.tar.gz
4.   rm -rf ${CACHE_DIR}/sec_apollo_release.tar.gz
5.   rm -rf ${CACHE_DIR}/ota.sh
6.   docker stop test_container 1> /dev/null
7.   docker rm test_container 1> /dev/null
8. }
```

setup 函数用于安装软件包，代码如下。

```
1. function setup( ) {
2.    docker exec test_container cp -Lr /root/mnt/apollo_release/apollo /
3.    docker commit test_container $1
4.    echo "Please restart release docker with new release image: $1"
5.    clean
6. }
```

download 函数用于下载软件包，代码如下。

```
1.  function download( ) {
2.    UPDATE_TAG=$1
3.    docker pull $UPDATE_TAG
4.    if [ "$?" != "0" ]; then
5.      echo "Downloading fails!"
6.      exit 1
7.    else
8.      echo "New release image has been downloaded!"
9.    fi
10.   docker ps -a --format "{{.Names}}"|grep 'test_container' 1>/dev/null
11.   if [ $? == 0 ]; then
12.     docker stop test_container 1> /dev/null
13.     docker rm -f test_container 1> /dev/null
14.   fi
15.   docker run -d -it --name test_container -v ${CACHE_DIR}:/root/mnt $UPDATE_TAG
16.   docker exec test_container cp /root/sec_apollo_release.tar.gz /root/mnt
17. }
```

3. 基于 NPU 架构的计算平台 OTA 部署

MDC 300F 计算平台的 OTA 部署支持本地安全升级。本地安全升级是指以外接升级服务器的方式对 MDC 进行升级，且主要针对 MDC 系统内操作系统、软件平台、芯片固件的升级。MDC 升级服务对外开放版本查询、版本安装、进度查询等升级操作相关的标准接口，提供命令行升级功能；还用于 MDC 系统内各固件和软件的 bug 修复、漏洞修复、功能增强、性能优化。

安全升级特性结构如图 3-7 所示。

升级服务提供针对系统内各固件 / 软件升级的升级操作接口，如版本查询、版本安装、进度查询等。

客户需先通过 SFTP（Secure File Transfer Protocol）的方式将目标升级包下载至 MDC 系统指定位置，用于进行后续的升级。

客户通过 SSH 连接 MDC 系统后，可使用升级命令执行版本查询、版本升级等命令，完成对 MDC 系统的升级动作。具体操作步骤如下。

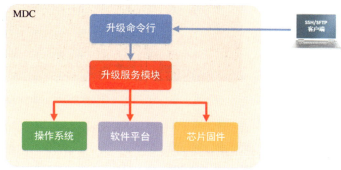

图 3-7　安全升级特性结构

（1）SSH 登陆　使用自定义的用户名和密码，通过 SSH 工具登录 Host（Kunpeng 920）：192.168.1.6（端口号为 22），如图 3-8 所示。若未自定义用户名和密码，默认只能以 sshuser 用户登录（默认密码见表 3-1）。

图 3-8　用户登陆

登录后参考表 3-1 使用 su 命令切换至其他用户完成升级操作。

表 3-1　登录用户名和密码

登录 IP 地址	缺省用户名和密码	说明
192.168.1.6	sshuser/sshusrOs_123	用于远程登录
—	mdc/mdcOs_123	当前运行的 OS 如果是 MDC300 1.0.026–T 及其之后的版本，以此用户进行升级操作
—	root/rootOs_123	当前运行的 OS 如果是 MDC300 1.0.026–T 之前的版本，以此用户进行升级操作

（2）获取升级工具的使用帮助　参考 SSH 登录，登录设备并切换至对应用户。如果当前运行的版本低于 MDC 300 1.0.026-T，切换至 root 用户，否则切换至 MDC 用户。

执行命令 swmc-h 获取 swmc 升级工具的最新使用帮助，如图 3-9 所示。

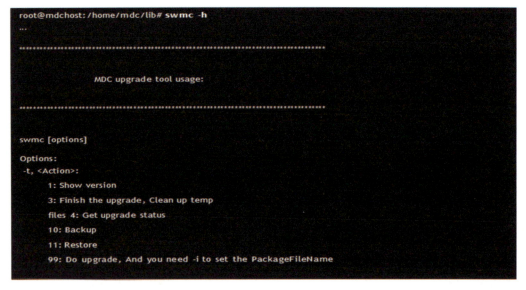

图 3-9　swmc 升级工具的最新使用帮助

（3）版本查询　参考 SSH 登录，登录设备并切换至对应用户，如果当前运行的是 MDC 300 1.0.026-T 之前的版本，切换至 root 用户，否则切换至 MDC 用户。

执行命令 swmc-t 1 查询版本信息，如图 3-10 所示，查询结果根据不同版本会略有差异。

其中，"Running"表示当前正在运行的分区版本号，"Backup"表示备份分区的版本号，"*"表示具体的版本号。

```
root@mdchost:~# swmc -t 1
...
Running Module PackageType Version
    Host OS 1.0.*.*
    Host FIRMWARE 1.*.*
    Mini0 FIRMWARE 1.3.*.*
    Mini1 FIRMWARE 1.3.*.*
    Mini2 FIRMWARE 1.3.*.*
    Mini3 FIRMWARE 1.3.*.*
    MCU FIRMWARE 1.0.*.*
    CPLD FIRMWARE 0**
    ISP FIRMWARE 1.*.*
Backup Module PackageType Version
    Host FIRMWARE 1.*.*
    Mini0 FIRMWARE 1.3.*.*
    Mini1 FIRMWARE 1.3.*.*
    Mini2 FIRMWARE 1.3.*.*
    Mini3 FIRMWARE 1.3.*.*
    MCU FIRMWARE 1.0.*.*
    ISP FIRMWARE 1.*.*
```

图 3-10　查询版本信息

（4）**软件包下载**　表 3-2 列出了升级相关的软件包，可从华为技术支持网站的 MDC 产品页面进行下载。

表 3-2　升级软件包

软件包名称	说明
MDC 300 Infrastructure-{version}.tar.gz	OS（Operating System）包：包含 OS 和 AP（AUTOSAR Adaptive Platform）架构基础程序
MDC 300 AD11SPCC_FW-{version}.tar.gz	固件包：包含 ISP（Image Signal Processing）固件、MCU（Microcontroller Unit）固件、CPLD（Complex Programmable Logic Device）固件、SSD 固件、Mini（Ascend 310）固件和 Host 固件
MDC_INSTALLER-Ubuntu18-{version}.tar.gz	MDC Installer 安装软件包
MDC_Manifest_Configurator-Ubuntu18-{version}.tar.gz	MMC 工具安装软件包
MDC_Development_Studio-Ubuntu18-{version}.tar.gz	MDS 安装包
MDC 300_Ubuntu_Crossbuild_Devkit-{version}.tar.gz	用于搭建交叉编译环境的 SDK
MDC 300_Ubuntu_CI_Devkit-{version}.tar.gz	用于制作软件镜像包
MDC_Application_Visualizer-Ubuntu18-{version}.tar.gz	MViz 工具安装软件包
MDC_MCD-Ubuntu18-{version}.tar.gz	MCD 工具安装软件包

（5）**验证软件合法性**　获取软件包后，应使用软件数字签名（PGP Verify）验证工具对软件包的合法性进行校验，防止下载到非法的升级包。其操作步骤如下。

1）确认已完成软件包下载。

2）单击打开网页：软件数字签名验证工具（PGP Verify）。

3）在打开页面的右上方搜索栏内输入"PGP Verify"进行搜索，跳转至图 3-11 所示页面，选择 PGP Verify 工具。

图 3-11　选择工具页面

4）单击图 3-12 所示版本号进入软件包获取页面。

5）在打开的图 3-13 所示页面中下载文档"OpenPGP 签名验证指南 .pdf"和工具软件包"VerificationTools.rar"，进行升级包校验。

图 3-12　工具版本选择　　　　　　　　　图 3-13　校验方法获取页面

4. 基于 GPU 架构的计算平台 OTA 部署

智行者计算平台 OTA 部署的操作步骤如下。

（1）查看当前系统的版本信息　如图 3-14 所示，查看当前系统的版本信息。

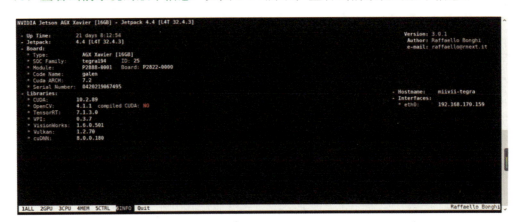

图 3-14　当前系统版本信息

（2）安装 nvidia-jetpack 工具　运行代码安装 jetpack 工具，代码如下。

```
1. sudo apt update
2. sudo apt install nvidia-jetpack
```

（3）升级 L4T　如果是升降一个小版本，例如从 r32.4.1 到 r32.4.2，则使用升级小版本方法；如果是升级一个大版本，则使用升级大版本方法，根据系统实际情况进行选择。

1）升级小版本的方法。

运行如下代码，然后重启设备。

```
1. sudo apt update
2. apt list --upgradable
3. sudo apt upgrade
```

2）升级大版本的方法。

运行如下代码更新源，显示如图 3-15 所示。

```
1. sudo vi /etc/apt/sources.list.d/nvidia-l4t-apt-source.list
```

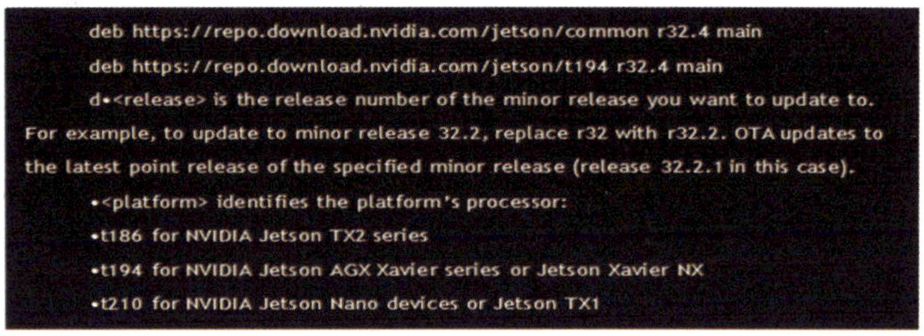

图 3-15　选择更新源

运行代码时将 r32.4 更改为 32.5，然后保存退出，运行更新，代码如下。

```
1. sudo apt update
2. sudo apt dist-upgrade
```

在安装过程中输入 Y 进行确认，安装成功后显示如图 3-16 所示。

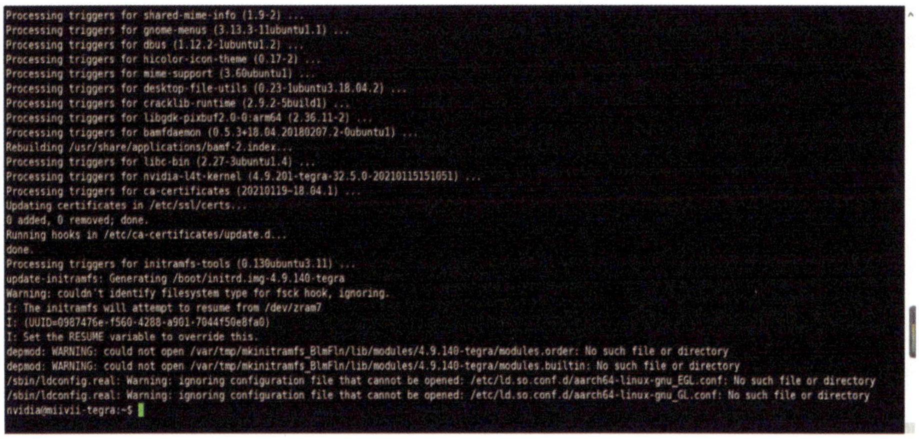

图 3-16　OTA 更新成功

任务准备

1. 工具、设备介绍

子任务模块	设备工具
子任务　计算平台软件架构的讲解	计算平台软件架构图

2. 实操预演

通过资料链接，掌握计算平台的软件架构。

任务实施

1. 前期准备

学习并掌握计算平台软件架构的知识要点。

2. 实操演练

子任务　计算平台软件架构的讲解

实施步骤	使用工具	图示	操作要点
1. 对计算平台的软件架构进行讲解	百度Apollo架构图	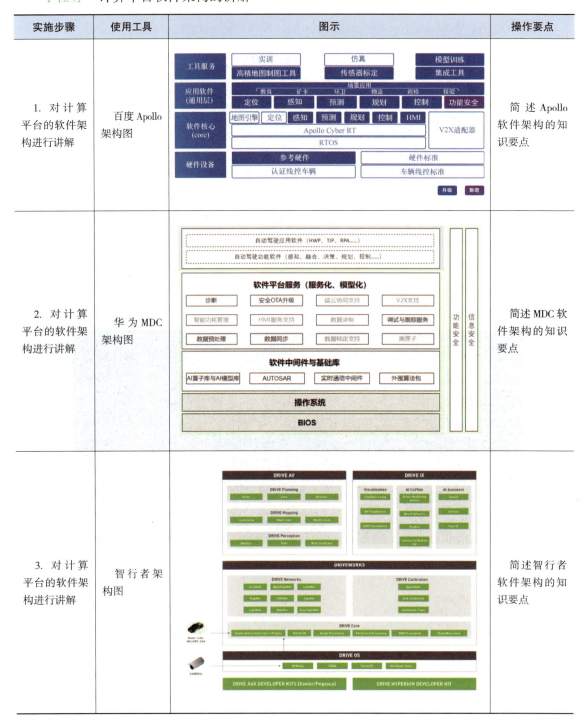	简述Apollo软件架构的知识要点
2. 对计算平台的软件架构进行讲解	华为MDC架构图		简述MDC软件架构的知识要点
3. 对计算平台的软件架构进行讲解	智行者架构图		简述智行者软件架构的知识要点

任务评价

计算平台软件部署的操作评分标准

学生姓名：_____　　学生学号：_____　　操作用时：_____min

序号	作业内容	配分	作业项目	分值	扣分	备注
1	计算平台软件架构知识讲解	100	□简述功能软件的组成架构	20		如介绍（讲解）不正确，现场考评员（裁判）根据情况酌情扣分
			□介绍算法接口模块的功能	10		
			□介绍传感器模块的功能	10		
			□介绍网联模块的功能	10		
			□介绍云控模块的功能	10		
			□简述系统软件的组成架构	20		
			□简述OTA部署方式	10		
			□讲解分布式通信模块的功能	10		
	合　计			100		

考核成绩：_____　　教师签字：_____

课后测评

一、选择题

1. （　　）不是常见自动驾驶操作系统软件架构中包含的模块。

A. 驱动模块　　　B. 传感器模块　　　C. 发动机模块　　　D. 网联模块

2. （　　）不是常见自动驾驶操作系统软件架构中系统软件包含的模块。

A. Linux系统模块　　　　　　　　　B. 驱动模块

C. 分布式通信模块　　　　　　　　　D. 传感器模块

3. （　　）不是常见自动驾驶操作系统软件架构中功能软件包含的模块。

A. 网联模块　　　　　　　　　　　　B. 实时控制平面模块

C. 云控模块　　　　　　　　　　　　D. 算法接口模块

二、判断题

（　　）1. 自动驾驶操作系统包含系统软件和功能软件。

（　　）2. 系统软件包含管理平面和实时控制平面模块、网联模块、Linux系统模块、驱动模块等。

（　　）3. 功能软件包含深度学习和视觉模块、传感器模块、分布式通信模块、云控模块、算法接口模块等。

（　　）4. OTA是通过移动通信的空中接口对SIM卡数据及应用进行远程管理的技术。

（　　）5. OTA云端服务器中包含控制器的完整升级包，控制器能够通过OTA进行更新和升级。

三、简答题

1. 简述智能驾驶计算平台的软件架构。

2. 简述自动驾驶汽车中OTA的概念。

3. 简述MDC 300F计算平台的OTA部署步骤。

任务二 工具链的认知

✅ 任务导入

智能网联汽车搭载计算平台需要仿真调试工具。一名技术员想要从事系统调试工作，该如何使用自动驾驶软件仿真工具以及实用技能来实现其功能呢？

🖥 任务分析

要完成本次任务，首先要对自动驾驶仿真工具 MATLAB 有一定的认知，通过对"任务资讯"的学习，达到如下所列"知识目标"的要求。对自动驾驶仿真软件有了一定的了解后，通过"任务实施"环节的实操演练，达成如下所列"技能目标"的能力。

知识目标	1. 了解不同的自动驾驶仿真平台 2. 掌握软件工具 MATLAB 的基本使用方法 3. 掌握简单的 MATLAB 仿真自动驾驶环境搭建方式
技能目标	1. 具有安装自动驾驶仿真工具的能力 2. 具有使用自动驾驶仿真工具和场景设计的能力
素养目标	培养学生一丝不苟、精益求精的工匠精神

🔊 任务资讯

一、自动驾驶开发工具认知

自动驾驶使用的工具和平台包括数据采集、处理、标注工具，模型训练平台，仿真平台，OTA 工具和一些其他环节的开发工具，这些工具称为工具链。工具链的效率决定了整个系统开发的效率。自动驾驶工具链为芯片编程提供集开发环境、编译、汇编、链接、库函数、调试等一整套工具，减少企业将深度学习算法部署到芯片中时遇到的阻力。

如图 3-17 所示，自动驾驶工具链处理计算平台采集的各个传感器的数据。其数据类型多种多样，包括摄像头数据、毫米波雷达数据、激光雷达点云数据，需要先对这些数据进行去噪。以图片为例，数据处理需要先把图片的地理位置信息等擦除，把人脸、车牌等敏感信息去除，再统一格式，这样才算处理完成。数据处理完成后，下一步便开始数据标注。标注的类型大致可分为 2D、3D 目标物标注、联合标注、车道线标注、语义分割等，还涉及具体标注规范和标注质检流程。整个流程的每一个环节都需要与之对应的工具和平台的支撑。

当前汽车软件开发使用较多的是 V 模型开发流程，很多 ADAS 功能也在使用 V 模型流程进行开发。如图 3-18 所示，左侧是设计开发流程，右侧是测试验证流程。

图 3-17 自动驾驶开发工具链角色

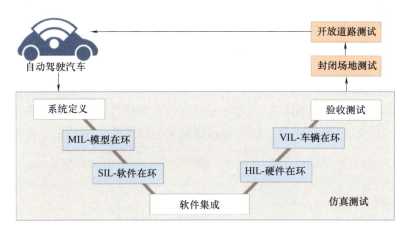

图 3-18 自动驾驶 V 模型开发流程

V 模型开发流程左侧的设计开发流程，现阶段以基于模型设计（Model Based Design，MBD）的开发流程为主。其中多数元素（模型）是基于 Matlab/Simulink 软件所提供的标准工具箱、块组，在图形化界面上搭建，并自动生成代码。整体需要工程师自己编写的代码量不多，开发速度快，开发成本较低。和 MBD 开发流程已经拥有成熟的工具链不同，数据驱动的开发流程起步晚，工具链效率不高，开发者要面对数据量庞大但高价值数据稀缺的问题。

二、自动驾驶软件仿真发展

1. 51Sim-One 仿真平台

51Sim-One 是一款集多传感器仿真、交通流与智能体仿真、感知与决策仿真、自动驾驶行为训练等一体化的国产自动驾驶仿真与测试平台。该仿真平台基于物理特性的机理建模，具有高精度和实时仿真的特点，用于自动驾驶产品的研发、测试和验证，可为用户快速积累自动驾驶经验，保证产品的安全性与可靠性，提高产品研发速度并降低研发成本。

如图 3-19 所示，51Sim-One 仿真平台在场景构建方面，可以通过 World Editor 快速地从无到有创建基于 Open Drive 的路网，或者通过点云数据和地图影像等真实数据还原路网信息；支持导入已有的 Open Drive 格式的文件进行二次编辑，支持在场景中自由地配置全局交通流、独立的交通智能体、对手车辆、行人等元素来构建动态场景，结合光照、天气等环境的模拟来呈现丰富多变的虚拟世界。

图 3-19 51Sim-One 仿真平台场景设计

如图 3-20 所示,在传感器仿真方面,软件可支持通用类型或定制需求传感器的多路仿真,满足对于感知系统算法的测试与训练,同时支持各种硬件在环的测试需求;提供语义分割图、深度图、2D/3D 包围盒等带注释的图像数据集;提供激光雷达点云原始数据,带标注点云数据。

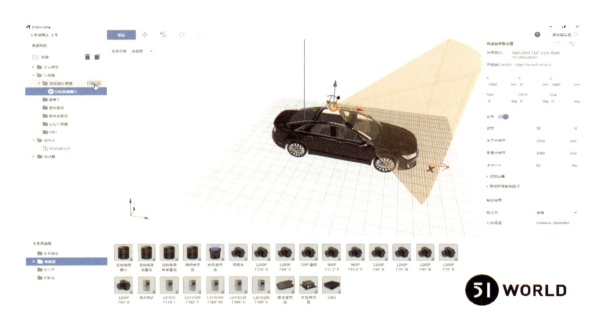

图 3-20 51Sim-One 仿真平台传感器测试

2. PanoSim 仿真平台

PanoSim 仿真平台是一款集许多复杂模型于一体的模拟仿真软件平台,如图 3-21 所示。这些模型中包括了汽车动力学、汽车行驶环境、汽车行驶交通、车载传感器、无线通信模型、GPS 和数字地图等。

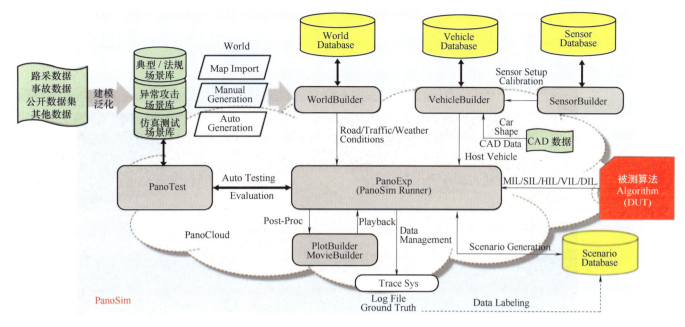

图 3-21 PanoSim 仿真平台架构图

如图 3-22 所示，PanoSim 仿真平台基于物理建模，结合准确与高效并存的数值仿真原则，将汽车驾驶的各种环境和工况较为真实地进行模拟，通过将几何模型与物理建模进行融合，实现了准度高的传感器模型。同时可以为数字仿真环境下汽车动力学与性能、汽车电子控制系统、智能辅助驾驶与主动安全系统等提供有力的支持。

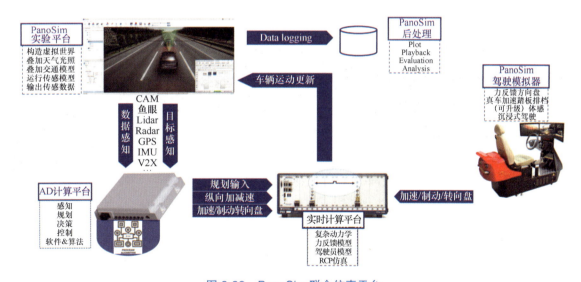

图 3-22 PanoSim 联合仿真平台

3. Apollo 仿真平台

百度 Apollo 仿真平台作为百度 Apollo 平台的一个重要组成部分，一方面用来支撑内部 Apollo 系统的开发和迭代，一方面为 Apollo 生态的开发者提供基于云端的决策系统仿真服务。如图 3-23 所示，Apollo 仿真平台是一个搭建在百度云和 Azure 的云服务，可以使用用户指定的 Apollo 版本在云端进行仿真测试。

Apollo 仿真场景可分为 Worldsim 和 Logsim。Worldsim 是由人为预设的道路和障碍物构成的场景，可以作为单元测试，简单、高效地测试自动驾驶车辆；Logsim 是由路测数据提取的场景，真实反映了实际交通环境中复杂多变的障碍物和交通状况。Apollo 仿真平台提供了较为完善的场景通过判别系统，可以从交通规则、动力学行为和舒适度等方面对自动驾驶算法做出评价。

图 3-23　Apollo 仿真平台界面

如图 3-24 所示，Apollo 平台可以数据驱动方法，用于自动驾驶的端到端仿真：增强自主驾驶模拟（AADS）。此方法利用模拟的交通流来增强真实世界的图像，以创建类似于真实世界渲染的照片般逼真的模拟场景。通过模拟交通流量，合成物体的放置和移动，捕获真实世界的车辆轨迹。

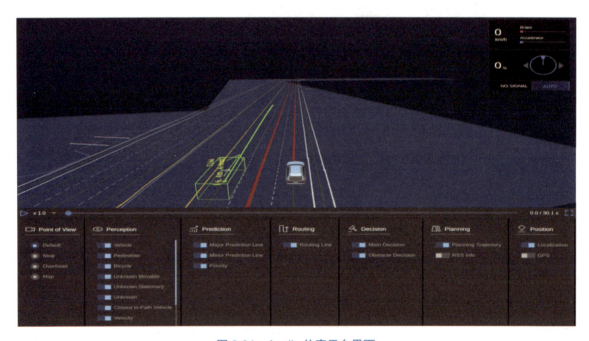

图 3-24　Apollo 仿真平台界面

4. TAD Sim 仿真平台

TAD Sim 仿真平台实现了路测场景与虚拟场景的无缝转换，仿真场景在任意时刻都能实现回放数据和虚拟场景之间的切换，极大提升数据的利用效率和产品测试验证效率。自动驾驶仿真平台就是一个数字孪生世界,TAD Sim 将自动驾驶车辆测试与游戏相结合,利用游戏场景的真实性和高效性提升了测试效果的有效性、算法验证的工作效率,降低了成本。随着自动驾驶技术的发展,其对仿真测试的真实性要求不断提高。如图 3-25 所示,用户可根据自动驾驶测试的需求,结合路采的交通流数据形成虚实一体的测试场景。

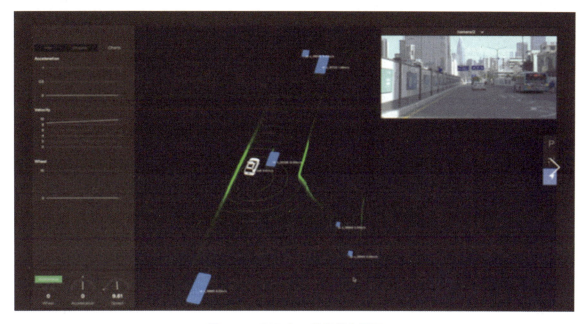

图 3-25　TAD Sim 仿真平台界面

软件通过模型在环、软件在环、硬件在环、车辆在环的测试验证体系,覆盖了完整的汽车 V 字开发流程,并融入了自动驾驶研发体系。如图 3-26 所示,TAD Sim 可以同时在本地和云端部署测试场景。其中,云端部署包含了场景云仿真和虚拟城市云仿真两种形式。这两种形式相辅相成,不但能大大提升自动驾驶算法测试效率,对算法的完善和迭代也有重要推动作用。

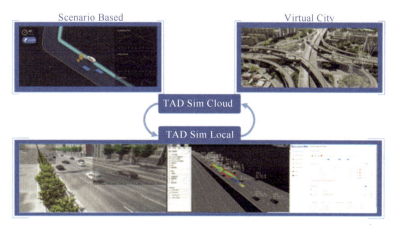

图 3-26　TAD Sim 端云同步方案

5. 华为八爪鱼仿真平台

华为八爪鱼自动驾驶仿真平台解决了复杂场景或远端目标的漏检、错检等业界难题,并在多个自动驾驶国际公开数据集测试挑战中获得领先的名次。

如图 3-27 所示,华为八爪鱼仿真平台算法可以无缝加载到华为 MDC 硬件平台上;同时,可以结合云端强大算力,将超大模型的训练效率提升10倍以上,进而提高车端感知模型的迭代速度。

图 3-27 华为八爪鱼仿真平台架构

如图 3-28 所示,华为八爪鱼服务覆盖自动驾驶数据、模型、训练、仿真、标注等全生命周期业务,向车企及开发者提供数据服务、训练服务、仿真服务等内容。

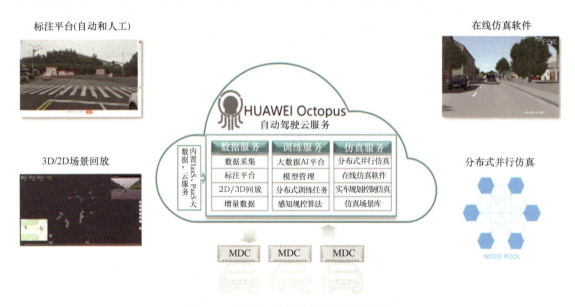

图 3-28 华为八爪鱼仿真平台服务内容

6. CarSim 仿真平台

CarSim 是 Mechanical Simulation 公司开发的强大的动力学仿真软件,主要针对四轮汽车。如图 3-29 所示,CarSim 是一款整车动力学仿真软件,主要从整车角度进行仿真,它搭建了相当数量的车辆数学模型,并且这些模型都有丰富的经验参数,用户可以直接使用,免去了繁杂的建模和调参的过程。

7. AirSim 仿真平台

AirSim 是微软研究院开源的一个建立在虚幻引擎(Unreal Engine)上的无人机及自动驾驶仿真平台。如图 3-30 所示,AirSim 利用虚幻引擎打造高还原的逼真虚拟环境,可以模拟阴影、反射等现实世界中的环境。AirSim 通过虚拟环境可以产生大量标注数据,同时提供了简单方便的接口,可以让无人机和自动驾驶的算法接入并进行大量的训练。AirSim 作为 AI

研究的平台,用于测试深度学习、计算机视觉和自主车辆端到端的强化学习算法。AirSim 也提供 Unity 引擎版本,添加了激光雷达的支持。

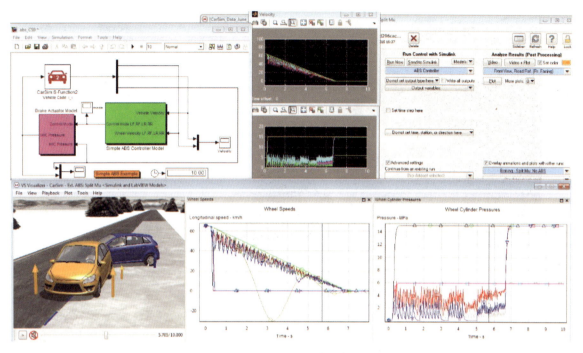

图 3-29　CarSim 仿真平台界面

图 3-30　AirSim 仿真平台界面

8. CARLA 仿真平台

CARLA 是由西班牙巴塞罗那自治大学计算机视觉中心指导开发的开源模拟器,用于自动驾驶系统的开发、训练和验证。同 AirSim 一样,Carla 也依托虚幻引擎进行开发,使用服务器和多客户端的架构。在场景方面,CARLA 提供了为自动驾驶创建场景的开源数字资源(包括城市布局、建筑和车辆)以及几个由这些资源搭建的供自动驾驶测试训练的场景。

如图 3-31 所示,CARLA 可以使用道路搭建软件 RoadRunner 来制作场景和配套的高精地图,并提供了简单的地图编辑器。CARLA 也支持传感器和环境的灵活配置,它支持多摄像机、激光雷达、GPS 等传感器,也可以调节环境的光照和天气。CARLA 提供了简单的车辆和行人的行为模拟，同时提供了一整套的 Python 接口，可以对场景中的车辆、信号灯等进行控制，用来和自动驾驶系统进行联合仿真，完成决策系统和端到端的强化学习训练。

图 3-31　CARLA 仿真平台界面

9. PreScan 仿真平台

PreScan 仿真平台是一个基于物理的仿真平台，主要用于汽车行业，可以用于开发基于雷达、激光雷达、摄像机、GPS 等传感器技术的高级驾驶辅助系统（Advanced Driver Assistance System，ADAS）；可用于设计和评估车对车和车对基础设施的通信应用，结合 Simulink 基于模型的控制器实现软件在环和硬件在环系统的实时测试。

如图 3-32 所示，PreScan 仿真平台提供一个强大的图形编辑器，用户可以使用道路分段、基础组件库（包括交通标牌、树木和建筑物）、交通参与者库（包括机动车、自行车和行人）修改天气条件（如雨、雪和雾）以及光源（如太阳光、前照灯和路灯）来构建丰富的仿真场景。

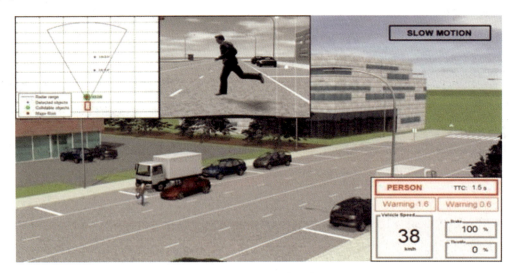

图 3-32　PreScan 仿真平台界面

10. MATLAB 仿真平台

MATLAB 仿真平台是一个为工程师和科学家设计的编程平台，其面向科学计算、内容可视化和交互式程序设计。MATLAB 的核心是 MATLAB 语言，是一种基于矩阵的语言，可以最自然地表达数学计算。MATLAB 仿真平台为使用者提供一个易于使用的视窗环境，其中包含了数值分析、矩阵计算以及非线性动态系统的建模和仿真等诸多强大功能。

MATLAB 仿真平台针对不同领域的应用开发了对应的工具箱（toolbox），让各领域的学习者都可以方便地完成相关领域的数据分析、模型建立和仿真等工作，极大地提高了工作效率。MATLAB 软件每年发布两个版本。如图 3-33 所示，本任务介绍的是 MATLAB R2022a 版本。

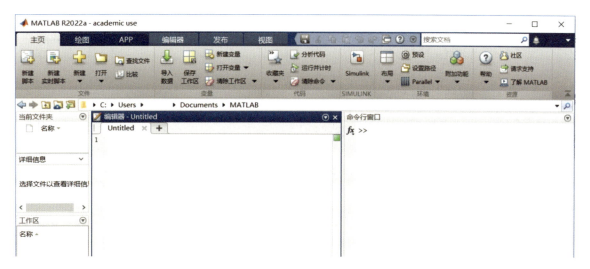

图 3-33　MATLAB R2022a 工作界面

三、自动驾驶仿真平台工具使用

MATLAB 自动驾驶系统工具箱（Automated Driving System Toolbox）是用于设计、测试高级辅助驾驶系统和自动驾驶系统的算法和工具。使用该工具箱可以自动进行地面实况标记，为生成驾驶场景、合成传感器数据、执行多传感器数据融合、以及设计和模拟视觉系统。

对于开环测试，系统工具箱提供可自定义的工作流程应用程序和评估工具，自动标记路面情况并根据实际情况测试算法。对于传感器融合和控制逻辑的硬件在环（Hardware-in-the-Loop, HIL）以及桌面仿真，也可以生成驾驶场景并模拟雷达和摄像机传感器的对象列表。

如图 3-34 所示，在自动驾驶系统工具箱中，驾驶场景设计器（Driving Scenario Designer）可以用于模拟道路场景，进行摄像机和雷达等传感器的数据融合和无人驾驶的仿真测试；路面实况标记（Ground Truth Labeler）可以根据导入的视频标定各类交通标志和车辆、行人等交通参与者，辅助自动驾驶。

1. 驾驶场景设计器

下面简要介绍驾驶场景设计器，模拟道路场景并产生视觉和雷达检测，以检验控制器或传感器融合算法。

（1）步骤 1　创建一个新的驾驶场景。

打开新的驾驶场景有两个方法，在 APP 的"汽车"一栏中直接单击 Driving Scenario Designer，或在 MATLAB 命令行中直接输入指令 drivingScenarioDesigner，都可以直接进入图 3-35 所示的驾驶场景设计器。

图 3-34　驾驶场景设计器和路面实况标记 APP 页面

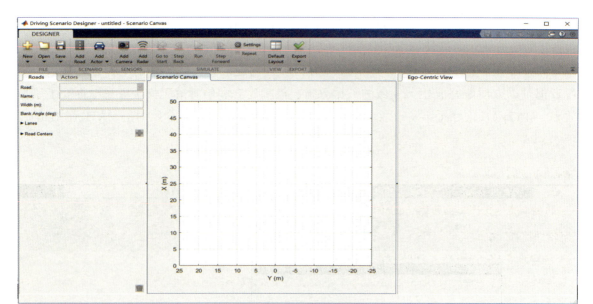

图 3-35　驾驶场景设计器

(2) **步骤 2**　添加道路。

在 APP 工具栏中单击 Add Road，然后依次左键单击情景窗口中的若干位置，单击右键即可在情景窗口中生成道路；也可以右键单击道路，通过添加道路中心点（Add Road Center）并拖拽该点到指定位置，使道路成为所需要的形状，如图 3-36 所示。

(3) **步骤 3**　添加车道。

默认情况下，道路为单车道且无车道线，为了让模拟场景更加接近实际的道路，将车道变更为双向 4 车道。

在左侧窗格的 Roads 标签下，展开车道（Lanes）部分，设置车道数（Number of Lanes）为 4，并设置车道宽度（Lane Width）为国家标准的高速公路车道宽度 3.75m。

在标记（Marking）列表中选择"3：Dash"，然后设置类型（Type）为"DoubleSolid"，并将颜色（Color）设置为字符串"yellow"。其余车道线不变，即可模拟双向 4 车道的道路，如图 3-37 所示。

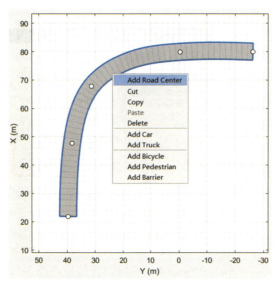

图 3-36　在情景窗口中添加道路

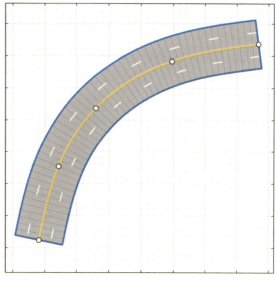

图 3-37　添加车道

(4)步骤4　添加交通参与者。

在驾驶场景设计器中，默认第 1 辆添加到情景中的车辆为主车，主车可以安装检测情景中车道线、行人和其他车辆的传感器。

如图 3-38 所示，右键单击道路，选择"Add Car"。为了确定车辆的行驶路线，右键单击车辆，选择"Add Waypoints"，并沿道路添加车辆所要经过的路径点。最后一个点添加完毕后，单击右键即可完成添加路径点。此时，车辆会自动转向沿着路径的方向，在右侧"Ego-Centric View"处可以以主车的视角观察道路情况。

在左侧窗格的"Actors"栏的"Trajectory"中设置车辆的速度。如需车辆以恒定速度运行，可选中"Constant Speed"并设置对应速度；若想要更加精细的速度控制，可取消"Constant Speed"，并在表格"Waypoints"中设置各点的速度。

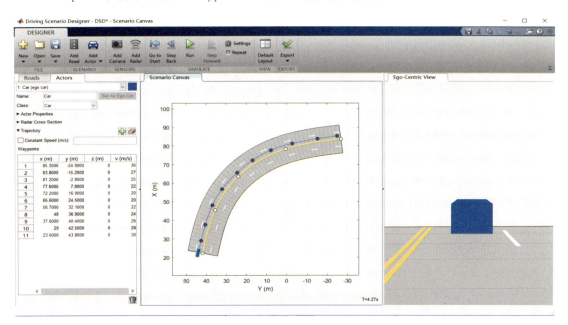

图 3-38　添加主车并设置路径

如图 3-39 所示，添加一个供主车检测的车辆，单击"Add Actor"，选择"Car"，在其对向车道添加第 2 辆车及其路径点。然后添加穿过马路的行人，在"Add Actor"中选择"Pedestrain"，并设置其路径从路的一侧到另一侧。

(5)步骤5　添加传感器。

如图 3-40 所示，为主车添加雷达和视觉传感器，可以用于检测行人、车道线和其他参与交通的车辆。

在工具栏中单击"Add Camera"，单击车辆前部的点，将摄像头放置在车辆前保险杠处。默认地，摄像头只检测交通参与者而不检测车道。为使其能够检测车道，在传感器（Sensors）标签中，展开检测参数（Detection Parameter），设置检测类型（Detection Type）

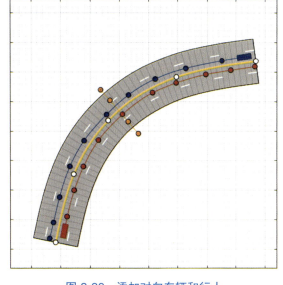

图 3-39　添加对向车辆和行人

为"Objects & Lanes",然后展开车道设置(Lanes Settings)部分按需更新。用类似方法选择"Add Radar",将雷达放置在左前车轮处,并拖拽角度标志,改变雷达扫描的范围。

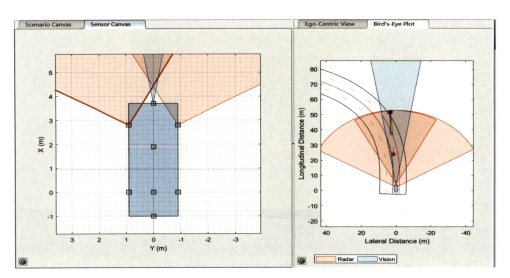

图 3-40　主车添加雷达和视觉传感器

(6)步骤6　运行情景、导出结果。

单击"Run"开始运行情景,默认当有一个交通参与者到达其终点时情景运行结束,可以在"Settings"中改变停止条件。在工具栏中单击"Export""Export Sensor Data"可以导出传感器数据,或通过"Export MATLAB Function"导出整个情景,在脚本中调整情景参数,产生监测数据。

2. 路面实况标记

在路面实况标记APP中,用户可以加载图像或视频,创建和导入自定义的算法以标记数据,例如标记车辆和行人等交通参与者,以及各类交通标志。

(1)步骤1　创建一个新的标记场景。

通过在APP中单击图标或在命令行窗口中输入指令groundTruthLabeler,就可以进入其初始界面,如图3-41所示。

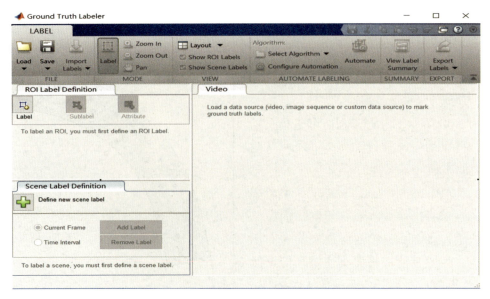

图 3-41　路面实况标记初始界面

（2）步骤2　选择ROI区间。

进入初始界面后，单击左上角的加载（Load），可以将视频或图像序列导入APP。路面实况标记以"兴趣区域"（Region of Interest，ROI）来实现。单击"ROI Label Definition"中的标签（Label）添加兴趣区域，如图3-42所示。

在标签名（Label Name）中给出希望标记出的目标标签名称，右侧为其类型，有矩形（Rectangle）、直线（Line）和像素标记（Pixel label），同时可在下方类别描述（Label Description）中添加对标签的描述。对于矩形和直线类型，可以用"Sublabel"定义其子标签，与上述父标签的定义方法基本一致。

（3）步骤3　选择标记算法。

对于已经添加的ROI Label，可以使用已添加的自动标记算法对目标进行标记。真值标注（Ground Truth Labeling，GTL）自带车辆检测器（ACF Vehicle Detector）、行人检测器（ACF People Detector）、点追踪器（Point Tracker）、实时插补器（Temporal Interpolator）等检测算法，也可以通过"Add Algorithm"自行添加一些检测器，以实现更多的功能，如图3-43所示。

图3-42　定义ROI Label

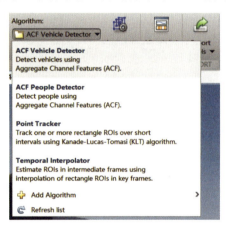

图3-43　选择自动标记算法

（4）步骤4　选择标记方式。

选择算法后，单击右侧"Automate"进入自动标记部分，随后单击"Run"即可使用检测算法在视频或图像序列中自动地对兴趣区域进行标记，如图3-44所示。

图3-44　自动标记结果

若对自动检测和标记算法的结果不满意，可使用"Undo Run"取消结果，并在"Setting"中更改设置，直到检测结果满足要求为止。此时，单击"Accept"即可保存自动标记算法所得到的结果。然后单击"View Label Summary"，可以统计每一帧中标签出现的个数，如图 3-45 所示，以供后续进行分析。在"Export Labels"中，可以将标签导出，供后续训练物体检测器用。

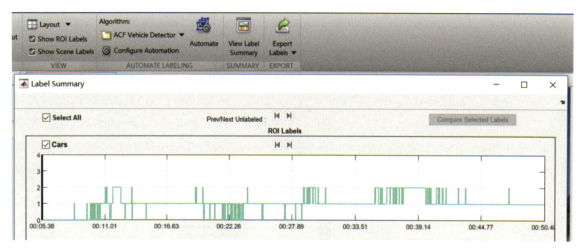

图 3-45　视频中各帧图像检测到的车辆数

3. 车辆动力学工具箱

车辆动力学工具箱（Vehicle Dynamics Blockset）是 MATLAB 中附带的一款集成 3D 虚拟环境的汽车仿真工具。在一辆汽车设计完毕后，整车厂或供应商需要对车辆的性能进行评价，包括加速性能、制动性能、安全性能、稳定性等方面，具体步骤如下。

（1）步骤 1　创建一个新的工程项目。

在 MATLAB 的"主页"菜单下，单击"Simulink"图标，随后在 Simulink 下拉菜单中，单击"Vehicle Dynamics Blockset"将其展开，如图 3-46 所示。

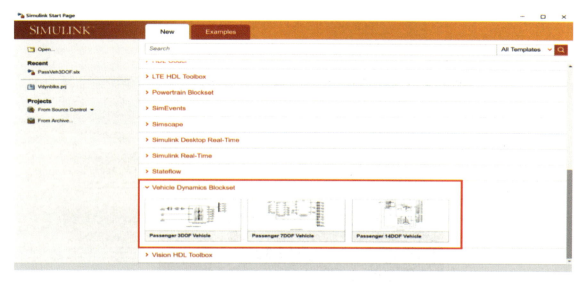

图 3-46　Simulink 中选择车辆动力学工具箱

如图 3-46 所示，单击下方 3 个窗口任意一个即可创建一个新的车辆动力学模型。新建模型后仍需要耗费大量时间来搭建完整模型，为节省时间，可以直接导入 MATLAB Simulink

中自带的车辆动力学工具箱例子。在命令行窗口输入指令 vdynblksDblLaneChangeStart，即可进入 MATLAB 给出的同向双车道变更的实例。

输入完成后即打开图 3-47 所示的界面。在该界面中，可以看到仿真车辆、车辆的控制系统（底盘）、预测驾驶人模型、环境和车辆变道生成的相关模块。各个模块相互关联实现对车辆的控制和车辆行驶轨迹的仿真。

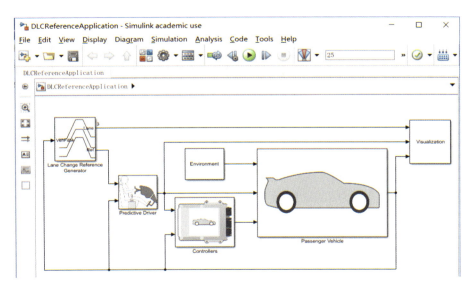

图 3-47　同向双车道变更参考实例

（2）步骤 2　选择模型结构。

左键双击图中某一个模块，即可看到其内部结构。双击控制器（Controllers）后，可以看到其内部结构如图 3-48 所示。

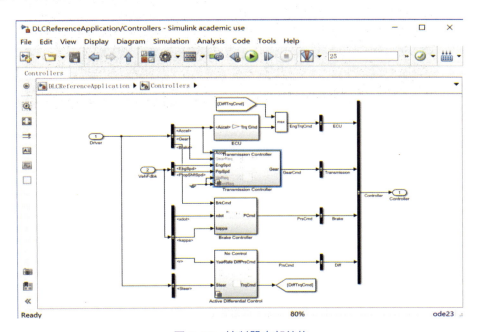

图 3-48　控制器内部结构

工具箱例程在此处给出了一些简单的 ECU 算法、变速器算法和制动器的相关算法。若对子模块的内部结构有兴趣，可以左键双击子模块以获得更加详细的内部信息。

（3）步骤 3　模型运行。

该例程中的参数默认设定为行驶速度为 30mile/h，车身宽度为 2m。单击上方菜单中的"Run"，即可按照 MATLAB 提供的例程运行，如图 3-49 所示。

在新生成的一个窗口中，给出车辆的俯视视角，车辆由静止状态开始起步并逐渐加速，在保持恒速的状态下进行车道的变换，先向左变更车道再向右还原。运行完成后，会在同一界面中给出该车辆的行驶轨迹。

在可视化子系统（Visualization Subsystem）中，打开"车道变换"（Lane Change）模块，可以给出横向位移与时间的函数关系，并画出图像，如图 3-50 所示。

以此例为基础，可以进行车辆操控稳定性的模拟。使用虚幻引擎进行 3D 可视化，在同向双车道变换中，若速度设置为 48km/h，则车辆可以正常实现变道功能而不会与障碍物发生碰撞，即车辆可以稳定地操控；当速度设置为 80km/h 时，车辆无法实现变道功能，车辆处于失控的状态。

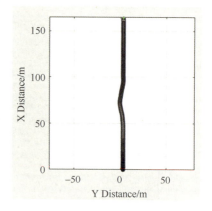

图 3-49 车辆变道轨迹图

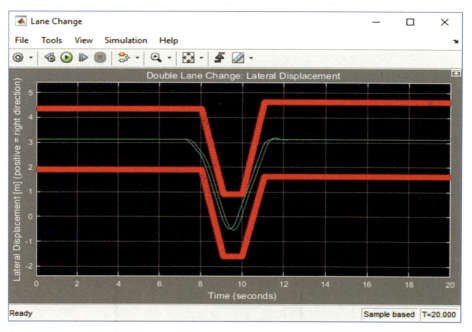

图 3-50 车辆横向位移与时间的函数关系图

车辆动力学工具箱可以对车辆各个部件的特性进行仿真。在 MATLAB 命令行窗口中输入指令 vdynblksKandCTestLabStart，即可进入 Simscape Multibody K&C 虚拟试验台，对一辆 4 车轮车辆的悬架进行仿真。

如图 3-51 所示，在测试时，可以借用 Simscape Multibody 等其他车辆动力学模型，对实际的 K&C 试验台进行模拟仿真，以获得相应的动态响应数据。然后，将该数据导入工具箱，对车辆 K&C 模型进行重建，以实现最终的整车仿真。

由于 Simscape Multibody 在后面的步骤中耗时相对更多，因此在获取数据后，可以使用 simulink 进行模型重建和整车仿真以提高效率。

单击"Run"，如图 3-52 所示，可以查看车辆悬架系统的动态实验结果，并输出悬架系统的动态响应曲线，如图 3-53 所示，输出左前悬架的响应。

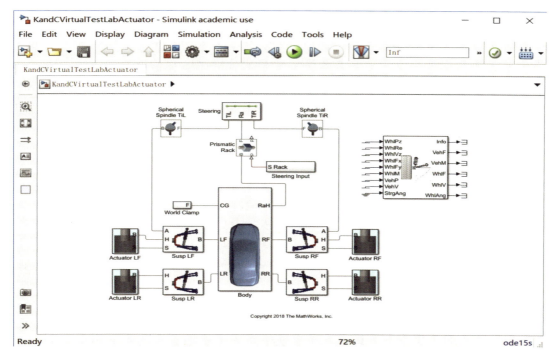

图 3-51　K&C 虚拟试验台初始界面

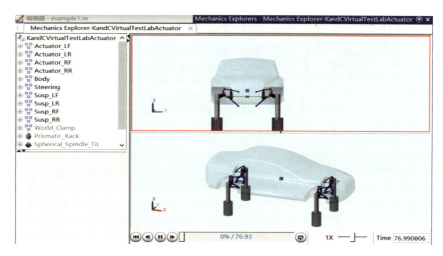

图 3-52　车辆悬架演示

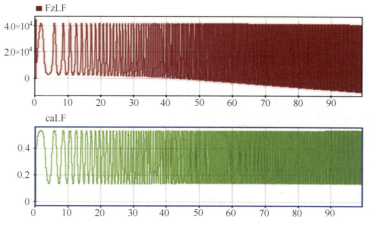

图 3-53　车辆左前悬架的响应示意图

4. 联合仿真

在获取了车辆的一系列数据后，通过 Simulink Design Optimization、Model_Based Calibration Toolbox 等工具对车辆的动态和稳态参数建模，从而获得车辆悬架的模型。

（1）步骤 1　打开一个工程项目。

这里通过一个示例介绍工具箱在自动驾驶中的仿真应用。在命令行窗口中输入指令 vdynblksSceneCameraRayStart，进入自动驾驶车辆和场景模拟，如图 3-54 所示。

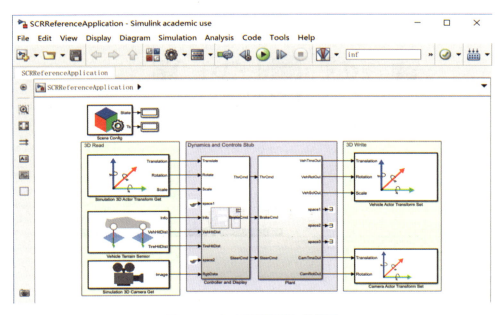

图 3-54　自动驾驶测试初始界面

（2）步骤 2　进入虚拟仿真引擎添加交通元素。

进入该例程后，在虚幻引擎中，可自行在路边手动添加一个停车标识，如图 3-55 所示，以测试自动驾驶的控制算法。

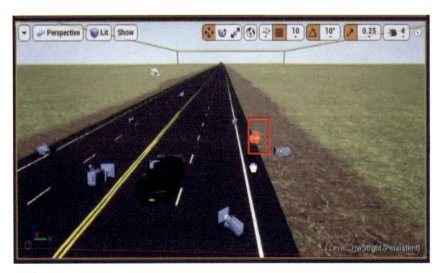

图 3-55　在虚幻引擎中放置停车标志

（3）**步骤3** 进入虚拟仿真引擎测试环境。

在路边添加停车标识后，车辆的视觉传感器（摄像头）在感知到标识后进行停车的动作，如图3-56所示，此外，将场景设置为傍晚或夜间，也可以测试天黑时的探测和控制效果。

图3-56 车辆摄像头识别停车标志并停车

任务准备

1. 工具、设备介绍

子任务模块	设备工具
子任务1 MATLAB软件安装	2022a以上版本
子任务2 MATLAB仿真环境驾驶场景设计搭建	2022a以上版本
子任务3 MATLAB仿真平台路面实况标记	2022a以上版本

2. 实操预演

第一步 通过资料链接，正确安装MATLAB运行环境。

第二步 通过资料链接，掌握MATLAB中仿真环境搭建方式。

任务实施

1. 前期准备

1）穿好防静电服，戴好防静电手环。

2）准备联网的计算机。

2. 实操演练

（1）子任务1 MATLAB软件安装

实施步骤	使用工具	图示	操作要点
1. 进入 MATLAB 官网，选择 Windows 版进行下载	Windows 系统（版本 Windows 7 及以上）	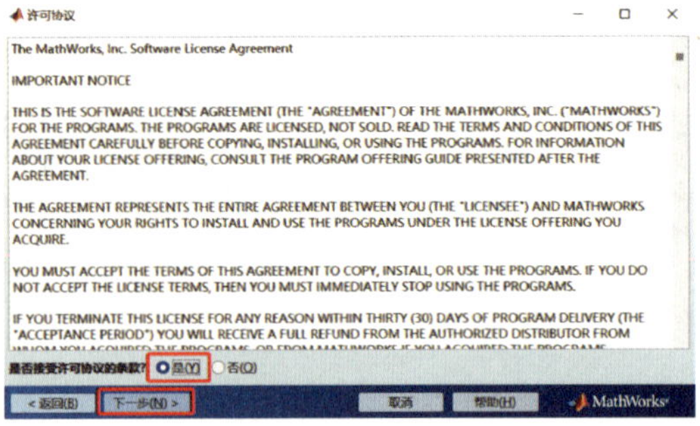	进入 MATLAB 官网后，选择匹配的版本，然后下载安装包，单击安装软件
2. 选择下载 Windows 64 位版，然后单击安装内容	Windows 系统（版本 Windows 7 及以上）	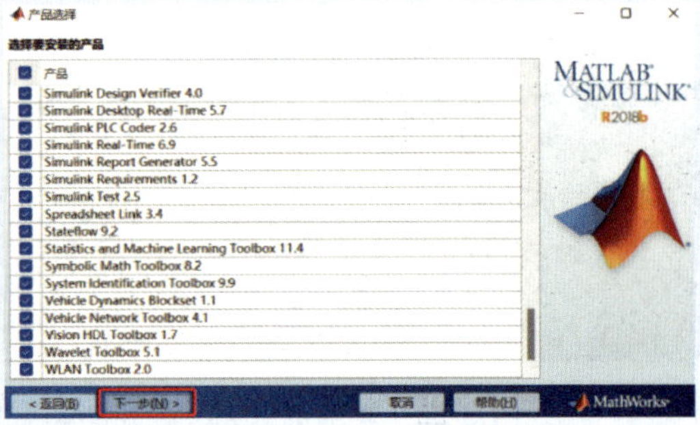	选择安装内容，单击"下一步"
3. 单击下载好的 exe 文件，进行安装	Windows 系统（版本 Windows 7 及以上）		选择安装内容，单击"下一步"，直至完成安装

（2）子任务2 MATLAB仿真环境驾驶场景设计搭建

实施步骤	使用工具	图示	操作要点
1. 打开 MATLAB 软件，进入驾驶场景设计器	Windows 系统（版本 Windows 7 及以上）	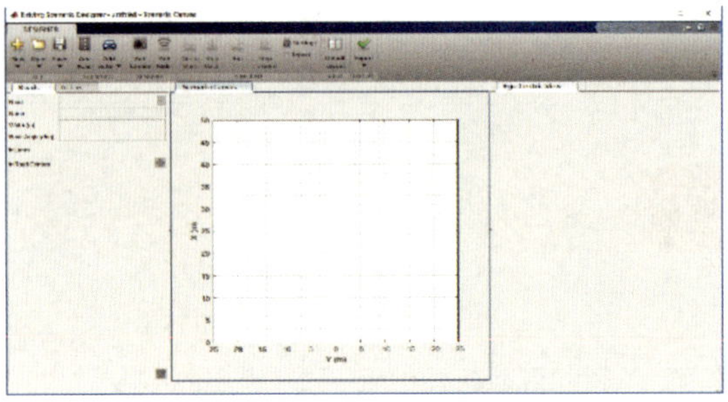	在 APP 的"汽车"一栏中直接单击 Driving Scenario Designer

MATLAB
仿真环境驾驶场景搭建

（续）

实施步骤	使用工具	图示	操作要点
2. 在驾驶场景设计器中，添加道路	Windows系统（版本Windows 7及以上）	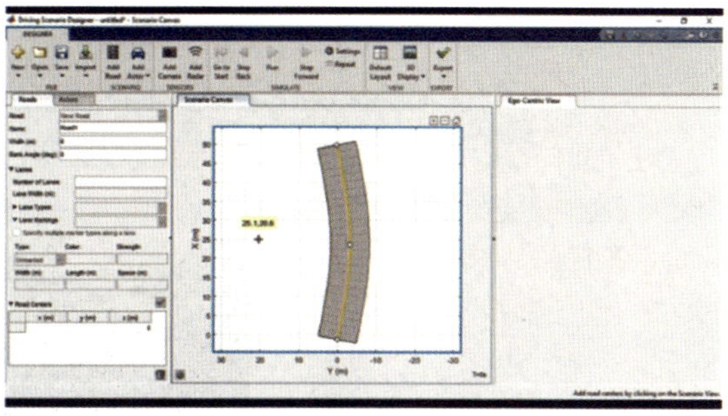	在APP工具栏中单击Add Road，单击右键在情景窗口中生成道路
3. 在驾驶场景设计器中，添加交通参与者	Windows系统（版本Windows 7及以上）	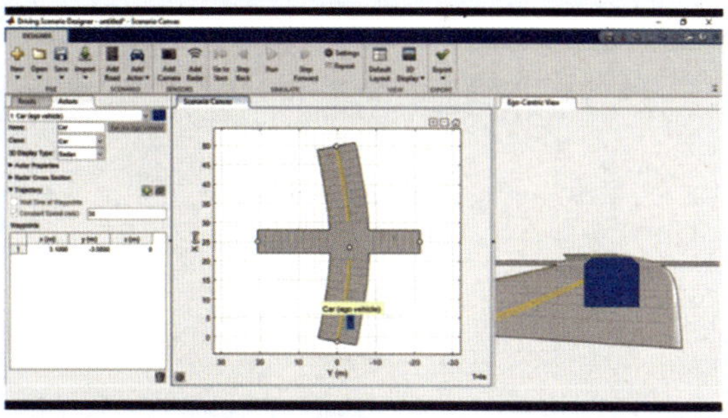	在左侧窗格的Roads标签下，选择参数内容，然后设置车道元素，右键单击道路，选择"Add Car"
4. 在驾驶场景设计器中，添加道路轨迹	Windows系统（版本Windows 7及以上）	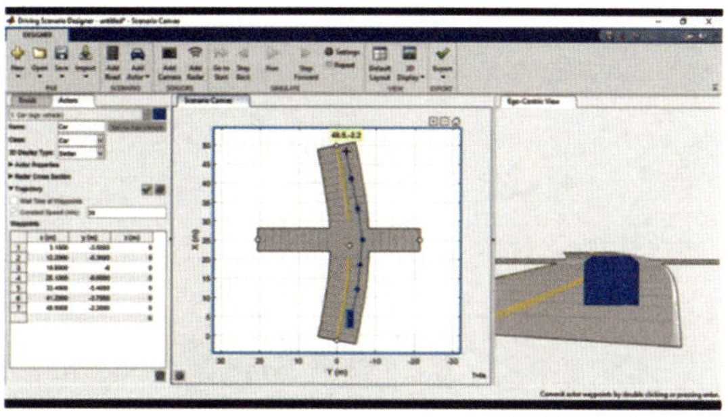	选择车辆，右键单击所选择的车辆，单击"Add Waypoints"，沿道路添加车辆所要经过的路径点
5. 在驾驶场景设计器中，添加传感器	Windows系统（版本Windows 7及以上）	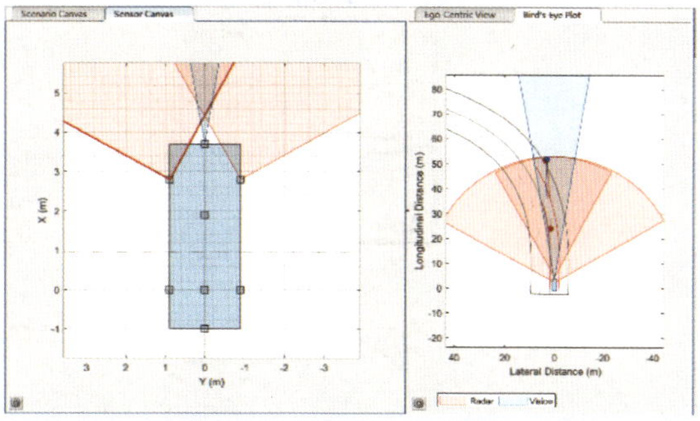	在工具栏中单击所需要的传感器标签，展开检测参数，设置检测类型，然后展开车道设置
6. 在驾驶场景设计器中，运行情景、导出结果	系统版本Windows 7及以上	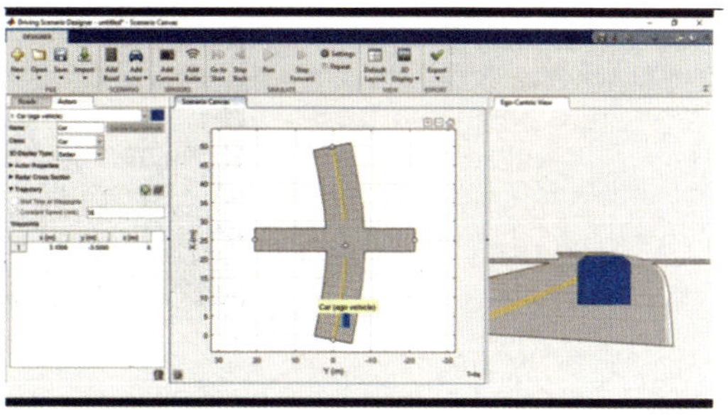	单击"Run"开始运行情景，导出传感器数据

（3）子任务3　MATLAB仿真平台路面实况标记

实施步骤	使用工具	图示	操作要点
1. 打开MATLAB软件，进入路面实况标记器	Windows系统（版本Windows 7及以上）	 	在APP中左键单击图标，进入路面实况标记器界面
2. 在路面实况标记器中，选择ROI区间	Windows系统（版本Windows 7及以上）	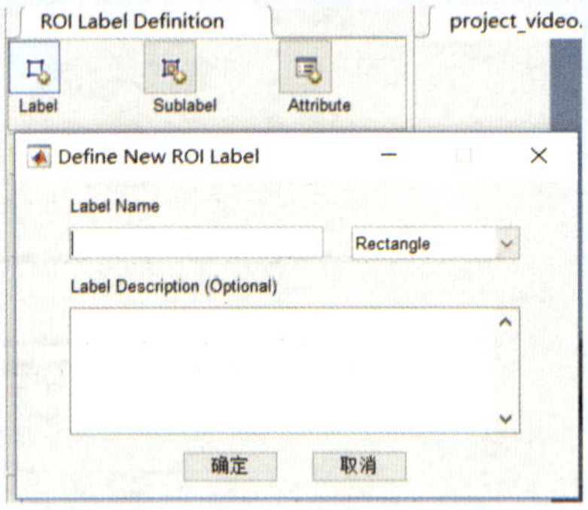	在APP工具栏中单击"兴趣区域标签定义"中的标签添加兴趣区域，在标签名中给出目标标签名称
3. 在路面实况标记器中，选择标记算法	Windows系统（版本Windows 7及以上）	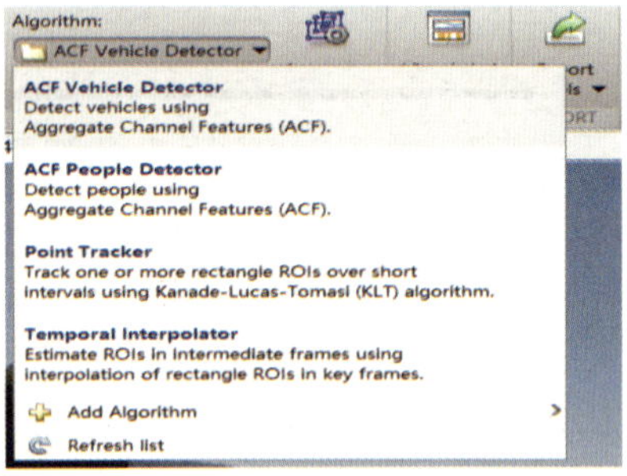	对于已经添加的ROI Label，使用已添加的自动标记算法对目标进行标记
4. 在路面实况标记器中，选择标记方式并运行	Windows系统（版本Windows 7及以上）		选择算法后，单击右侧"Automate"进入自动标记部分，随后单击"Run"

任务评价

MATLAB 仿真工具基础操作评分标准

学生姓名：_____　　学生学号：_____　　操作用时：_____ min

序号	作业内容	配分	作业项目	分值	扣分	备注
1	打开 MATLAB 运行环境	10	□开启计算机电源，按下计算机启动按钮	10		
2	安装 MATLAB 系统	20	□下载 MATLAB 安装包	10		如有未完成的项目，根据情况酌情扣分
			□完成 MATLAB 软件的安装	10		
3	运行 MATLAB	60	□打开 MATLAB 软件	10		
			□在桌面打开终端	10		
			□确认要安装的 MATLAB 版本号	10		
			□运行 MATLAB 仿真程序	30		
4	关闭 MATLAB 环境	10	□关闭 MATLAB 软件 □关闭计算机后拔下计算机电源	10		如未操作，现场考评员提醒并扣除对应项目分值
	合　计			100		

考核成绩：_____　　　　教师签字：_____

课后测评

一、选择题

1. MATLAB 系统工具箱支持卡尔曼滤波器和（　　）开发。
   A. 分配算法　　　　　　　　B. 运动模型
   C. 多目标跟踪框架　　　　　D. 多传感器融合

2. MATLAB 中自动驾驶系统工具箱的驾驶场景设计器，可以用于模拟道路场景，进行（　　）等传感器的数据融合和无人驾驶的仿真测试。
   A. 摄像机　　　B. 毫米雷达　　　C. 激光雷达　　　D. GPS

3. MATLAB 中自动驾驶系统工具箱的路面实况标记，可以根据导入的视频标定各类（　　），辅助自动驾驶。
   A. 交通标志　　B. 车辆　　　C. 行人　　　D. 自行车

二、判断题

（　　）1. MATLAB 的基本数据单位是矩阵，它的指令表达式与工程和数学中常用的形式十分相似，使用 MATLAB 来求解问题要比用 C、C++ 等语言完成相同的事情方便。

（　　）2. MATLAB 系统工具箱用于视觉系统设计的算法包括车道标记检测和使用机器学习的车辆检测。

（　　）3. MATLAB 系统中车辆动力学工具箱可以对车辆各个部件的特性完成仿真。

（　　）4. MATLAB 系统中车辆动力学工具箱可以对乘坐舒适性和操纵稳定性进行评价。

(　　) 5. MATLAB 系统在测试时，可以借用其他车辆动力学模型，对试验台进行模拟仿真，以获得相应的动态响应数据。

三、简答题

1. 简述华为八爪鱼仿真平台的特点。

2. 简述百度 Apollo 仿真平台的特点。

3. 简述 TAD Sim 端云同步方案的特点。

项目四
计算平台中环境感知模块的测试

任务一　定位模块的观测与分析

✓ | 任务导入

智能网联汽车搭载计算平台并与外围设备进行连接并调用。一名技术员想要从事计算平台的外围设备连接与调用工作，该如何使用计算平台与外围设备进行连接并调用其功能呢？

🖥 | 任务分析

要完成本次任务，首先要对计算平台与外围设备的连接和调用有一定的认知，通过对"任务资讯"的学习，达到如下所列"知识目标"的要求。对计算平台与外围设备的连接和调用有了一定的了解后，通过"任务实施"环节的实操演练，达成如下所列"技能目标"的能力。

知识目标	1. 掌握计算平台与外围设备的连接方法 2. 掌握运用计算平台完成外围设备的调用方法
技能目标	1. 具有完成计算平台与外围设备连接的能力 2. 具有运用计算平台完成外围设备调用的能力
素养目标	培养学生独立思考、科学严谨的工作态度

🔊 | 任务资讯

一、自动驾驶系统的安装

为了让计算平台连接并调用传感器，完成障碍物检测、视觉识别、辅助驾驶等任务，需要为计算平台安装系统。华为 MDC 300F 与智行者计算平台都以 ROS 系统为基础进行软件的运行。接下来将介绍如何在两种计算平台上安装 ROS 系统。

1. 基于 NPU 架构的计算平台

（1）ROS 系统安装　MDC 软件平台已经在 Host DP 域和 Mini 环境中安装了部分第三方工具和第三方库，详细信息见表 4-1。在进行自动驾驶应用软件调试时，可以通过华为 MDC 提供的工具链进行工程的远程部署和可视化调试。

Host DP 域和 Mini 环境中已默认配置了 ROS 相关的环境变量。

表 4-1　MDC 支持的第三方软件

工具名称	版本号
gdb	7.11.1
zip	3.0
ethtool	4.5
tcpdump	4.9.2
opencv	3.4.8

目前 MDC 平台经测试能够支持 Kinetic 版本。

在交叉编译环境安装 ROS 软件，可按照以下步骤进行。

1）通过 SSH 工具登录交叉编译环境，切换到 root 帐号。

2）执行以下命令：

```
scp -r sshuser@*.*.*.*:/opt/* /usr/ubuntu_crossbuild_devkit/mdc_crossbuild_sysroot/opt/
```

将 Host 上 "/opt" 文件夹拷贝至交叉编译环境的 "/usr/ubuntu_crossbuild_devkit/mdc_crossbuild_sysroot/opt/" 路径下。

3）命令中的 sshuser 表示 Host 的远程维护帐号。执行以上命令后，需要输入该帐号的密码（默认密码是 sshusrOs_123），命令才能成功执行。命令中的 "*.*.*.*" 表示 Host 的 IP 地址。拷贝时长由实际网络环境决定，请耐心等待。

4）将 Host 上 "/usr/include/boost" 路径下的 boost 库文件拷贝至交叉编译环境的 "/usr/ubuntu_crossbuild_devkit/mdc_crossbuild_sysroot/usr/include/" 路径下，如图 4-1 所示。

图 4-1　拷贝 boost 库至交叉编译环境完成

5）执行下面的命令：

```
scp-r sshuser@*.*.*.*:/usr/include/boost
/usr/ubuntu_crossbuild_devkit/mdc_crossbuild_sysroot/usr/include/
```

6）将 Host 上"/usr/lib/aarch64-linux-gnu"路径下的 ROS 相关依赖库文件拷贝至交叉编译环境的"/usr/ubuntu_crossbuild_devkit/mdc_crossbuild_sysroot/usr/lib/aarch64-linux-gnu/"路径下，如图 4-2 所示。

图 4-2　ROS 相关依赖库拷贝路径一

7）执行以下命令：

```
scp-r sshuser@*.*.*.*:/usr/lib/aarch64-linux-gnu/*
/usr/ubuntu_crossbuild_devkit/mdc_crossbuild_sysroot/usr/lib/aarch64-
linux-gnu/
```

8）将 Host 上"/lib/aarch64-linux-gnu"路径下的 ROS 相关依赖库文件拷贝至交叉编译环境中"/usr/ubuntu_crossbuild_devkit/mdc_crossbuild_sysroot/lib/aarch64-linux-gnu/"路径下，如图 4-3 所示。

图 4-3　ROS 相关依赖库拷贝路径二

9）执行以下命令：

```
scp-r sshuser@*.*.*.*:/usr/lib/aarch64-linux-gnu/*
/usr/ubuntu_crossbuild_devkit/mdc_crossbuild_sysroot/usr/lib/aarch64-
linux-gnu/
```

10）若交叉编译环境涉及其他自定义的依赖库，应一并从 Host 上拷贝至交叉编译环境的"/usr/ubuntu_crossbuild_devkit/mdc_crossbuild_sysroot/"路径下。

11）若拷贝成功，即完成安装，执行命令，如图 4-4 所示。

此时 ROS 已经能够正常运行了。

（2）MDC Development Studio 安装　MDS（MDC Development Studio）环境准备。

1）准备好软件包"MDC_Development_Studio_Linux.tar.gz"和"MDC300 Ubuntu_Crossbuild_Devkit.tar.gz"，如图 4-5 所示。

2）准备好 License 文件，如图 4-6 所示，用于 MDS 的激活。

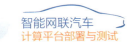

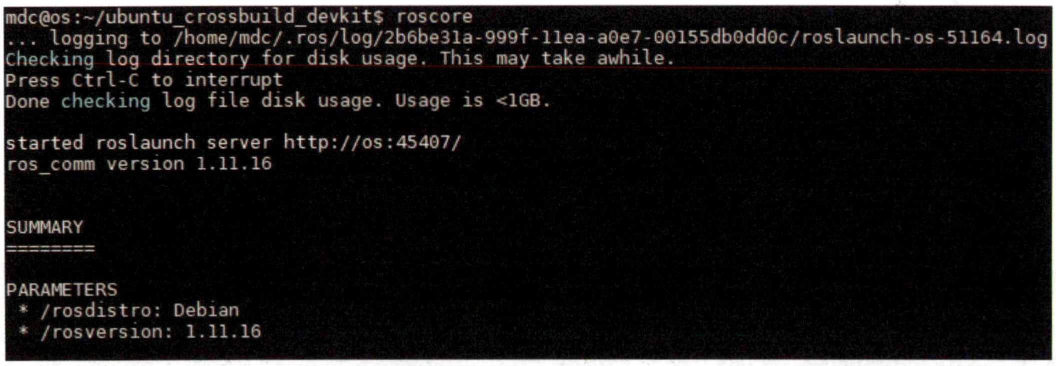

```
mdc@os:~/ubuntu_crossbuild_devkit$ roscore
... logging to /home/mdc/.ros/log/2b6be31a-999f-11ea-a0e7-00155db0dd0c/roslaunch-os-51164.log
Checking log directory for disk usage. This may take awhile.
Press Ctrl-C to interrupt
Done checking log file disk usage. Usage is <1GB.

started roslaunch server http://os:45407/
ros_comm version 1.11.16


SUMMARY
========

PARAMETERS
 * /rosdistro: Debian
 * /rosversion: 1.11.16
```

图 4-4　ROS 运行结果

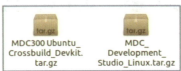

图 4-5　软件包文件

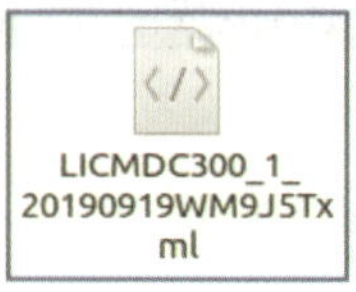

图 4-6　License 文件

3）输入以下命令，解压交叉编译器软件包 MDC300 Ubuntu_Crossbuild_Devkit。

```
tar -xf MDC300\ Ubuntu_Crossbuild_Devkit.tar.gz
```

4）输入以下命令，安装交叉编译器。

```
cd ubuntu_crossbuild_devkit/
sudo ./install.sh all
```

5）输入用户密码，如图 4-7 所示。

6）安装过程中，出现提示“Are You Sure？”时，输入“Y”即可。安装成功后如图 4-8 所示。

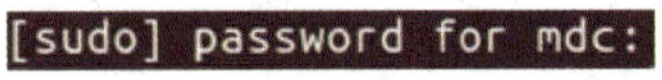

```
[sudo] password for mdc:
```

图 4-7　输入用户密码

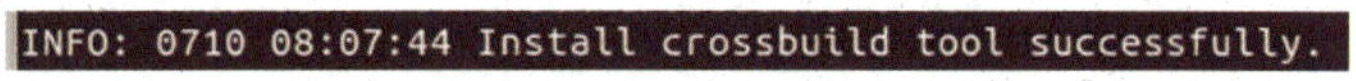

```
INFO: 0710 08:07:44 Install crossbuild tool successfully.
```

图 4-8　安装成功提示

7）解压 MDC Development Studio 软件包，输入以下命令。

```
tar xf ./MDC_Development_Studio_Linux.atr.gz
```

解压成功后，出现如图 4-9 所示的文件夹。

8）进入文件夹，打开 MDC Development Studio 软件，如图 4-10 所示。

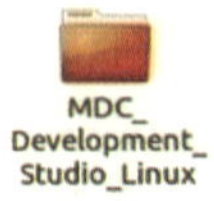

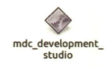

图 4-9　MDC 文件夹

图 4-10　MDC 软件图标

9）进入 MDS 后，选择 workspace，如图 4-11 所示。

10）单击“Control”，再单击“…”选择 License 文件的位置，导入准备好的 License 文件，如图 4-12 所示。

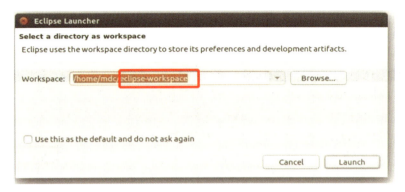

图 4-11 选择 workspace

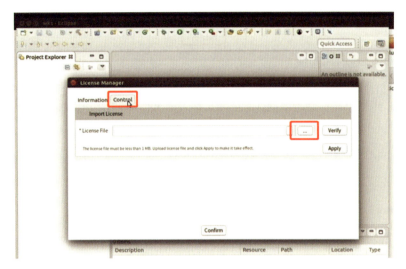

图 4-12 导入 License 文件

11）选择好 License 文件后，单击"Verify"，如图 4-13 所示。

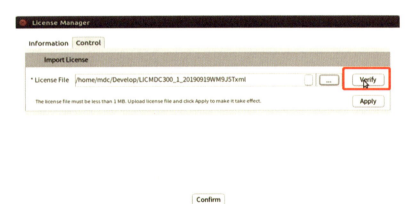

图 4-13 确认 License 文件

12）单击"Apply"键，"Confirm"键，应用 License 文件，如图 4-14 所示。

至此完成 MDS 的 License 的激活。

2. 基于 GPU 架构的计算平台

智行者计算平台上核心版 NVIDIA® Jetson Xavier™ NX，需要使用 NVIDIA JetPack 开发套件安装软件工具和操作系统的工具来构建 AI 应用程序。使用 JetPack 安装程序可以为用户的 Jetson 开发套件安装最新的操作系统镜像，为主机 PC 和开发套件安装开发工具，并安装快速入门应用此开发环境所需要的库和 API 程序接口、示例和文档等。还可将其更新到最新的 JetPack L4T。

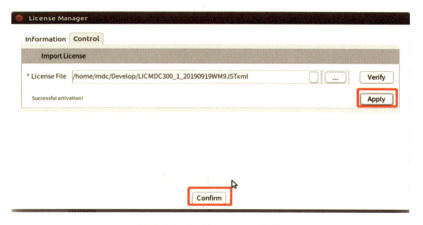

图 4-14　应用 License 文件

1）主机 PC 登录 NVIDIA 开发者网站，下载 JetPack 3.3 的 run 文件，更改此文件的执行权限：

$ chmod +x ./JetPack-L4T-3.3-linux-x64.run

2）执行安装：

$ sudo ./JetPack-L4T-3.3-linux-x64.run

3）按照安装向导执行安装过程，包括安装配置、开发套件选择等。进入图 4-15 所示的许可协议界面，注意要单击全部接受。

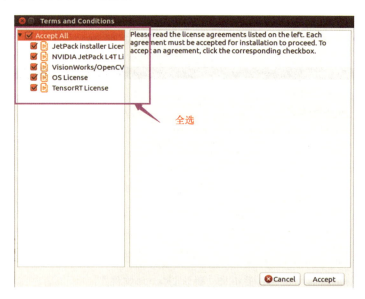

图 4-15　安装许可协议选择

4）进入下载和安装，如图 4-16 所示。这个过程持续的时间可能会很长，具体视主机 PC 的网络情况确定。

5）进入网络连接布局的选择。官方推荐的连接方法是把主机与开发板用网线连在同一个路由器或交换机下。在弹出的 Network Layout 配置中选择路由连接，如图 4-17 所示，在 Network interface 中选择以太网端口。

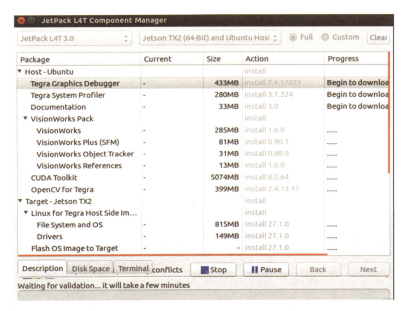

图 4-16　下载和安装组件

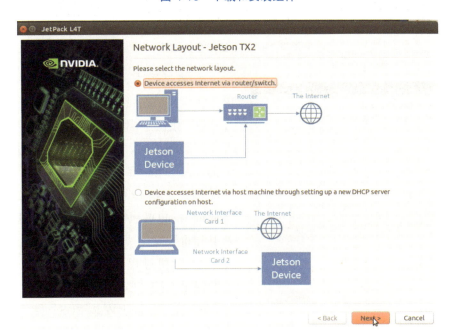

图 4-17　网络连接布局选择

6）在出现如图 4-18 所示的安装提示时，应将目标设备设置成 USB 强制恢复模式。

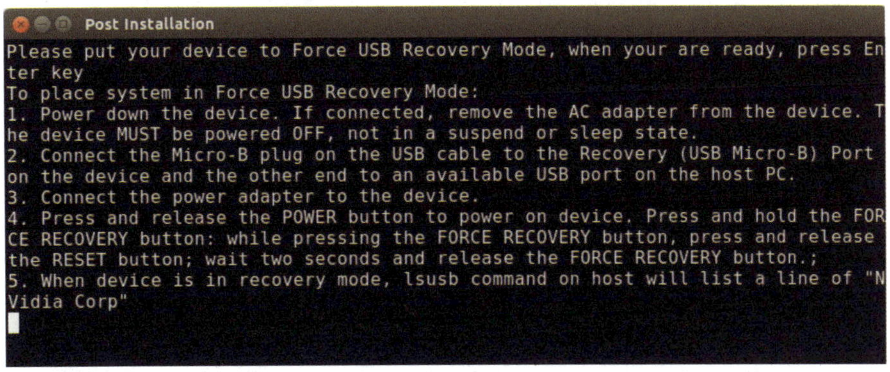

图 4-18　将目标设备设为 Recovery 模式

首先，断开开发板的电源，确认目标设备处于关机状态；然后，将网线、显示器、鼠标、键盘等其他设备连接到开发板上，插入 micro USB 调试线，并与主机 PC 相连；最后，接通开发板的 AC 电源，按下"Power"键开机，开机后紧接着按住"Recovery"键不松开，点按一下"Reset"键，等待 2s 以上再松开"Recovery"键，此时，开发板就进入强制恢复模式。

7）检查一下目标设备和主机 PC 有没有正常连接起来。在终端输入"lsusb"命令，如果发现有如图 4-19 所示的 0955：7c18 Nvidia Corp. 则说明连接正确。这时可以在窗口按"Enter"键开始刷机。整个刷机过程需要很长的时间，注意要保持主机 PC 和目标设备两者的网络连接。

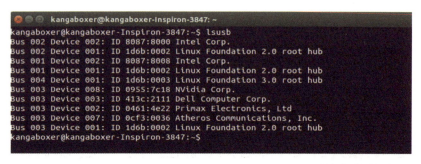

图 4-19 lsusb 指令的结果

图 4-20 手动设置目标设备 IP

安装过程中，可能会卡在 Determining the IP address of target……这一行不动，可以单击"cancel"按键退出安装，重新运行"run"文件。选择安装组件时，将"target"的"flashOS"设定为"no action"，其他都选中，单击下一步，手动输入 TX2 IP 地址，如下图 4-20 所示。由于此时 flashOS 已经安装完成，所以无需进行断电和重置操作。

8）刷机过程全部完成，出现如图 4-21 所示的提示，按"Enter"键即可退出。

9）在 Jetson 上安装 ROS。使用 jetsonhacks 在 GitHub 上发布的脚本文件安装 ROS。

图 4-21 刷机完成

二、轮速计

轮速计（图4-22）根据安装在驱动轮电机上的光电编码器来检测车轮的速度，根据车轮速度就可以计算出车辆在一定时间内移动的距离，从而推断出车辆的位置变化。

使用轮速计进行定位的缺点是误差较大且随着时间的增加偏差增大。轮速计的更新频率一般可达10~50Hz。轮速计的性能指标见表4-2。

图4-22 轮速计

表4-2 轮速计的性能指标

Sensor	Type	Resolution/bit	Scale	Update-time/ms
LITE	Left-speed	14	0.065	10
	Right-speed	14	0.065	10

三、惯性测量单元

惯性测量单元（Inertial Measuring Unit，IMU）是通过惯性定律实现测量功能的。最基础的惯性传感器包括加速度计和角速度计（陀螺仪），它们是惯性系统的核心部件，其性能是影响惯性测量系统性能的主要因素。尤其是陀螺仪，其漂移对惯导系统的位置误差增长的影响是时间的三次方函数。高精度的陀螺仪制造困难，成本高昂。因此提高陀螺仪的精度、降低其成本是当前追求的目标。

随着微电子技术的发展，出现了新型的惯性传感器——MEMS（Micro Electro Mechanical System，微机电系统/微电子机械系统）惯性传感器。从超小型的MEMS传感器，到测量精度非常高的激光陀螺，无论尺寸只有几个毫米的MEMS传感器，还是直径近半米的光纤器件采用的都是惯性定律原理。

价格、体积等因素的优势使得MEMS-IMU逐渐成为汽车传感器的主要部件。MEMS-IMU传感器的性能分级见表4-3。

表4-3 MEMS-IMU传感器的性能分级

精度级别	应用场景	测量误差	价格
低精度	消费电子（如智能手机）	低	百元内
中级	汽车	一般	千元内
高精度	军用级和宇航级产品	高	几十万~几百万

目前，传统汽车和自动驾驶汽车用的惯性传感器通常是中低级的，其特点是更新频率高（通常为1kHz），可提供实时位置信息。但它定位的误差会随着时间的增加而增大，所以只能在很短的时间内依赖惯性传感器进行定位。它通常在自动驾驶汽车中与全球导航卫星系统配合使用。本文中定位模块使用的IMU模组技术指标见表4-4。

表4-4 IMU模组技术指标

Sensor	Type	Range	Resolution/bit	Update-time/ms
SMI130	Accelerometer	±8g	12	0.5
	Gyroscope	±500°/s	16	1.0

四、全球导航卫星系统

全球导航卫星系统（Global Navigation Satellite System，GNSS）中应用最为广泛的是 GPS（Global Positioning System）其定位原理是常用的三角定位法。例如，距地表 2 万 km 的太空有 4 颗卫星，你手里拿着一个 GPS 信号接收器，可知无线电信号从其中 1 颗卫星到接收器的传输时间，且传输速度是恒定光速，即可计算出你与卫星间的距离。同样，你与其他 3 颗卫星的距离也可被计算出来，从而就可以确定你在地球表面的位置。

大气是无线电信号传输的介质，天气、云层会影响光传播的速度，从而导致时间误差，由于光速非常快，即使很小的时间误差，也会导致较大的定位偏差，于是人们发明了实时动态载波相位差分技术（Real-time Kinematic，RTK）。GPS 组成中有地面基站，地面基站的经纬度位置信息是确定且唯一的（X1，Y1），同时基站会接收卫星信号进行自定位（X2，Y2），两个位置会有差异。地面基站把差异信息告知周围的 GPS 接收器，从而提高定位精度至 10cm 数量级。即使有 RTK 存在，定位依然不够完美，比如无人驾驶汽车在高楼间穿梭时，无线电信号会出现遮挡和反射问题；再比如汽车在峡谷和隧道中行驶时，可能出现无线电信号丢失导致定位不准或无法定位；还有 GPS 更新频率低，大约 10Hz。本文中的定位模块使用的 GPS 接收机是和芯星通生产的 UM482 模组，其技术指标见表 4-5。

表 4-5 GPS 模组技术指标

通道	432 通道，基于 Nebulas-II	冷启动	<30s
频点	BDS B1/B2 GPS L1/L2 GLONASS L1/L2 Galileo E1/E5b	初始化时间	<5s（典型值）
单点定位（RMS）	平面：1.5m　高程：3.0m	初始化可靠性	>99.9%
DGPS（RMS）	平面：0.4m	差分数据	RTCM 2.X/3.X CMR
	高程：0.8m	数据格式	NMEA-0183，Unicore
RTK（RMS）	平面：$1cm+1\times 10^{-6}$	数据更新率	20Hz
	高程：$1.5cm+1\times 10^{-6}$	时间精度（RMS）	20ns
定向精度（RMS）	0.2 度 /1m 基线	速度精度（RMS）	0.03m/s
尺寸	30mm×40mm×4mm	功耗	2.0W（典型情况）

注：RMS 指均方根。

五、激光雷达

激光雷达是工作在光频波段的雷达，它利用光频波段的电磁波先向目标发射探测信号，然后将其接收到的同波信号与发射信号进行比较，从而获得目标的位置（距离、方位和高度）、运动状态（速度、姿态）等信息，实现对目标的探测、跟踪和识别。

智能网联汽车激光雷达系统由收发天线、信号处理模块、收发前端、汽车控制装置和报警模块组成，如图 4-23 所示。

图 4-23 激光雷达系统

六、融合定位方案

以上传感器在定位中各有优缺点，一般需要结合起来使用，取长补短，最后输出一个更新频率为100Hz、定位精度在cm级别的高精度定位方案。

本文中的定位模块一方面主要基于扩展卡尔曼滤波完成GPS、IMU、轮速计等传感器数据的融合，得到较为准确的位姿信息。另一方面，通过加载离线高精度地图数据和实时采集激光雷达点云数据完成匹配定位，同时完成GPS、IMU、轮速计和激光匹配定位的多传感器融合定位。当前的融合定位模块的技术指标见表4-6。

表4-6 融合定位模块的技术指标

对象	功能	性能指标	
GNSS RTK 或激光定位有效	位置	RTK（CEP）	$2cm+1\times10^{-6}$
		激光（1σ）	10cm
	姿态	\multicolumn{2}{l	}{$0.15°$（1σ）}
	航向	RTK（1σ，基线 >1m）	$0.3°$
		激光（1σ）	$1.0°$
	测速	\multicolumn{2}{l	}{0.05m/s（RMS）}
GNSS RTK 和激光定位均失效	位置	\multicolumn{2}{l	}{0.3% D（<2min 或 <500m）}
	姿态	\multicolumn{2}{l	}{$0.15°$（1σ）}
	航向保持	\multicolumn{2}{l	}{$0.2°$（2min）}
	测速	\multicolumn{2}{l	}{0.05m/s（RMS）}
数据输出	更新频率	\multicolumn{2}{l	}{100Hz（默认）}
物理接口	输出接口	\multicolumn{2}{l	}{RS232/RS422}
	波特率	\multicolumn{2}{l	}{460800 bps（默认）}
	轮速接口	\multicolumn{2}{l	}{RS232/CAN（必备）}
物理特性	供电电压	\multicolumn{2}{l	}{9~32V}
	功率	\multicolumn{2}{l	}{9W}
	工作温度	\multicolumn{2}{l	}{$-40~85°C$}
	防护等级	\multicolumn{2}{l	}{IP67}

七、定位功能框架

定位模块的功能框架如图4-24所示。定位模块的主要功能包含建立高精地图和实时定位测姿两部分。该模块一方面主要基于扩展卡尔曼滤波完成GPS、IMU、轮速计等传感器数据融合，得到较为准确的位姿信息，再加上Lidar的点云数据，离线建立高精度地图，包括点云地图（Point Map）、底图（Base Map）和参考地图（Refference Map）；另一方面，通过加载离线高精度地图数据和实时采集激光雷达点云数据完成匹配定位，同时完成 GPS、IMU、轮速计和 LiDAR 匹配定位值的多传感器融合定位。

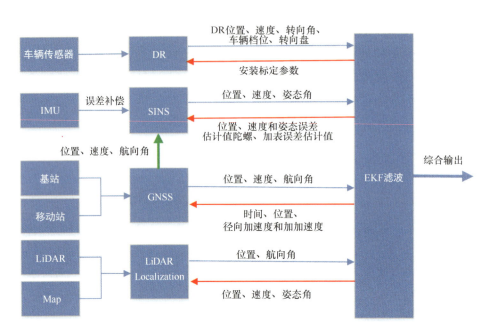

图 4-24　定位功能的框架

任务准备

1. 工具、设备介绍

子任务模块	设备工具
子任务 1　MDC 计算平台软件配置	华为 MDC 300F 平台
子任务 2　智行者计算平台初始化配置	智行者计算平台

2. 实操预演

第一步　通过资料链接，掌握华为 MDC 计算平台的外围设备安装与调用步骤。

第二步　通过资料链接，掌握智行者计算平台外围设备安装与调用步骤。

任务实施

1. 前期准备

1）穿好防静电服，戴好防静电手环。

2）准备计算平台和计算平台外围设备。准备华为 MDC 300F 计算平台、智行者计算平台，准备计算平台配套设备：3 根允许电流大小不同的电源线、1 个电源适配器、1 根 USB 转 type-C 线（刷机用）、1 根 USB 母头转 Type-C 线（用于连接外设）、1 个分辨率不低于 1920×1080 的高清显示器、1 根 HDMI 线、1 根网线、鼠标、键盘等外接设备。

2. 实操演练

（1）子任务 1　MDC 计算平台软件配置

实施步骤	使用工具	图示	操作要点
1. 准备好软件包	MDC 300F 计算平台、MDS 软件包、License 文件	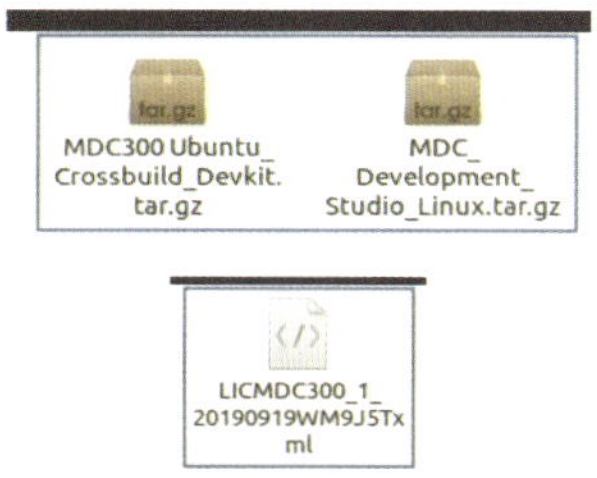 （MDC300 Ubuntu_Crossbuild_Devkit.tar.gz、MDC_Development_Studio_Linux.tar.gz、LICMDC300_1_20190919WM9J5Txml）	将 2 个软件包和 License 文件放入到某个特定路径目录下，并记住路径目录的位置
2. 解压交叉编译器软件包 MDC300 Ubuntu_Crossbuild_Devkit	同上	 （终端命令截图）	输入命令：tar -xf MDC300\Ubuntu_Crossbuild_Devkit.tar.gz
3. 输入命令，安装交叉编译器	同上	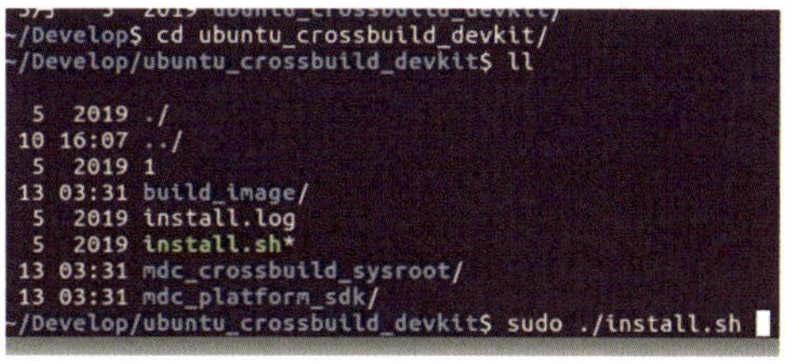 （终端命令截图）	输入命令： 1）cd ubuntu_crossbuild_devkit/ 2）sudo ./install.sh all
4. 输入用户密码	同上	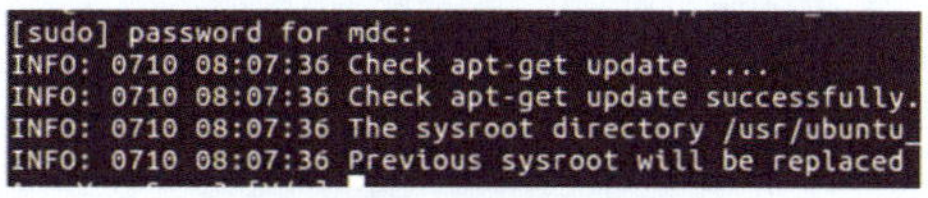 （终端命令截图）	安装过程中，根据提示输入用户密码
5. 输入 "Y"	同上	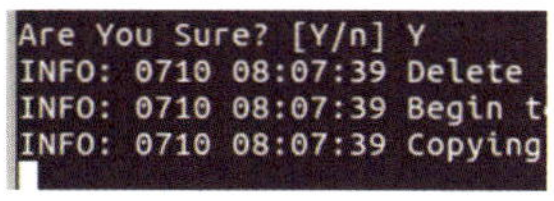 （终端命令截图）	安装过程中，根据提示输入 "Y"
6. 解压 MDC Development Studio 软件包	同上	 （终端命令截图）	输入命令：tar xf ./MDC_Development_Studio_Linux.tar.gz
7. 打开 MDC Development Studio 软件	同上	 （mdc_development_studio 图标）	双击 MDS 的软件图标
8. 进入 MDS 后，选择 workspace	同上	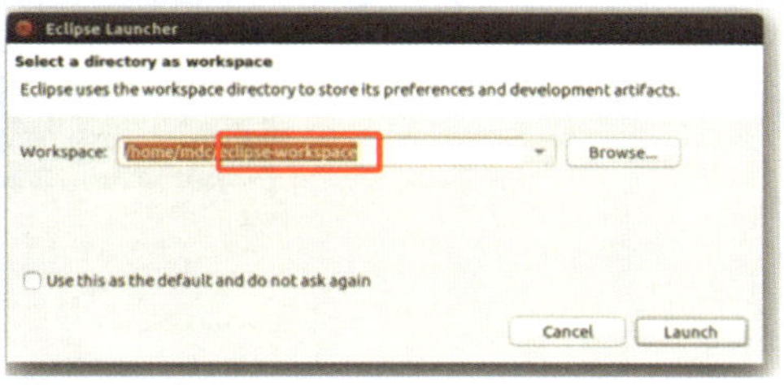 （Eclipse Launcher 选择 workspace 窗口）	选择工作空间的目录

085

(续)

实施步骤	使用工具	图示	操作要点
9. 单击"Control"，再单击"…"选择License文件的位置，导入准备好的License文件	同上	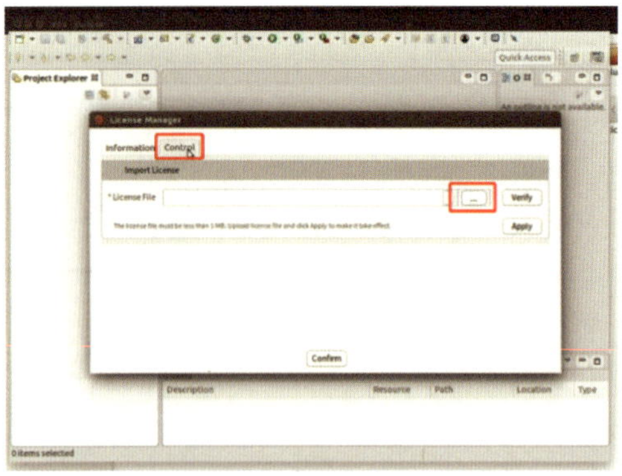	根据之前License文件的位置将其导入至当前窗口中
10. 选择好License文件后，单击"Verify"	同上	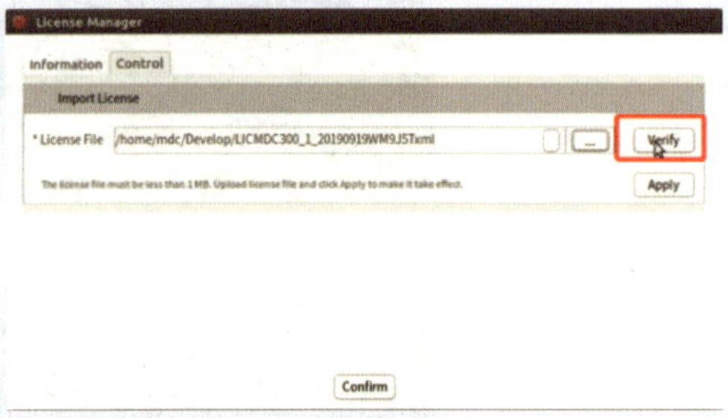	确认导入正确的License文件
11. 单击"Apply"，再单击"Confirm"，应用License文件	同上	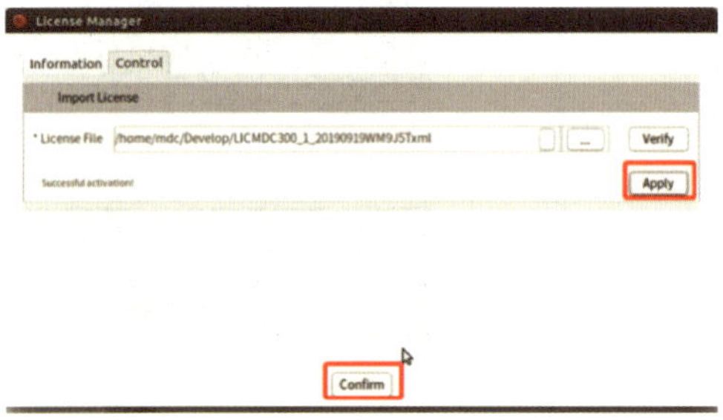	单击"Confirm"后，完成MDS的License的激活

（2）子任务2　智行者计算平台初始化配置

实施步骤	使用工具	图示	操作要点
1. 准备Xavier平台与显示器，并接入键盘、电源、网线等配件	Xavier计算平台、显示器	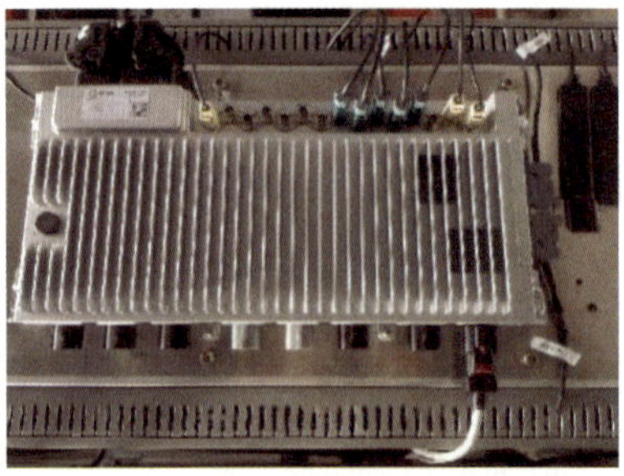	先连接设备，再打开显示器，最后开启计算平台电源，若第一次未能开启，可断电后再次尝试
2. 对Xavier计算平台进行刷机	同上	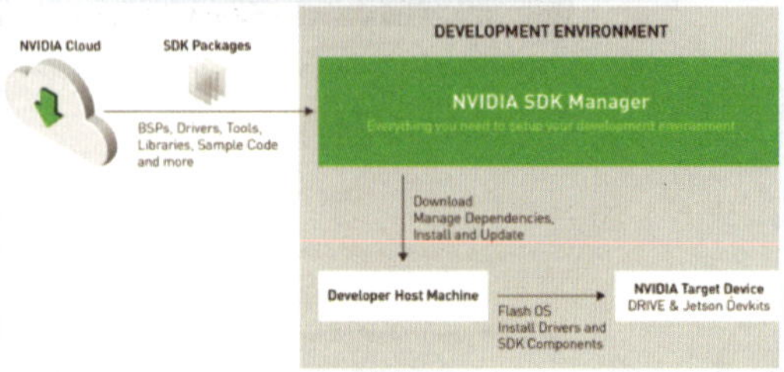	性能要求：RAM最好不低于8GB，ubuntu系统磁盘容量不低于40GB，显示器分辨率不低于1920×1080

（续）

实施步骤	使用工具	图示	操作要点
3. 更换主机apt-get 源	同上	#清华源 deb https://mirrors.tuna.tsinghua.edu.cn/ubuntu/ bionic main restricted universe multiverse deb-src https://mirrors.tuna.tsinghua.edu.cn/ubuntu/ bionic main restricted universe multiverse deb https://mirrors.tuna.tsinghua.edu.cn/ubuntu/ bionic-updates main restricted universe multiverse deb-src https://mirrors.tuna.tsinghua.edu.cn/ubuntu/ bionic-updates main restricted universe multiverse deb https://mirrors.tuna.tsinghua.edu.cn/ubuntu/ bionic-backports main restricted universe multiverse deb-src https://mirrors.tuna.tsinghua.edu.cn/ubuntu/ bionic-backports main restricted universe multiverse deb https://mirrors.tuna.tsinghua.edu.cn/ubuntu/ bionic-security main restricted universe multiverse deb-src https://mirrors.tuna.tsinghua.edu.cn/ubuntu/ bionic-security main restricted universe multiverse deb https://mirrors.tuna.tsinghua.edu.cn/ubuntu/ bionic-proposed main restricted universe multiverse deb-src https://mirrors.tuna.tsinghua.edu.cn/ubuntu/ bionic-proposed main restricted universe multiverse #阿里云源 deb http://mirrors.aliyun.com/ubuntu/ bionic main restricted universe multiverse deb http://mirrors.aliyun.com/ubuntu/ bionic-security main restricted universe multiverse deb http://mirrors.aliyun.com/ubuntu/ bionic-updates main restricted universe multiverse deb http://mirrors.aliyun.com/ubuntu/ bionic-proposed main restricted universe multiverse deb http://mirrors.aliyun.com/ubuntu/ bionic-backports main restricted universe multiverse deb-src http://mirrors.aliyun.com/ubuntu/ bionic main restricted universe multiverse deb-src http://mirrors.aliyun.com/ubuntu/ bionic-security main restricted universe multiverse deb-src http://mirrors.aliyun.com/ubuntu/ bionic-updates main restricted universe multiverse deb-src http://mirrors.aliyun.com/ubuntu/ bionic-proposed main restricted universe multiverse deb-src http://mirrors.aliyun.com/ubuntu/ bionic-backports main restricted universe multiverse	首先，备份sources.list文件，输入命令：sudo cp/etc/apt/sources.list/etc/apt/sources.list.bak，打开sources.list文件，输入控制命令sudo gedit/etc/apt/sources.list。最后，保存sources.list文件，更新apt-get
4. 在主机上下载安装SDK Manager	同上	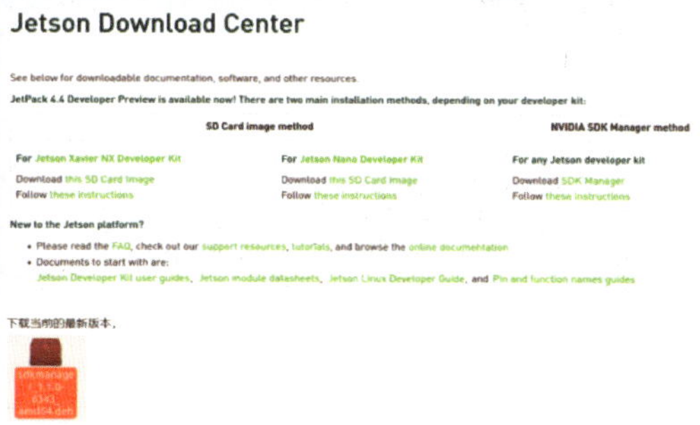	在NVDIA官网下载并安装SDK Manager
5. 安装并启动SDK Manager	同上	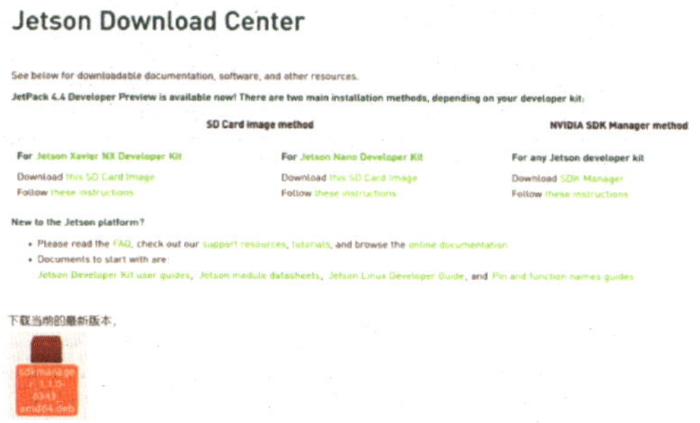	安装：sudo apt install./sdkmanager_1.1.0-6343_amd64.deb 启动：sdkmanager
6. 登录NVDIA账号，进入界面	同上	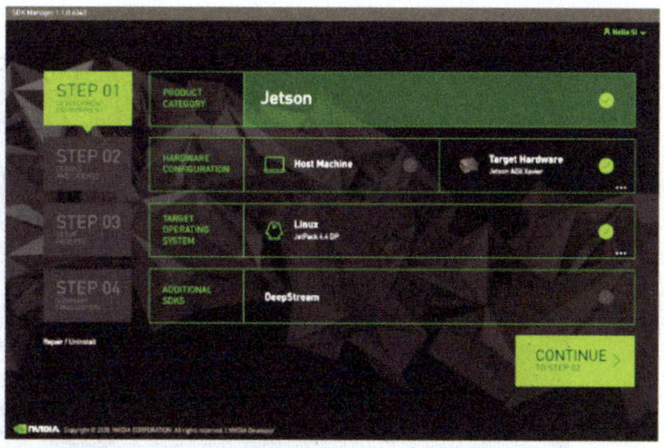	取消勾选Host Machine，然后单击continue进入下一步

（续）

实施步骤	使用工具	图示	操作要点
7. 选择下载安装路径	同上	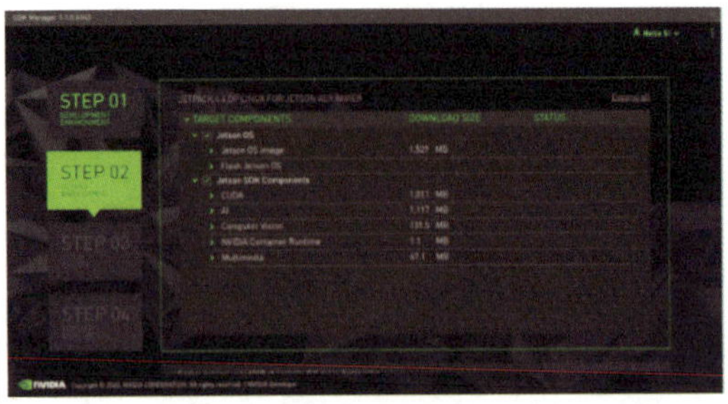	勾选 I accept，暂不要勾选 Download now，install later
8. 选择 OS 镜像	同上	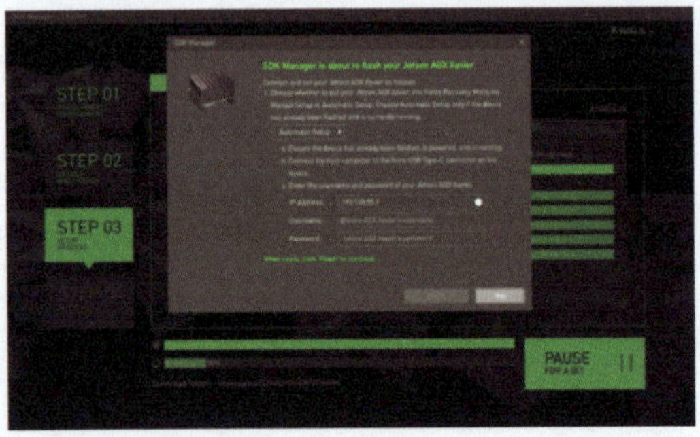	在 OS 镜像准备好后，会弹出如图所示窗口，选择 Manual setup
9. 镜像烧录	同上	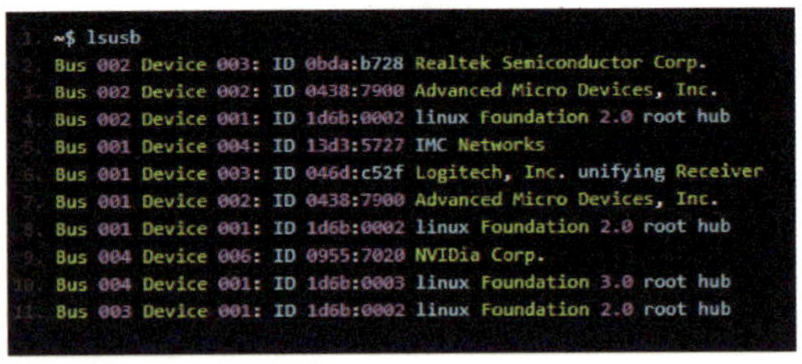	打开主机的终端，输入 lsusb 命令，如果看到 NVIDia Corp，则说明 Xavier 与主机连接成功，烧录镜像
10. 安装 SDK 组件	同上	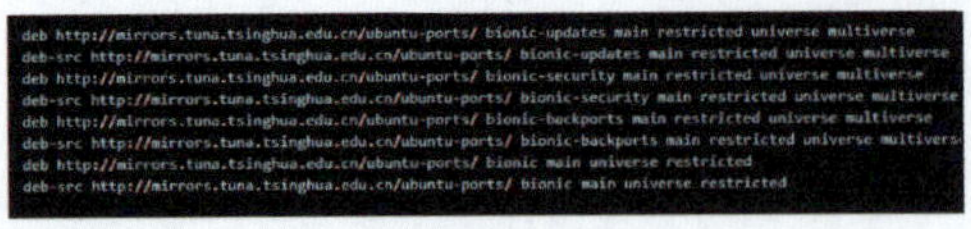	烧录完成后，Xavier 将自动开机，进行界面设置后，为 Xavier 系统更换 apt-get 源并更新
11. 烧录完成，安装 SDK 组件	同上	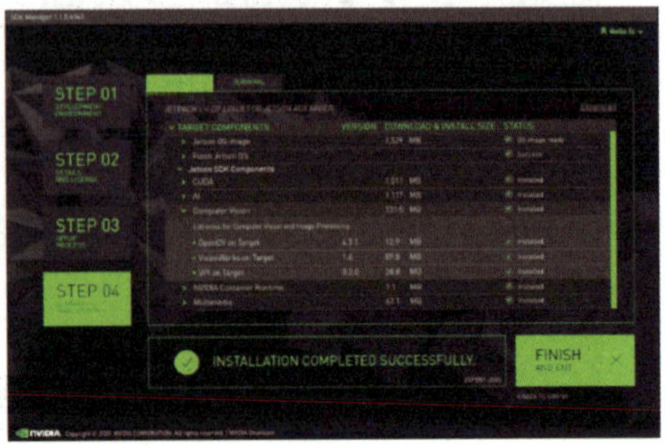	输入 Xavier 账号密码，确保主机与 Xavier 在同一个局域网，单击安装

任务评价

定位模块的观测与分析操作评分标准

学生姓名：_____   学生学号：_____   操作用时：_____ min

序号	作业内容	配分	作业项目	分值	扣分	备注
1	MDC Development Studio 的安装	30	□MDC Development Studio 的安装	30		
2	MDS 激光雷达抽象程序的运行	20	□启动激光雷达程序	5		
			□在 MDS 新建工程	5		
			□编译工程文件配置	5		
			□启动 Mviz，显示激光雷达数据	5		如有未完成的项目，根据情况酌情扣分
3	MDS 摄像机抽象程序的运行	20	□配置环境，启动摄像机程序	5		
			□在 MDS 新建工程	5		
			□编译工程文件配置	5		
			□启动 Mviz，显示摄像机数据	5		
4	智行者 Xavier 平台外围设备的认知	10	□熟悉 Xavier 接口含义	5		
			□熟悉 Xavier 接口功能作用	5		
5	智行者 Xavier 平台初始化配置	20	□完成 Xavier 平台初始化配置与安装	20		
	合 计			100		

考核成绩：_____   教师签字：_____

课后测评

一、选择题

1. 通常情况下，计算平台会安装（　　）来完成障碍物检测、视觉识别、辅助驾驶等任务。

　　A. Windows7 系统　　　　　　　　B. Windows10 系统
　　C. Mac 系统　　　　　　　　　　　D. ROS 系统

2. 使用 MDC 300F 计算平台，在配置好激光雷达的（　　）和 Port 后，可以通过 Host 侧和 Mini 侧启动激光雷达抽象服务类型的数据。

　　A. IP 地址　　　B. TCP 地址　　　C. IP 协议　　　D. TCP 协议

3. 利用（　　）方式可以调整 GPS 系统时间与实际时间同步。

　　A. NTP　　　　B. CAN　　　　　C. PPS　　　　　D. GPIO

二、判断题

（　　）1. 使用 MDC 300F 需要安装 ROS 系统和 MDS 系统。

（　　）2. MDC 300F 连接摄像头的基础配置包括接入的摄像头型号、视频输出帧率、slot 编号、视频输出分辨率等。

（　　）3. 通过 MDS 运行毫米波雷达的抽象应用示例，编译完成后，无需检查编译结果即可进行应用。

（　　）4. 智行者 Xavier 计算平台激光雷达 IP 地址与主设备不一样时可以使用。
（　　）5. 使用毫米波雷达进行标定，需使车辆保持水平方向。

三、简答题

1. 简述为 MDC 300F 安装 ROS 系统的基本流程与步骤。
2. 简述通过 MDC 300F 调用激光雷达的基本流程与步骤。
3. 简述智行者计算平台调用摄像头的步骤。

任务二　感知模块的观测与分析

任务导入

智能网联汽车通过搭载计算平台并与外围设备进行连接，完成自动驾驶感知模块的功能。一名技术员想要从事自动驾驶感知模块的调试工作，该如何使用计算平台与外围设备实现自动驾驶感知模块的功能呢？

任务分析

要完成本次任务，首先要对自动驾驶感知模块有一定的认知，通过对"任务资讯"的学习，达到如下所列"知识目标"的要求。对自动驾驶感知模块有了一定的了解后，通过"任务实施"环节的实操演练，达成如下所列"技能目标"的能力。

知识目标	1. 掌握自动驾驶感知模块的定义 2. 掌握自动驾驶感知模块的基本工作原理 3. 掌握目标检测的基本工作原理
技能目标	1. 具有叙述自动驾驶感知模块定义的能力 2. 具有叙述自动驾驶感知模块基本工作原理的能力 3. 具有叙述目标检测基本工作原理的能力
素养目标	培养学生一丝不苟、精益求精的工匠精神

任务资讯

一、自动驾驶感知模块的基本工作原理

自动驾驶感知是将各类硬件传感器采集到的数据进行收集、处理，并且生成实时感知结果的过程。这里的传感器包括摄像头（Camera）、毫米波雷达（Millimeter Ware Rader）、激光雷达（Lidar）、超声波探测器（Sonar）等。通过传感器来判断周边障碍物的距离、类型、形状。通过摄像头采集到的图像经过检测识别算法的处理来感知画面中的语义信息（如交通信号灯、交通标识牌、车辆、行人等）。

感知模块的输入数据是从传感器驱动模块获得的传感器原始信息，在感知模块中经过各

个传感器数据的信息处理和多传感器的信息融合处理，最终得到感知系统输出，主要包括目标体信息、静态栅格信息、道路信息、交通信息、环境信息等。

在感知模块中，传感器在使用之前需要进行空间标定和时间同步，其中空间标定的目的是获得传感器坐标系和车辆坐标系或不同传感器之间的位姿关系，时间同步是为了对齐不同传感器的原始数据，便于后续的算法处理。激光雷达和摄像头在合适的硬件环境下可以实现亚毫秒级的高精度同步，对于后续的算法处理有比较大的帮助。除此之外，感知模块还会用到定位系统提供的车辆位置和姿态信息，以及高清地图模块提供的语义地图信息。

二、目标检测的基本工作原理

目标检测是感知模块的一个非常重要的视觉子模块，其主要功能是检测视野范围内"车辆""行人"等障碍物目标，输出障碍物的"矩形坐标""目标类型"和"目标方向"。

目标检测模块中的算法模型是基于CNN深度卷积网络，集"目标检测""目标识别"和"目标方向识别"为一体的多任务网络。当前目标检测和识别支持的类型有16类，方向识别支持8类，详情见表4-7。

表 4-7 目标类型和方向

类别	ID	名称	描述	备注
目标类型	0	car	乘用车	支持 0~7 共 8 个方向
	1	bus	公交车	
	2	truck	货车	
	3	motor tricycle	机动三轮车	
	4	motorbike	摩托车	
	5	manual tricycle	人力三轮车	
	6	bicycle	自行车	
	7	adult	成人	支持 0~3 共 4 个方向
	8	child	儿童	
	9	subulate	锥形筒	不支持方向
	10	triangle	三角牌	
	11	roadblock	路障	
	12	handrail	停车场横杆	
	13	other	其他	—
	14	collective perdestrian	人群	
	15	collective bicycle	自行车群	
目标方向	0	front	前	—
	1	back	后	
	2	left	左	
	3	right	右	
	4	left front	左前	
	5	right front	右前	
	6	left back	左后	
	7	right back	右后	

在实际工程中，尽管模块能够支持上述多个类型的输出，但往往由下游的决策规划支持处理的类型决定哪些类型需要输出。通常人、骑行者、乘用车、公交车、货车是下层决策规划所需的基本目标要素。通过目标检测算法模型得到基本目标要素，再选择符合决策规划需求的基本要素进行输出，输入要素允许动态调整，调整范围在16类基础要素范围内。目标方向支持8类输出，方向并不是目标行进方向，而是在视野中看见目标的方位。车辆方向输出ID和方向如图4-25所示，行人方向输出ID和方向如图4-26所示。

图 4-25 车辆方向输出 ID 和方向

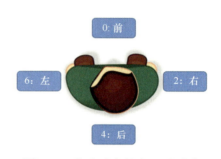

图 4-26 行人方向输出 ID 和方向

目标检测模块中的算法模型网络接头与交通灯模块相同。完整的目标检测 CNN 模型分为特征提取（Backbone）、特征增强（Neck）和目标检测（Prediction）3 个部分。特征提取对输入的图像数据进行特征提取，得到高维度的抽象特征；特征增强对抽象特征进行融合和特征增强，得到更加丰富的特征信息；目标检测结构利用增强后的多个分辨率的特征对特征进行编码，得到目标的"矩形坐标"和"分类信息"，如图 4-27 所示。

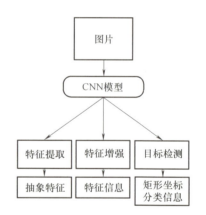

图 4-27 SPP 模块示意图

特征提取的主要结构是 Focus、CSP 和 SPP 结构的网络模型，Focus 模块将 XY 相邻的 2×2 的像素叠加到一起，原始图片用最初的 512×512×3 的张量转化成 256×256×12 的张量，然后通过一个卷积得到更高维度的特征。

CSP 结构将输入的浅层特征分成两个分支做进一步的处理，一个分支通过多个级联的残差模块对输入的特征进一步做卷积操作；另一个分支只对输入的特征做一次简单的卷积操作，然后将两个分支的特征进行融合。多个 CSP 结构级联组成的一个完整的网络，实际上是非常多的小网络的排列组合。得到的特征图具有不同感知野的特征，具有非常好的特征表达。

SPP 结构是将输入的特征分别用 5×5，9×9 和 13×13 的滑窗做 max pooling，然后将得到的不同特征图和原始输入特征用 concat 拼接得到输出的特征图。这样可以有效地增加特征图的感知野，有利于对大目标的检出。

特征增强部分通过 FPN 结构将特征提取得到的 1/32 下采样的特征进行上采样，分别得到 1/16 和 1/8 的特征图，并与特征提取的浅层特征进行融合。PAN 结构进一步将 FPN 得到的 1/8 的特征图下采样，分别得到 1/16 和 1/32 的特征图，并和 FPN 的特征图融合。经过反复地上采样、下采样和特征融合，有效地结合浅层特征对小目标有利、深层特征表达性更好的优势，提高特征的表达效果，如图 4-28 所示。

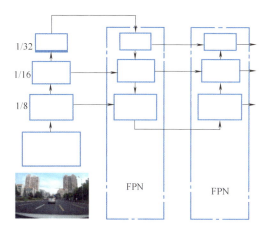

图 4-28　FPN 和 PAN 模块示意图

任务准备

1. 工具、设备介绍

子任务模块	设备工具
子任务　车道线识别程序运行	计算机

2. 实操预演

通过资料链接，熟悉车道线识别程序的运行。

任务实施

1. 前期准备

1）为计算机配置好 Jupyter Notebook 编译器。

2）准备车道线识别程序和车道线视频。

2. 实操演练

子任务　车道线识别程序运行。

实施步骤	使用工具	图示	操作要点
1. 准备程序运行环境与材料	启动车道线识别程序、车道线视频		启动运行车道线识别程序；将车道线视频与车道线识别程序放到同一目录下
2. 安装拓展程序库	同上		选择要运行的代码，单击"运行"，为环境安装拓展程序库

（续）

实施步骤	使用工具	图示	操作要点
3. 读取视频功能测试	同上	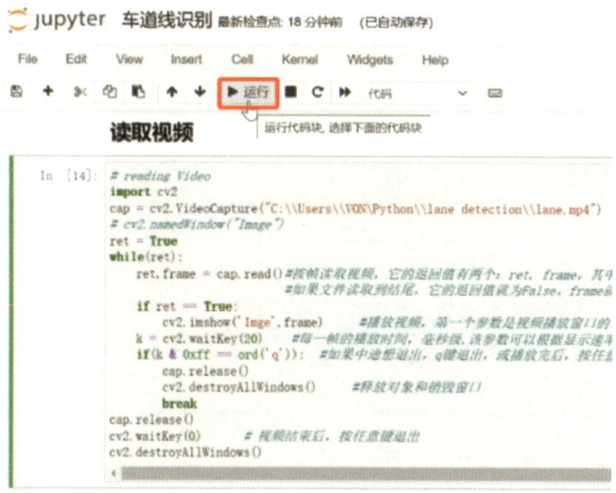	选择读取视频的代码，单击"运行"，测试读取视频功能
4. 查看弹出的视频窗口	同上		若有视频窗口弹出，则说明程序运行成功
5. 画直线功能测试	同上	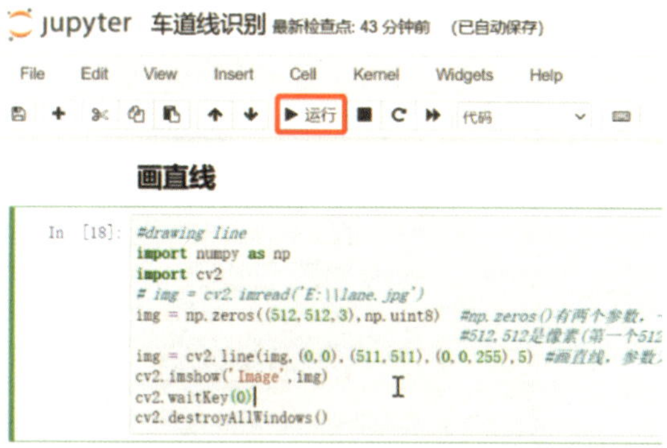	选择画直线的代码，单击"运行"，测试画直线的功能
6. 查看弹出的窗口，内容为直线	同上	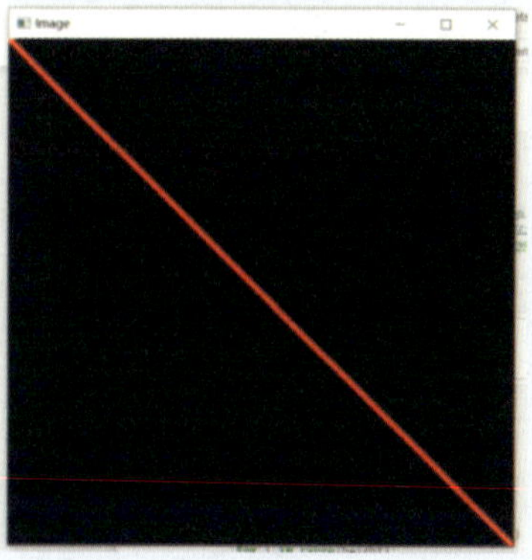	若有窗口弹出，画出直线，则说明程序运行成功

（续）

实施步骤	使用工具	图示	操作要点
7. 图像灰度处理功能测试	同上	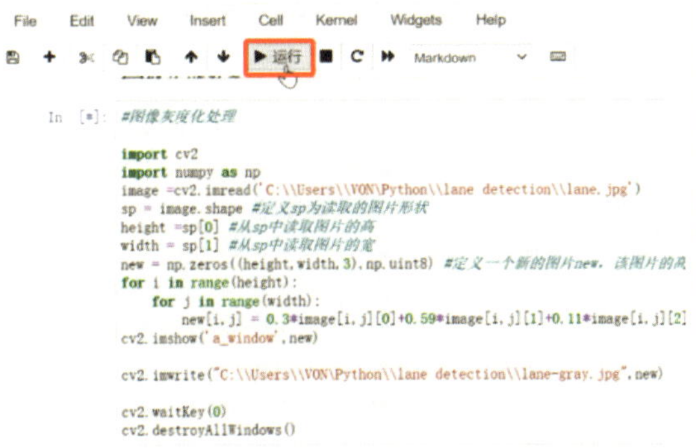	选择图像灰度处理的代码，单击"运行"，测试图像灰度处理的功能
8. 查看弹出的窗口，内容为经过灰度处理的图片	同上		若有窗口弹出，内容为待经过灰度处理的图片，程序运行成功
9. 图像二值化功能测试	同上		选择图像二值化的代码，单击"运行"，测试图像二值化的功能
10. 查看弹出的窗口，内容为经过图像二值化处理的图片	同上		若有窗口弹出，内容为经过图像二值化处理的图片，则说明程序运行成功

095

（续）

实施步骤	使用工具	图示	操作要点
11. 高斯平滑处理功能测试	同上	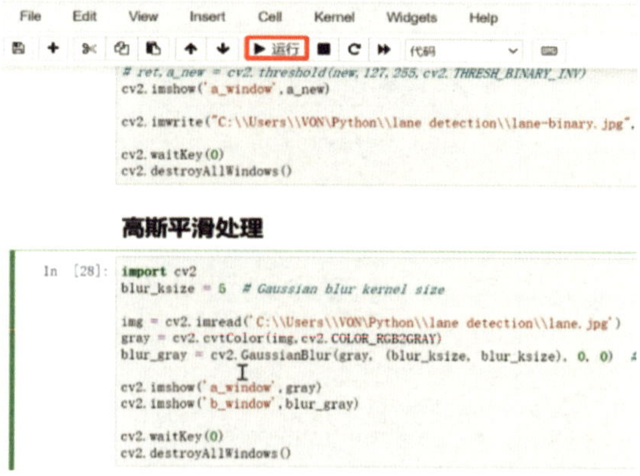	选择高斯平滑处理的代码，单击"运行"，测试高斯平滑处理的功能
12. 查看弹出的窗口，高斯平滑处理图片	同上		若有窗口弹出，图片经过高斯平滑处理，程序运行成功
13. Canny 边缘检测功能测试	同上	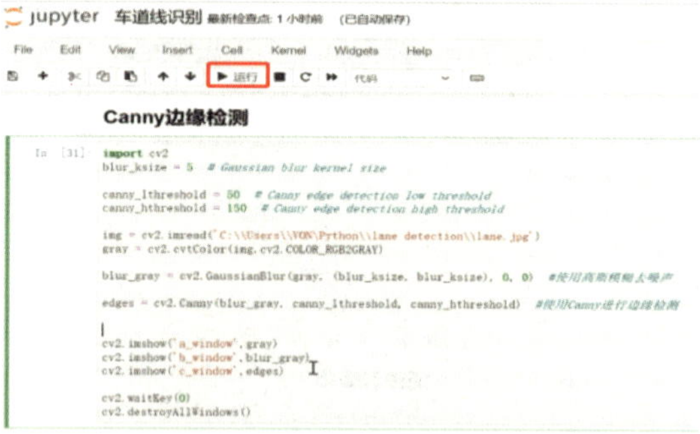	选择 Canny 边缘检测的代码，单击"运行"，测试 Canny 边缘检测的功能
14. 查看弹出的窗口，内容为经过 Canny 边缘检测的图片	同上	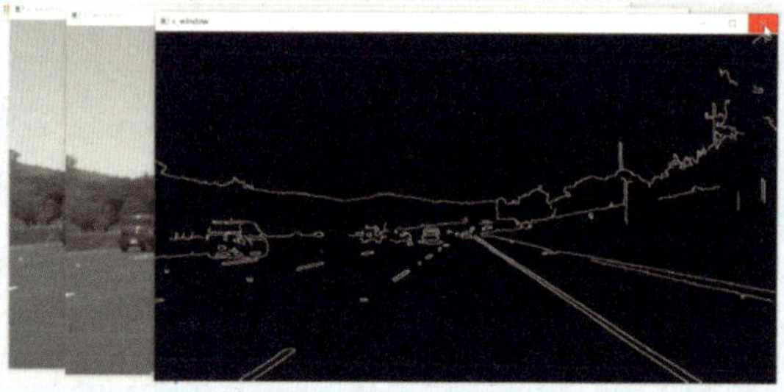	若有窗口弹出，内容为经过 Canny 边缘检测的图片，则说明程序运行成功
15. ROI 兴趣区间功能测试	同上	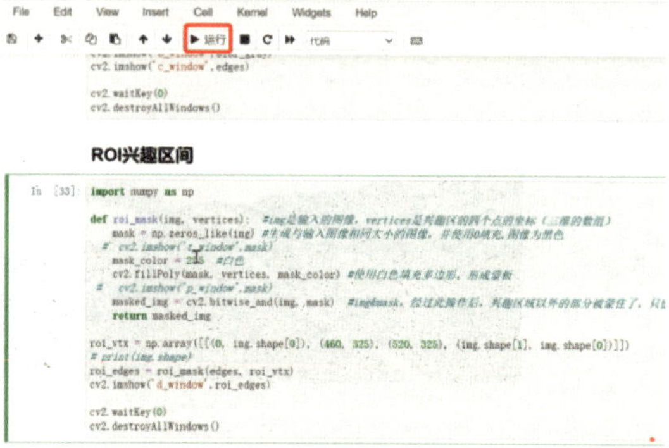	选择 ROI 兴趣区间的代码，单击"运行"，测试 ROI 兴趣区间的功能

（续）

实施步骤	使用工具	图示	操作要点
16. 查看弹出的窗口，内容为经过 ROI 兴趣区间处理后的图片	同上		若有窗口弹出，内容为经过 ROI 兴趣区间处理后的图片，则说明程序运行成功
17. Hough 变换功能测试	同上		选择 Hough 变换的代码，单击"运行"，测试 Hough 变换的功能。注意有 2 段代码
18. 查看弹出的窗口，Hough 变换处理	同上	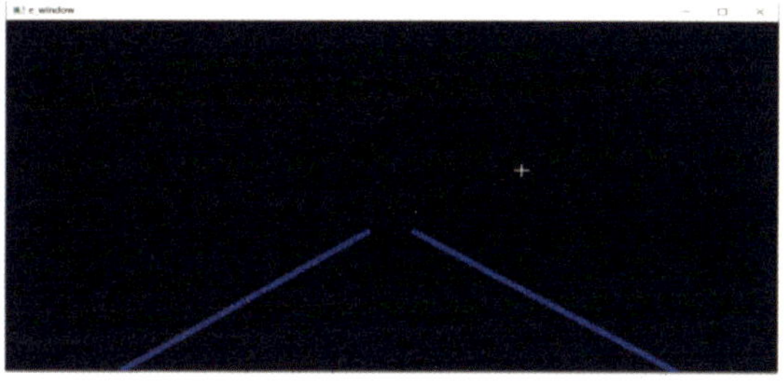	若有窗口弹出，图片经过 Hough 变换处理，程序运行成功
19. 运行完成的车道线识别程序	同上	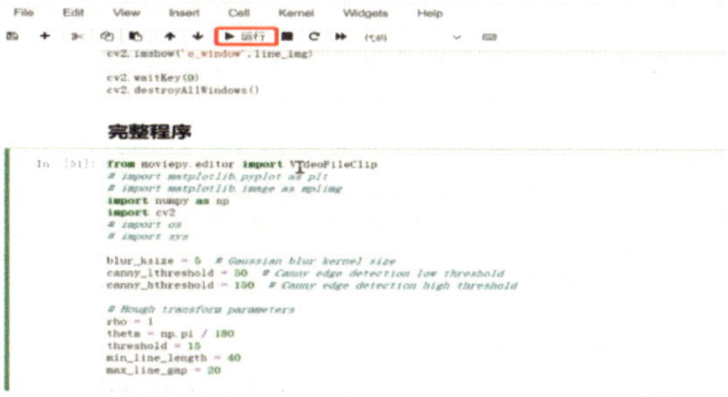	选择车道线识别完整程序的代码，单击"运行"，测试车道线识别的功能
20. 加载视频	同上		2 个窗口弹出，分别为车道线识别处理的 2 段视频，程序运行成功

任务评价

感知模块的观测与分析操作评分标准

学生姓名：_____　　学生学号：_____　　操作用时：_____min

序号	作业内容	配分	作业项目	分值	扣分	备注
1	打开计算机，完成准备工作	25	□将车道线识别程序与车道线视频放到指定目录下	25		如有未完成的项目，根据情况酌情扣分
2	打开 Jupyter Notebook，开启车道线识别程序	55	□安装拓展程序库	5		
			□读取视频功能测试	5		
			□画直线功能测试	5		
			□图像灰度处理功能测试	5		
			□图像二值化功能测试	5		
			□高斯平滑处理功能测试	5		
			□Canny 边缘检测功能测试	5		
			□ROI 兴趣区间功能测试	5		
			□Hough 变换功能测试	5		
			□车道线识别完整程序	10		
3	结束程序，关闭计算机	20	□完成计算机关机操作	20		
	合　计			100		

考核成绩：_____　　　　　教师签字：_____

课后测评

一、选择题

1. 自动驾驶感知就是将各类（　　）采集到的数据进行收集、处理，并且生成实时感知结果的过程。

　　A. 计算平台　　　　B. 传感器　　　　C. 车辆　　　　D. 监控设备

2. 在感知模块中，（　　）主要接收所有毫米波雷达的原始数据，进行初步的跟踪预处理，得到每个障碍物的参数特性。

　　A. radar　　　　B. lidar　　　　C. camera　　　　D. IMU

3. （　　）可以将激光雷达的前景点云投影至相机平面，与视觉的目标检测结果进行融合，实现误检障碍物的过滤、车辆航向的矫正等功能。

　　A. IMU　　　　B. 毫米波雷达　　　　C. 激光雷达　　　　D. 计算平台

二、判断题

（　　）1. 自动驾驶感知模块的相关功能可以通过单个传感器完成。

（　　）2. 感知模块的输入数据是从传感器驱动模块获得的传感器原始信息，在感知模块中经过各个传感器数据的信息处理和多传感器的信息融合处理，最终得到感知系统输出。

(　　) 3. 激光雷达和摄像头在合适的软件环境下可以实现亚毫秒级的高精度同步。
(　　) 4. CNN 模型可以分为特征提取、特征增强和目标检测 3 个部分。
(　　) 5. 交通灯信号识别可以通过毫米波雷达和激光雷达来完成。

三、简答题

1. 简述用于实现自动驾驶感知模块的设备有哪些。
2. 简述自动驾驶感知模块的功能。
3. 简述用于目标检测的模型有哪些。

项目五
计算平台中决策规划的认知

任务一　仿真平台的决策规划

✓ | 任务导入

通过自动驾驶仿真平台，可以模拟真实场景完成不同级别的自动驾驶功能。一名技术员想要从事自动驾驶仿真平台决策规划模块的调试工作，该如何使用自动驾驶仿真平台实现模拟自动驾驶决策规划模块的功能呢？

🖥 | 任务分析

要完成本次任务，首先要对自动驾驶仿真平台的路径规划模块有一定的认知，通过对"任务资讯"的学习，达到如下所列"知识目标"的要求。对自动驾驶仿真平台的路径规划模块有了一定的了解后，通过"任务实施"环节的实操演练，达成如下所列"技能目标"的能力。

知识目标	1. 掌握路径规划模块的定义 2. 掌握自动驾驶仿真平台的决策规划模块的基本工作原理
技能目标	1. 具有叙述路径规划模块定义的能力 2. 具有叙述自动驾驶仿真平台的决策规划模块基本工作原理的能力
素养目标	培养学生独立思考、科学严谨的工作态度

🔊 任务资讯

一、路径规划的功能

路径规划作为确定行驶路线、驱动车辆移动的模块，是无人驾驶技术中很重要的内容。在获取到上层传感器采集到的数据和地图信息后，如何进行信息融合以做出行驶路线决策并驱动车辆沿该路线行驶仍是一个需要大量工程人员合力解决的问题。下面介绍一些常用的实现路径规划的算法。

1. Dijkstra 算法

Dijkstra 算法是图论中常用的一种最短路径搜索算法。当在有向带权图中给定起点 v_0 和终点 v_n 后，使用算法可以得到从起点到终点的一条最短路径。当然，在搜寻到终点最短路径的同时会得到从起点到其他所有节点的最短路径。

2. A* 算法

Dijkstra 算法处理的是只有相邻节点距离信息的图，A* 算法则是一种启发式算法。一般地，当从起点到终点有可达路径时，A* 算法可以给出一条最短路径，且其复杂度相比于 Dijkstra 算法更小。

A* 算法是一种基于树的搜索算法，在搜索前需要得到每一个节点到目标节点的估计距离（参考距离），以及各节点之间的连接权（实际距离）。在每一次迭代的过程中，A* 算法在当前的树中寻找 cost 最小的叶子节点，然后将其展开，再继续进行这个操作，直到到达目标节点。A* 算法中每一个节点的 cost 由两部分构成。一部分是从起点到该节点 n 的实际最短距离，记作 $g(n)$；另一部分是从当前节点 n 到目标节点的估计距离，记作 $h(n)$，是一种启发式的 cost。A* 的实际搜索过程就是不断展开当前树中 $f(n)$ 最小的叶子节点，直至到达目标节点，并返回从根节点（起点）到目标叶子节点的路径。

二、路径规划模块操作

1. 百度 Apollo 仿真平台

百度 Apollo 仿真平台中的路径规划模块的场景选择是通过 Scenario-stage-task 来完成的。同时，可以对车辆的状态和路径规划模块的功能进行维护。

（1）**安装 Apollo 仿真平台** Apollo 仿真平台可运行于大部分的 Linux 发行版，这里推荐使用 Ubuntu 18.04 作为主机的操作系统，进行 Apollo 的安装。

执行更新软件的操作，操作指令如下所示：

```
1. sudo apt-get update
```

通过自动化安装脚本，可以快速、稳定地安装 Apollo。

将 docker.sh.zip 压缩包解压缩，将其放置于当前用户的主目录下，然后打开命令行窗口，进入主目录，执行 apollo 自动化安装脚本。

```
1. bash docker.sh
```

在此过程中，切勿随意中断操作。在安装过程中有几个关键步骤，示意图如图 5-1~图 5-3 所示。

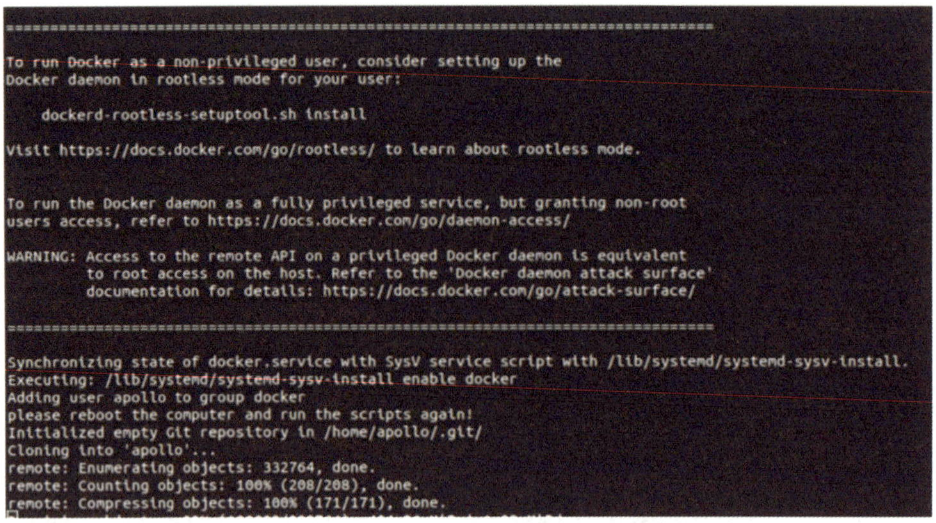

图 5-1 docker 安装及配置完成示意图

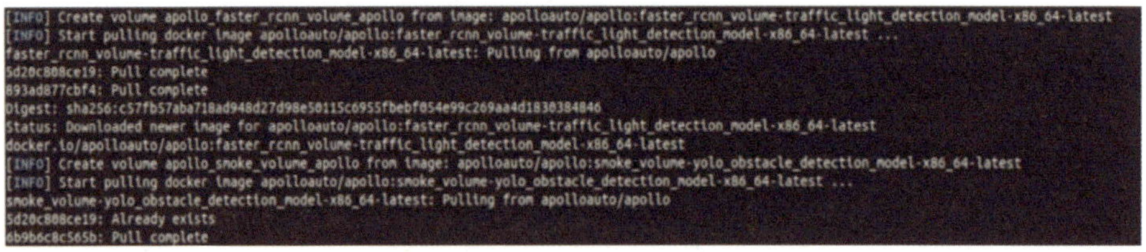

图 5-2 Apollo 代码拉取完成示意图

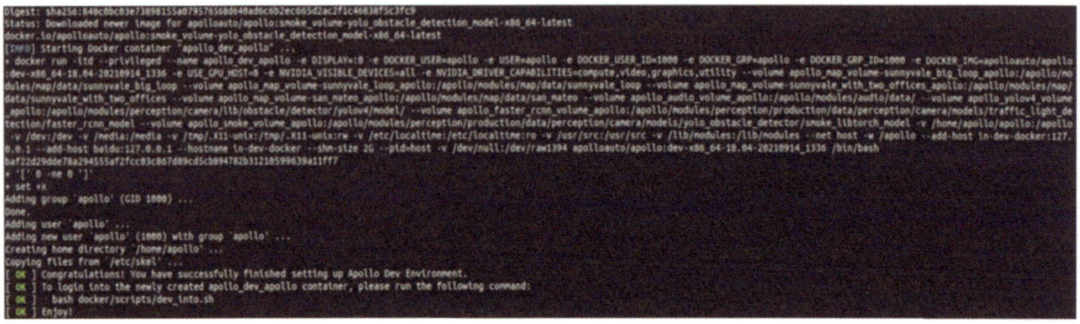

图 5-3 docker 环境启动示意图

在图 5-3 所示的 docker 环境下，执行进入 docker 环境指令：

```
1. bash docker/scripts/dev_into.sh
```

进入成功后，用户名会变为 in-dev-docker，操作示意图如图 5-4 所示。

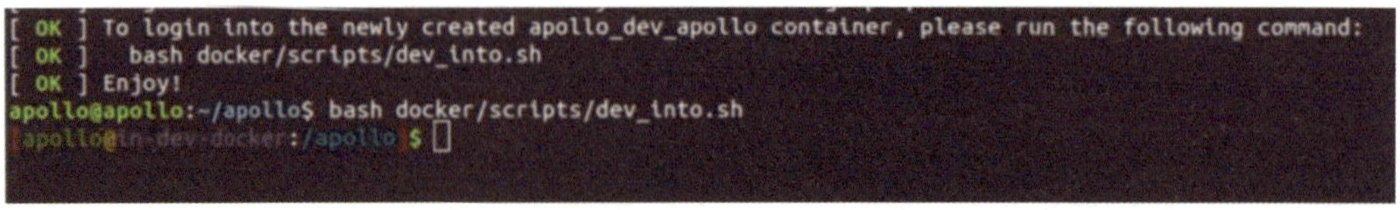

图 5-4 成功进入 docker 环境示意图

启动 docker 环境成功后，在当前命令窗口下，执行 apollo 编译指令：

```
1. bash apollo.sh build
```

首次编译时，需要从网上拉取部分依赖包，受网速与电脑配置影响，需要约 40min。编译成功示意图如图 5-5 所示。

图 5-5　Apollo 代码编译成功示意图

（2）场景（Scenario）选择　场景的路径规划判断是在规划器（planner）中完成的。Apollo 平台提供了一些规划器供用户选择使用，这里以 PublicRoadPlanner 为例进行介绍。

PublicRoadPlanner 中，init（）函数的作用是完成规划器的初始化，plan（）函数的作用是具体的路径规划。

场景的选择是在 Plan（）函数的更新阶段完成的，主要调用的是 ScenarioManager 类的 updata 函数。需要注意的是 ScenarioManager 并不属于某个特定的规划器，这个类只针对于 Scenario。每个规划器都可以调用它来选择场景。

ScenarioManager 通过实例化一个全局的对象来管理场景，当 PublicRoadPlanner 初始化时，会调用配置文件里的参数来建立这个全局的对象，代码如下：

```
1. Status PublicRoadPlanner::Init(const PlanningConfig& config) {
2.     config_ = config;
3.     scenario_manager_.Init(config);
4.     return Status::OK( );
5. }
```

调用 ScenarioManager 类的初始化函数，同时根据当前规划器的配置信息来注册场景。

```
1. bool ScenarioManager::Init(
2.       const std::set<ScenarioConfig::ScenarioType>& supported_scenarios) {
3.     RegisterScenarios( );
4.     default_scenario_type_ = ScenarioConfig::LANE_FOLLOW;
5.     supported_scenarios_ = supported_scenarios;
6.     current_scenario_ = CreateScenario(default_scenario_type_);
7.     return true;
8. }
```

PublicRoadPlanner 支持的场景有车道线跟随、超车、停车、交通灯识别。红绿灯左转、红绿灯右转、自动泊车的代码如下：

```
1. standard_planning_config {
2.     planner_type: PUBLIC_ROAD
3.     planner_type: OPEN_SPACE
4.     planner_public_road_config {
5.         scenario_type: LANE_FOLLOW
```

```
6.    scenario_type: SIDE_PASS
7.    scenario_type: STOP_SIGN_UNPROTECTED
8.    scenario_type: TRAFFIC_LIGHT_PROTECTED
9.    scenario_type: TRAFFIC_LIGHT_UNPROTECTED_LEFT_TURN
10.    scenario_type: TRAFFIC_LIGHT_UNPROTECTED_RIGHT_TURN
11.    scenario_type: VALET_PARKING
12. }
```

ScenarioManager 类的 Update( ) 函数，可以选择当前所处的场景。如果进入了一个新的场景，则会创建一个新的对象来对新的场景进行规划，代码如下：

```
1. void ScenarioManager::Update(const common::TrajectoryPoint& ego_point,
2.                              const Frame& frame) {
3.    ACHECK(!frame.reference_line_info( ).empty( ));
4.    Observe(frame);
5.    ScenarioDispatch(frame);
6. }
```

场景选择逻辑通过 ScenarioDispatch（frame）来完成，会根据配置信息来选择不同的规划与决策方法。ScenarioDispatchNonLearning( ) 函数的逻辑为：预设是从车道线跟随的场景开始判断，根据用户的选择来安排场景，如果是车道线跟随的场景，会依次判断是否属于别的场景；如果不是车道线跟随的场景，则直接输出当前场景。剩余场景之间的转换都会经过车道线跟随的场景。进行场景判断时，首先会调用函数 SelectPadMagScenario( )，根据用户的选择来开启场景。

（3）Scenario 执行 当 Scenario 获取到当前选择的场景后，Apollo 平台会通过规划器调用当前 Scenario 对象的 Process( ) 函数，来执行当前场景对应的逻辑。当执行一个场景时，就会按照顺序执行不同阶段的不同任务。在每一个规划周期，决策的其中一个作用就是定位到当前所在的 Scenario 以及阶段，并且按顺序执行完当前阶段中注册的所有任务。其结构示意图如图 5-6 所示。

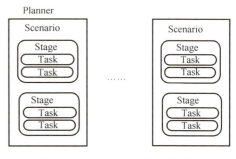

图 5-6　Planner 结构示意图

下面以 scenario_type：SIDE_PASS 为例，介绍由多个具体的阶段组成 Scenario 的例子。Scenario 对应的 stage 和 task 在 planning/conf/scenario 中进行配置，代码如下：

```
1. scenario_type: SIDE_PASS
2. stage_type: SIDE_PASS_APPROACH_OBSTACLE
3. stage_type: SIDE_PASS_GENERATE_PATH
4. stage_type: SIDE_PASS_STOP_ON_WAITPOINT
5. stage_type: SIDE_PASS_DETECT_SAFETY
6. stage_type: SIDE_PASS_PASS_OBSTACLE
7. stage_type: SIDE_PASS_BACKUP
8. stage_type: SIDE_PASS_APPROACH_OBSTACLE
9. enabled: true
10. task_type: DP_POLY_PATH_OPTIMIZER
```

```
11. task_type: PATH_DECIDER
12. task_type: SPEED_BOUNDS_PRIORI_DECIDER
13. task_type: DP_ST_SPEED_OPTIMIZER
14. task_type: SPEED_DECIDER
15. task_type: SPEED_BOUNDS_FINAL_DECIDER
16. task_type: QP_SPLINE_ST_SPEED_OPTIMIZER
```

车道线跟随场景中，scenario_type 只定义了 1 个 stage。由于 Scenario 的阶段都是顺序执行，只需要判断这一阶段是否结束，然后转到下一个阶段就可以了。Apollo 平台中 Scenario 处理的整个流程为：根据配置文件顺序执行阶段，判断目前处于哪个阶段。当确认好阶段后，调用该阶段对应的 Process( ) 函数，来进行具体的规划任务。

2. 腾讯 TAD Sim 仿真平台

腾讯 TAD Sim 仿真平台通过 txSimSDK 封装了底层通信库，通过 Publish/Subscribe 相关的 API 向 / 从 TAD Sim 发 / 收消息，它支持两种方式的编译算法接入。

第 1 种：用户将算法编译为动态库，再通过仿真系统进行加载，在运行时调用用户实现的对应接口函数以执行相应用户算法逻辑。该方式只需要用户的代码工程添加仿真的头文件即可，无需额外链接任何仿真依赖库。

TAD Sim 安装

第 2 种：用户将算法编译为可执行文件，该方式除了添加仿真相关的头文件外，还需要额外链接仿真系统的动态库。

算法接入本身无需依赖任何第三方库，由于仿真系统内置的消息定义采用了 Protocol Buffers 格式，所以为了解析仿真系统发出的消息，需要额外依赖 Protobuf 库。下面介绍导入路径规划算法的流程与步骤。

（1）导入模块　打开已安装好的"tadsim.exe"程序，进入 TAD Sim 单机版界面，如图 5-7 所示。

图 5-7　TAD Sim 单机版界面

在菜单栏中，单击"数据管理"下拉框中的"模块管理"命令，进入模块管理界面，如图 5-8 所示。

图 5-8　TAD Sim 模块管理界面

在模块管理界面，单击"模块设置"栏（这里包含所有系统预设的算法模块），单击界面下方加号图标，导入新算法，如图5-9所示。

图 5-9　TAD Sim 导入模块

（2）应用与管理模块　在模块管理界面，单击"模组配置"栏（这里包含所有系统预设的算法模块组合），单击界面下方加号图标，可创建新的算法模块组合，导入算法。单击界面下方加号图标，即可进入"添加模块"弹窗，勾选目标算法，单击"添加"按钮，完成算法添加。接下来在"名称"栏为当前算法模块组合进行命名。单击"保存"按钮，即可保存当前算法模块组合；单击"应用当前模组配置"按钮，即可应用该算法组合，如图5-10所示。

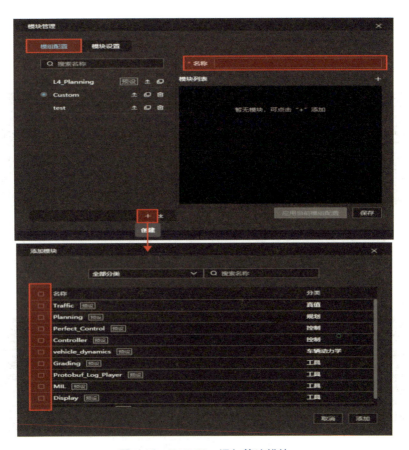

图 5-10　TAD Sim 添加算法模块

TAD Sim 预置 Traffic、Planning 等多个模块，其说明见表 5-1。

表 5-1 TAD Sim 模块说明

模块名称	说明
Traffic	交通流模块，勾选"AI 交通流随机种子"后开放交通流生成的随机性，含 AI 交通流的同一个场景多次运行可能产生不同的交通流行为结果。默认情况下不勾选
Sensor_Truth	真值传感器模块，输出真值
Traffic_Filter	依赖真值传感器的交通流数据输出
Planning	路径规划模块
Perfect_Control	完美控制，输入是 planning 给出的轨迹 trajectory，输出直接是车辆下一帧的定位 location，不管车辆物理条件的限制
Controller	控制模块，需要和车辆动力学模块 vehicle_dynamics 一起运行，controller 的输入是 planning 给出的轨迹 trajectory
Vehile_dynamics	车辆动力学模块
Grading	评测模块
Protobuf_Log_Player	回放仿真数据模块
MIL	模型在环
Display	三维渲染播放模块
Protobuf_Logger	数据记录模块

可以看到表中的"Planning"模块为路径规划模块。要完成路径规划功能，需要将 Planning 模块导入，然后配置其参数，如图 5-11 所示。

TAD Sim 添加路径规划

图 5-11 TAD Sim 模块管理

在菜单栏中，单击"数据管理"下拉框中的"模块管理"命令，进入模块管理界面。在"模组配置"模块中，用户可通过模组配置的方式，设置并保存多个模块的固定组合方式。所勾选中的模组为当前应用的模组配置，在需要切换算法运行时，用户只需切换对应的模组。

针对"Traffic"模块用户可选择是否过滤掉特定范围外车辆相关信息，可以通过"可执行文件参数"栏进行设置。

图 5-12　TAD Sim 模块依赖路径设置

1)"动态链接库路径"栏：对应"动态链接库"接入模式。

2)"依赖路径"栏（此功能仅 linux 版本支持）：当开启"自动启动"模块时模块程序的依赖库开始搜索路径。系统路径默认包含格式为 json 的字符串，如图 5-12 所示。

3)"服务器接入地址"栏：如果填写，模块进程会监听在指定地址上，默认不填会由系统自动指定可用端口。一般用于模块开发人员调试。

4)"初始化参数"栏：由模块自定义。

针对"Sensor_Truth"模块可设置 freespace_limitZ 参数，用于设置真值传感器输出的消息过滤情况，仅过滤出车辆高度差为特定数值（m）范围内的车辆信息。如设置"freespace_limitZ=2.0"，用于设置真值传感器仅输出车辆高度差为 2m 内的车辆信息。

5)"执行超时时间"栏：模块执行仿真定义的接口函数时的最大超时时间。

6)"单步超时时间"栏：模块 Step 方法的最大超时时间。

(3) 创建场景　打开 TAD Sim，进入 TAD Sim 单机版界面。用户打开软件后，系统默认进入"场景编辑器"中，如图 5-13 所示。

TAD Sim 添加信号灯

图 5-13　TAD Sim 场景编辑器

单击工具栏中"新建"按钮，打开"新建场景"弹窗，弹窗左侧显示"地图库"，勾选目标地图，基于目标地图创建场景，并在"场景名称"栏为场景命名，在"工况说明"栏可以备注工况信息；单击"创建"按钮，即可创建新场景，如图 5-14 所示。

基于目标地图创建的场景，用户可导入所需的场景元素。单击界面右侧"模型库"栏，可以查看场景模型，包括自动驾驶主车、交通车辆、摩托车、非机动车、行人、动物及障碍物。选中目标模型，鼠标左键长按拖动，可以将模型导入至地图中相应道路位置。模型导入至编辑界面中，页面右侧"场景元素"栏即显示出所导入的元素，如图 5-15 所示。

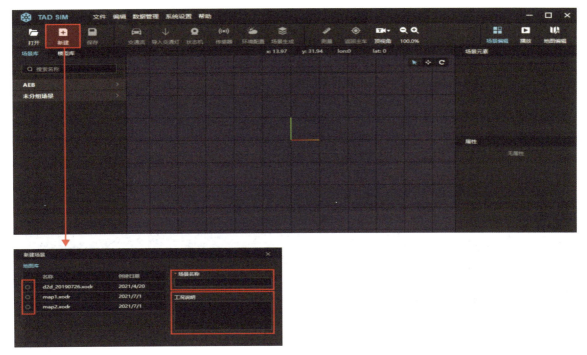

图 5-14　TAD Sim 创建新场景

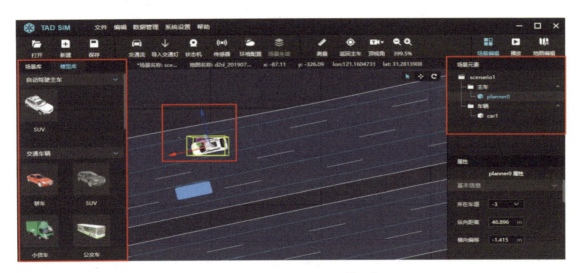

图 5-15　TAD Sim 导入场景元素

在编辑界面中或"场景元素"栏中，鼠标左键选中目标元素，页面右侧即显示元素属性，可以对其进行参数自定义。这里以主车为例，在"属性"栏可以对主车的位置、速度及运行轨迹点进行设定。同时，可单击工具栏中"传感器"按钮对主车搭载的传感器进行配置，支持多种硬件传感器模拟，允许自定义传感器参数。用户也可单击工具栏中"状态机"按钮，对 ADAS 状态机进行配置。交通车、行人、动物及障碍物的属性均可进行配置，如图 5-16 所示。

用户可通过单击工具栏中各工具图标对场景进行配置，通过单击工具栏"环境配置"按钮，可对仿真场景中的物理天气信息进行配置。单击工具栏"导入交通灯"按钮，即可自动批量导入预设的路口交通灯配置信息到场景中。用户也可通过单击菜单栏"数据管理"下拉框中"指标管理"命令对场景评测指标进行编辑，如图 5-17 所示。

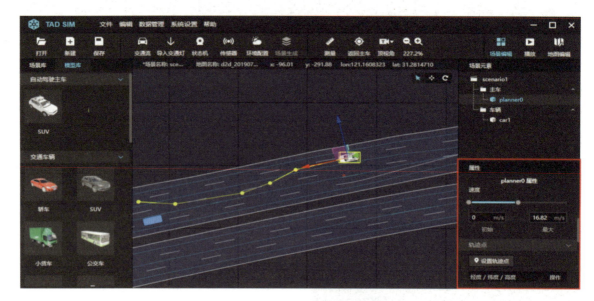

图 5-16　TAD Sim 编辑场景元素属性

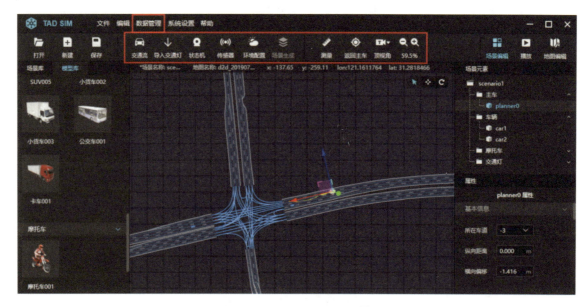

图 5-17　TAD Sim 配置场景

在工具栏中单击"保存"按钮，或在菜单栏"文件"下拉框中单击"保存"命令，即可保存当前编辑场景。支持将 .sim 格式的场景另存为 Openscenario 1.0 标准的 .xosc 格式，如图 5-18 所示。

（4）播放场景　在 TAD Sim 单机版中，单击界面右上角"播放"按钮进入播放器界面，如图 5-19 所示。若用户从编辑器编辑场景状态进入播放器，则系统会出现提示弹窗，可选择自动保存并播放当前场景。

在播放器中，单击右侧"播放列表"栏中目标场景，即可进入目标场景播放界面。选中目标文件，即可打开其播放界面，如图 5-20 所示。

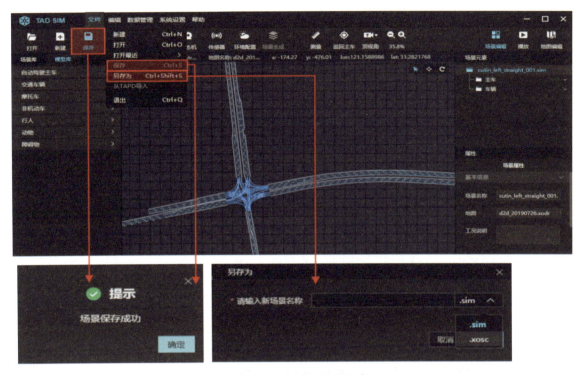

图 5-18　TAD Sim 保存场景

图 5-19　TAD Sim 打开播放器

图 5-20　TAD Sim 打开场景文件

此时，在右上方可以看到各个模块的状态，路径规划模块已导入完成，如图 5-21 所示。

在二维播放界面下侧，单击播放按钮，即可开始场景播放，如图 5-22 所示。当播放场景后，可以实现已经加载完成的模块功能。

3. DeepRacer 开源仿真平台

DeepRacer 是开源的自动驾驶资源，可以部署在不同的平台上，如 PC 端平台或者云资源平台。

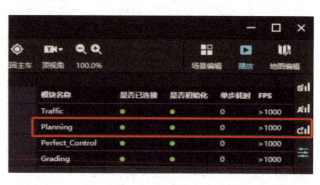

图 5-21　路径规划模块状态

云计算通常被划分成以下几种类型：

1）公有云——由某一机构、公司管理并对公众开放使用的云计算。

2）私有云——在单个的机构中，通过虚拟化共享出来的 IT 基础设施。

3）混合云——公有云和私有云的混合。

图 5-22　TAD Sim 播放场景

（1）AWS 云平台部署　在搜索引擎中搜索 AWS Educate，然后进入网页。AWS Educate 提供了 SageMaker Studio 工具。SageMaker Studio 是一个用于机器学习的基于网页的集成开发环境（IDE）。通过 SageMaker，用户能够构建、训练、调试、部署和监控机器学习模型。

AWS Educate 提供 RoboMaker 服务，在云平台上搭建自动驾驶的 ROS（Robot of System）开发环境。进入 RoboMaker 页面后，可以通过 RoboMaker 来搭建自动驾驶测试环境，如图 5-23 所示。

（2）阿里云平台部署　在搜索引擎中搜索阿里云，进入阿里云平台界面（图 5-24），进入"云服务器 ECS"，单击"远程连接"。

找到 VNC 远程连接，单击下方"立即登录"按钮，如图 5-25 所示。

在提示框中输入 VNC 密码，如图 5-26 所示。

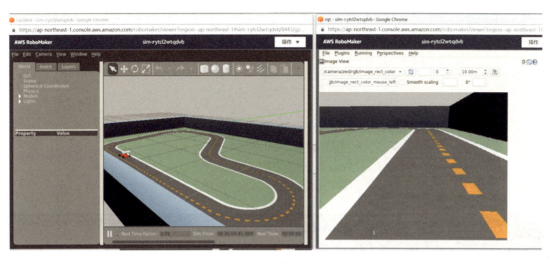

图 5-23 Robo Maker 搭建自动驾驶测试平台

图 5-24 阿里云平台界面

图 5-25 VNC 远程连接

图 5-26 输入 VNC 密码

1）激活环境。进入系统后，打开终端，确保 ROS 已经安装完成，安装一些依赖包，如图 5-27 所示，命令如下：

```
1. sudo apt install ros-noetic-effort-controllers
2. sudo apt-get install ros-noetic-gazebo-ros-control
3. sudo apt-get install ros-noetic-ackermann-msgs
4. sudo apt-get install ros-noetic-joint-state-controller
5. pip install pupil-apriltags
6. pip install apriltag
7. pip install nptyping
```

图 5-27　安装依赖包

依赖包安装完成后，将准备好的 demo 文件 "deepracer_demo" 文件夹拷贝至主目录，如图 5-28 所示。

图 5-28　拷贝 demo 程序至主目录

进入刚拷贝好的 "deepracer_demo" 文件夹，打开终端，输入命令对工作包进行编译，如图 5-29 所示，命令如下：

```
catkin_make
```

进入 "src" 文件夹，将资料中的 "pkg" 文件夹拷贝至 "src" 文件夹，如图 5-30 所示。进入目录 src/raceworld/scripts，然后打开终端。

输入命令将 python 脚本文件添加可执行权限，如图 5-31 所示，命令如下。如果此时的用户不是 root 权限，会提示输入密码。完成后，关闭终端。

```
1. chmod +x lane.py
2. chmod +x servo_commands.py
```

图 5-29 编译工作包

图 5-30 拷贝"pkg"文件夹

图 5-31 可执行权限添加

2）二维码识别。进入"deepracer_demo"文件夹，输入以下命令，如图 5-32 所示。

source devel/setup.bash

输入以下命令启动 Gazebo，加载场景，如图 5-33 所示。

roslaunch raceworld raceworld1.launch

场景和车辆加载成功，如图 5-34 所示。

回到刚才的终端界面，单击左上角新建终端，然后输入以下命令配置工作空间，如图 5-35 所示。

1. source devel/setup.bash

基于 ROS 的消息发布与订阅

图 5-32　配置工作空间

图 5-33　启动 Gazebo

图 5-34　场景和车辆加载成功

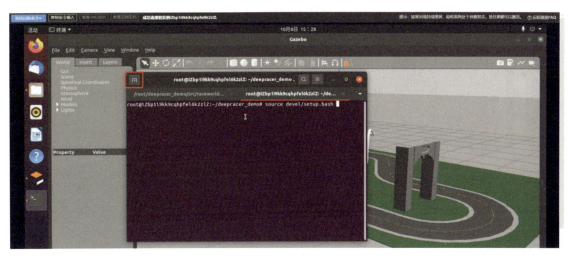

图 5-35　新建终端

输入命令启动二维码识别程序，如图 5-36 所示，命令如下。启动成功后，会出现一个窗口显示车辆摄像头捕捉的画面。

```
rosrun raceworld tag_detect.py
```

图 5-36　启动二维码识别程序

3）键盘控车。回到刚才的终端界面，再新建一个终端，输入命令，启动键盘控制程序，如图 5-37 所示，命令如下：

```
1. source devel/setup.bash
2. rosrun raceworld key_op.py
```

键盘控制程序启动成功后，可以通过在终端输入"w""a""s""d""x"来控制车辆的移动。然后控制车辆移动至二维码前方，回到刚才启动二维码识别的终端，可以看到在终端中显示出当前捕捉到的二维码所对应的 ID，说明二维码识别成功，如图 5-38 所示。

回到刚才启动 Gazebo 的终端，输入"Ctrl"+"C"，关闭场景。

4）多车跟车。进入"deepracer_workspace"文件夹，输入命令配置工作空间，命令如下：

```
source devel/setup.bash
```

Gazebo 仿真环境下基于 OpenCV 的二维码识别

图 5-37　启动键盘控制程序

图 5-38　二维码识别成功

然后输入命令启动 Gazebo，加载场景，如图 5-39 所示，命令如下：

```
roslaunch raceworld racecars.launch
```

图 5-39　启动 Gazebo 加载车辆和场景

Gazebo 环境下基于 ROS 的阿克曼小车键盘控制

Gazebo 启动成功后，场景中会加载 2 辆车，如图 5-40 所示。

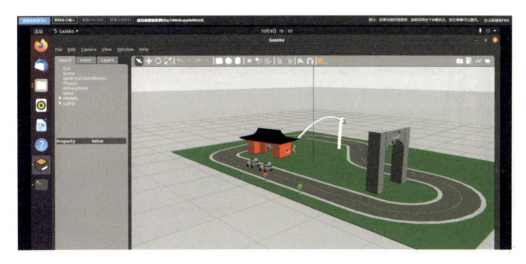

图 5-40　车辆与场景加载成功

回到刚才的终端界面，单击左上角新建终端，然后输入命令配置工作空间，如图 5-41 所示，命令如下：

```
source devel/setup.bash
```

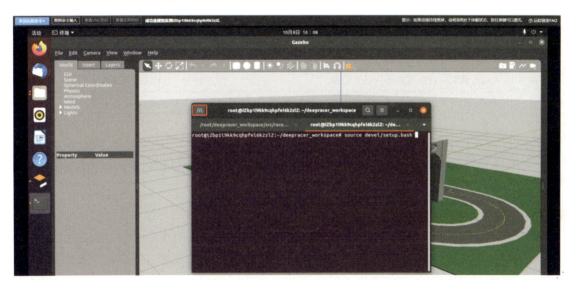

图 5-41　配置工作空间

输入命令启动多车跟车程序，如图 5-42 所示，命令如下：

```
roslaunch raceworld follow.launch
```

图 5-42　启动多车跟车程序

Gazebo 环境下基于 ROS 和 OpenCV 的阿克曼小车跟车

程序启动成功后，可以在场景中看到第 1 辆车会先开始移动，然后第 2 辆车会跟着第 1 辆车在赛道中移动，如图 5-43 所示。

图 5-43　多车跟车场景

回到刚才启动 Gazebo 的终端，输入"Ctrl"+"C"，关闭场景。

任务准备

1. 工具、设备介绍

子任务模块	设备工具
子任务 1　Apollo 仿真平台静态障碍物场景模拟	Apollo 仿真平台
子任务 2　Apollo 仿真平台红绿灯场景模拟	Apollo 仿真平台

2. 实操预演

1）通过资料链接，熟悉 Apollo 仿真平台静态障碍物场景模拟。
2）通过资料链接，熟悉 Apollo 仿真平台红绿灯场景模拟。

Apollo 安装

任务实施

1. 前期准备

为计算机配置好 Linux 系统与 Apollo 仿真平台。

2. 实操演练

（1）子任务 1　Apollo 仿真平台静态障碍物场景模拟

实施步骤	使用工具	图示	操作要点
1. 进入 Apollo 安装目录，执行启动 docker 环境指令	Linux 系统、Apollo 仿真平台		打开终端，输入命令：cd apollo/ 再输入命令：bash docker/scripts/dev_start.sh

（续）

实施步骤	使用工具	图示	操作要点
2. 启动docker环境成功后，执行进入docker环境指令	同上	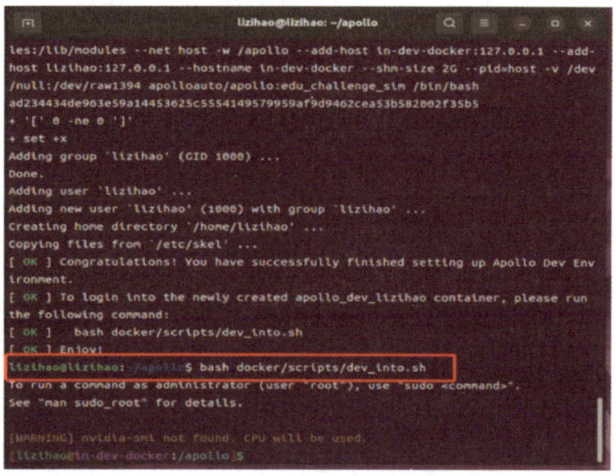	输入命令：bash docker/scripts/dev_into.sh
3. 在docker环境中执行启动dreamview指令	同上	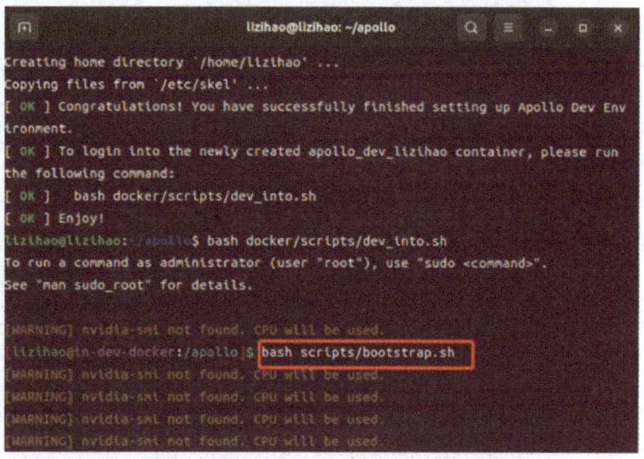	输入命令：bash scripts/bootstrap.sh
4. 启动成功后，在终端右键选择OpenLink，或在浏览器中输入（http://localhost:8888）回车打开，可进入dreamview	同上	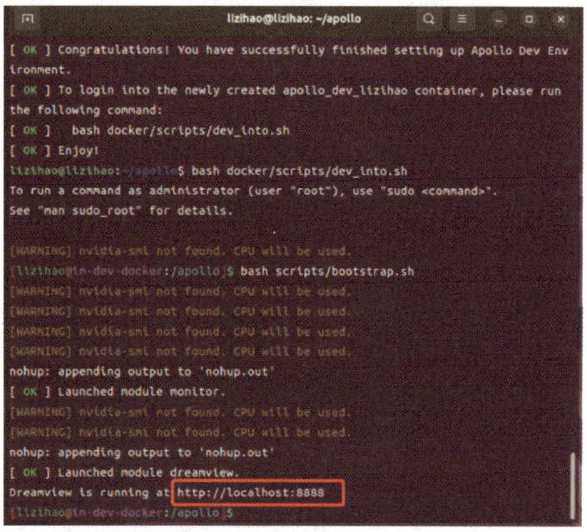 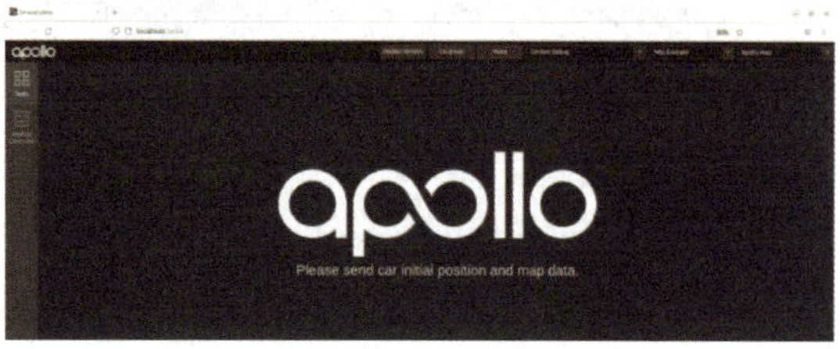	根据终端的运行结果，查看Apollo的地址（范例中为http://localhost:8888），打开链接通过浏览器进入地址

（续）

实施步骤	使用工具	图示	操作要点
5. 进入 Sim_Control 仿真模式	同上	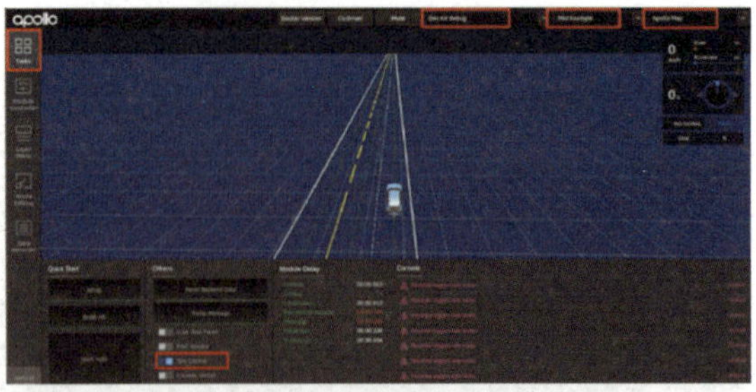	在上方菜单栏选择 Contest Debug，车辆型号选择 MkzExample，地图选择 Apollo Map，单击 Tasks，选择 Sim Control，即可进入仿真模拟控制
6. 启动需要调试的模块进程	同上	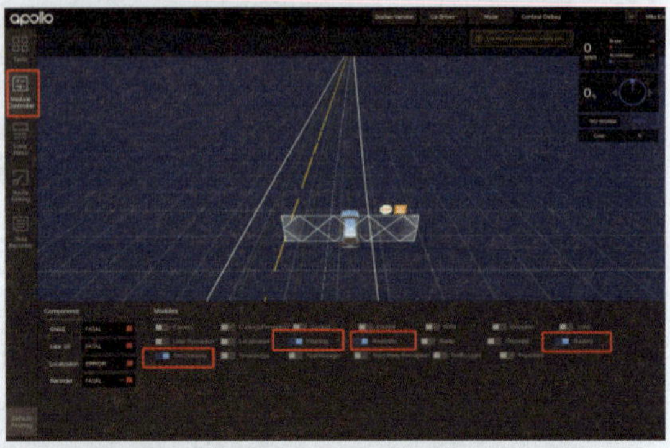	单击左侧 Module Control 栏，启动需要调试的模块进程，选择 Planing, Prediction, Routing, Sim Obstacle 模块
7. 编辑行驶路线，设置起点和终点	同上	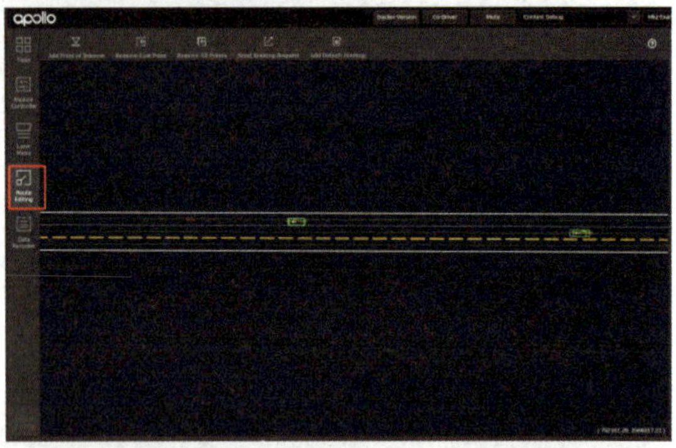	单击左侧 Routing Editing，拖动、单击鼠标可以在地图中设置车辆行驶路径
8. 保存行驶路线	同上	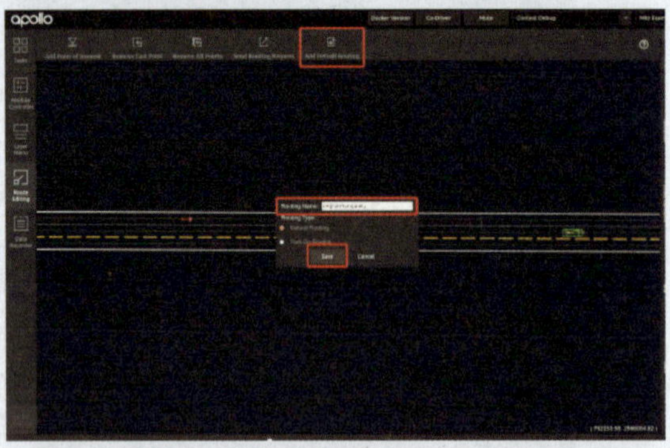	单击左侧 Add Default Routing，输入路线名字，单击 Save 保存
9. 进入任务模式	同上	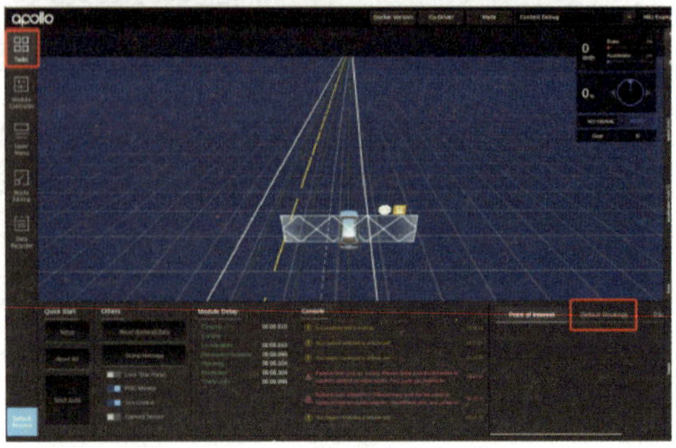	单击左侧 Tasks，在右下单击 Default Routings

（续）

实施步骤	使用工具	图示	操作要点
10. 选择刚才创建的行驶路线	同上	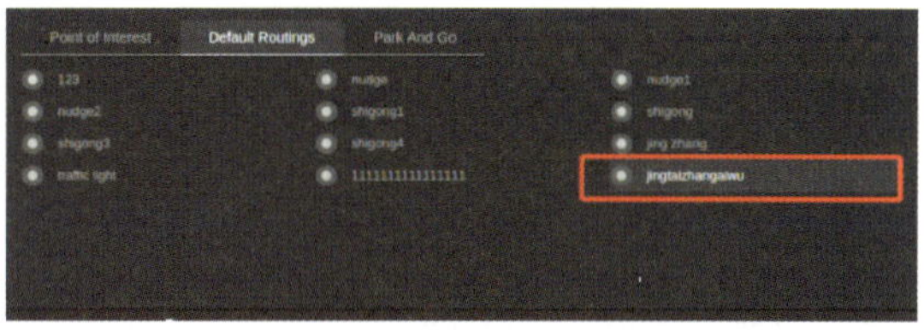	单击刚创建的行驶路线名字
11. 启动仿真场景	同上	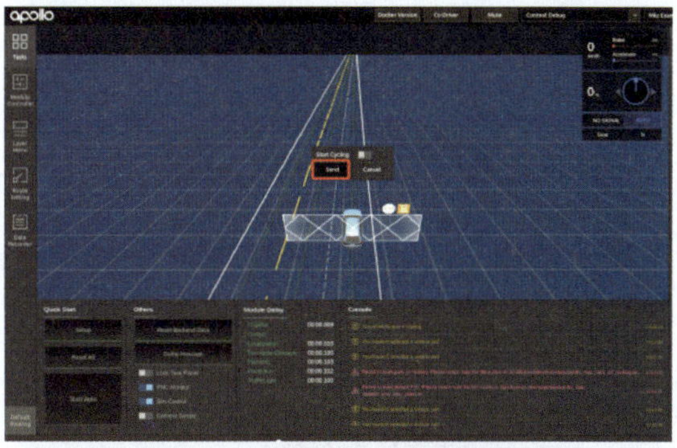	单击 Send 按钮
12. 静态障碍物场景启动成功	同上	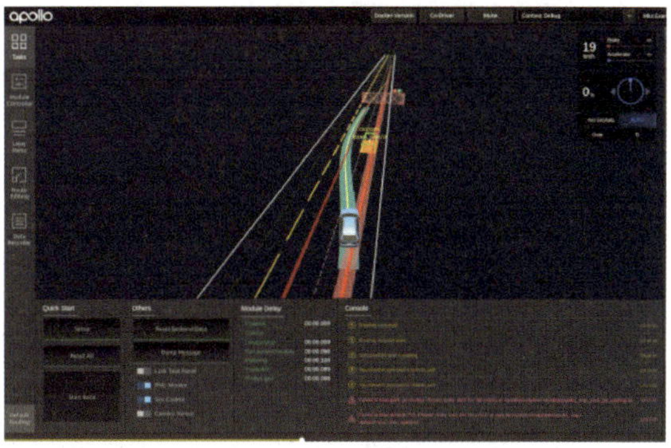	查看车辆行驶状态
13. 场景运行结束后，调整参数	同上	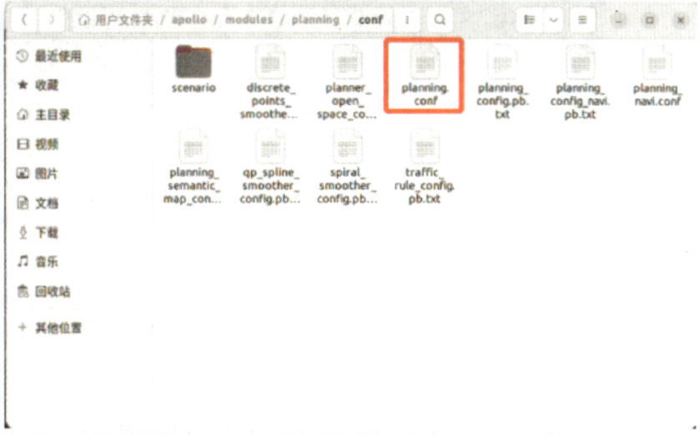	进入目录 apollo/modules/planning/conf，打开文件 planning.conf
14. 修改 planning.conf 文件的参数	同上	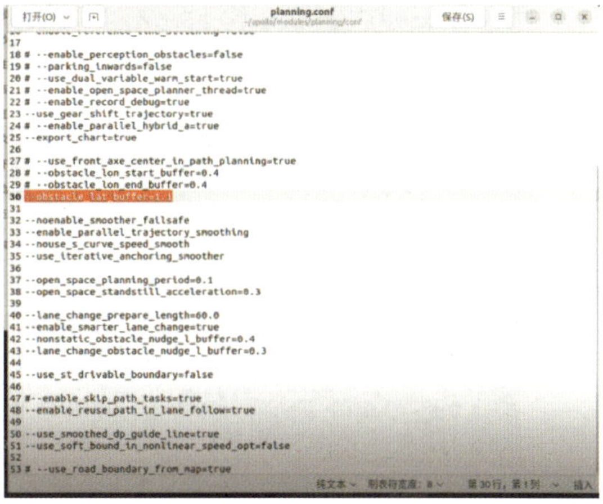	在第 30 行添加代码：obstacle_lat_buffer=1.1 然后单击保存

（续）

实施步骤	使用工具	图示	操作要点
15. 打开文件 planning_config.pb	同上	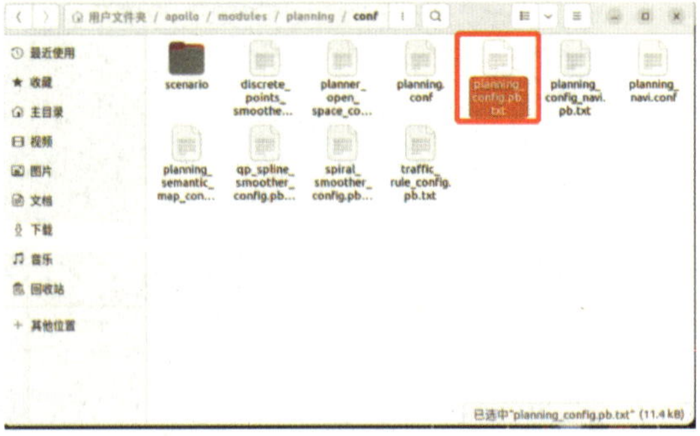	双击文件 planning_config.pb
16. 修改 planning_config.pb 文件的参数	同上	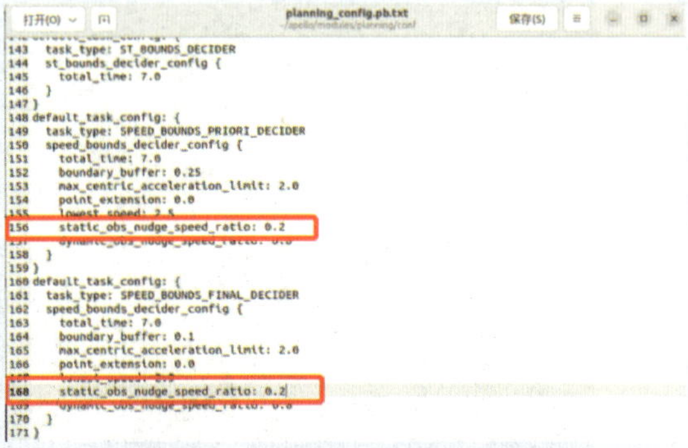	在第 156、168 行将参数改为 0.2，然后单击保存
17. 重启模块	同上	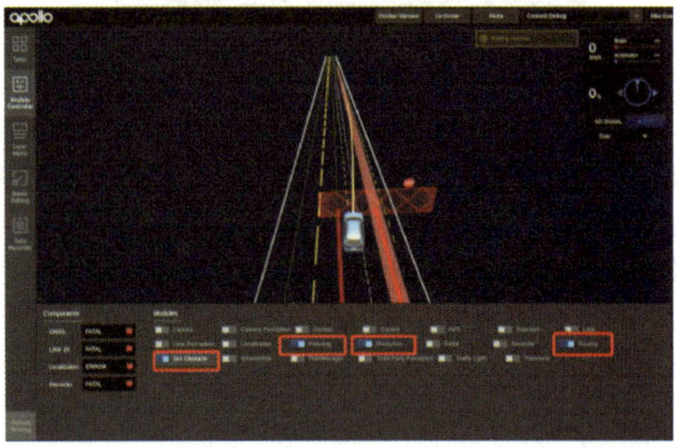	重新勾选 Planing、Prediction、Routing、Sim Obstacle 模块
18. 重新选择行驶路线	同上	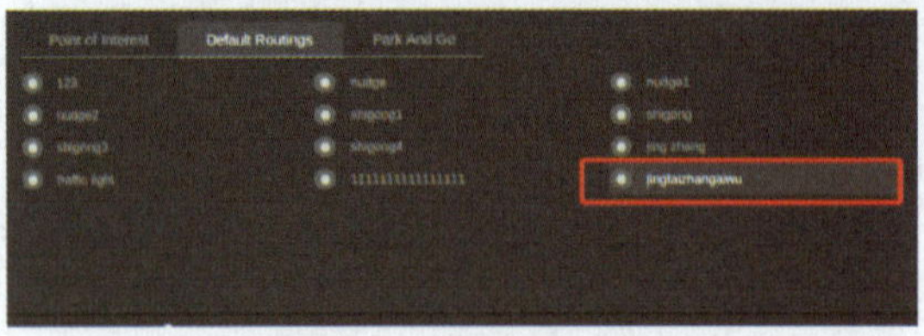	单击刚创建的行驶路线名字
19. 启动仿真场景	同上	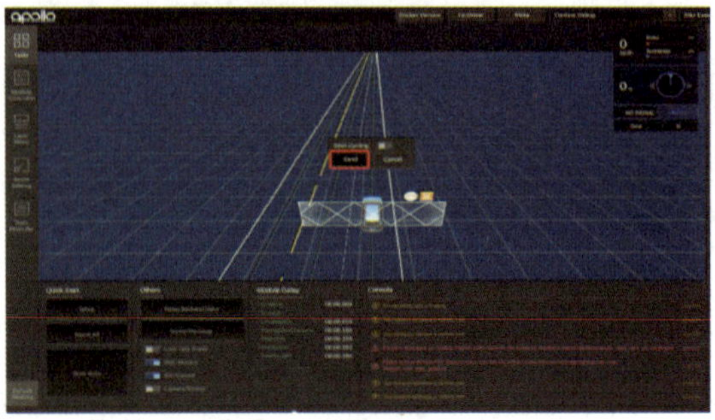	单击 Send 按钮

（续）

实施步骤	使用工具	图示	操作要点
20. 静态障碍物场景启动	同上	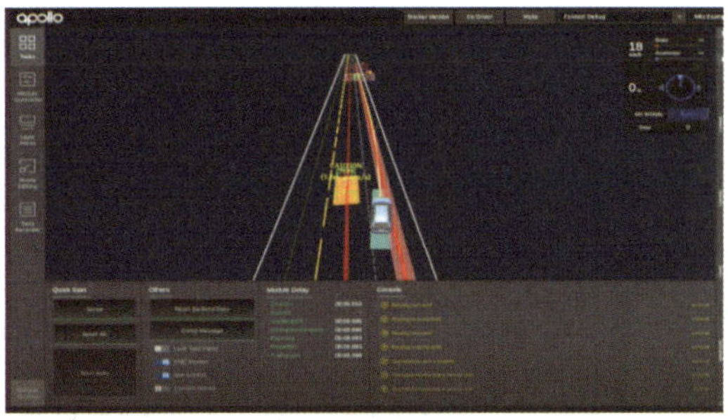	查看车辆行驶的效果

（2）子任务 2　Apollo 仿真平台红绿灯场景模拟

实施步骤	使用工具	图示	操作要点
1. 进入 Apollo 安装目录，执行启动 docker 环境指令	Linux 系统、Apollo 仿真平台	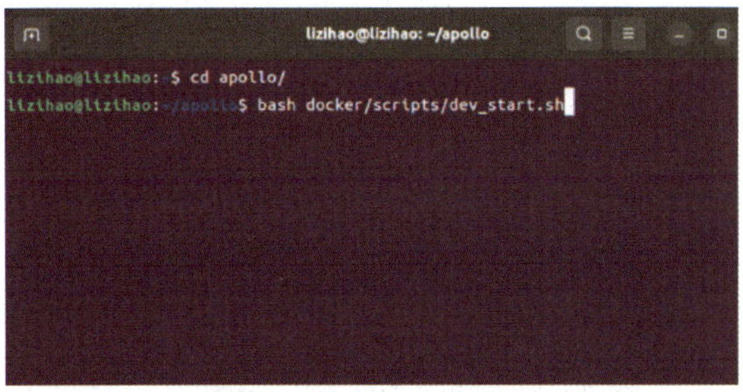	打开终端，输入命令：cd apollo/ 再输入命令：bash docker/scripts/dev_start.sh
2. 启动 docker 环境成功后，执行进入 docker 环境指令	同上	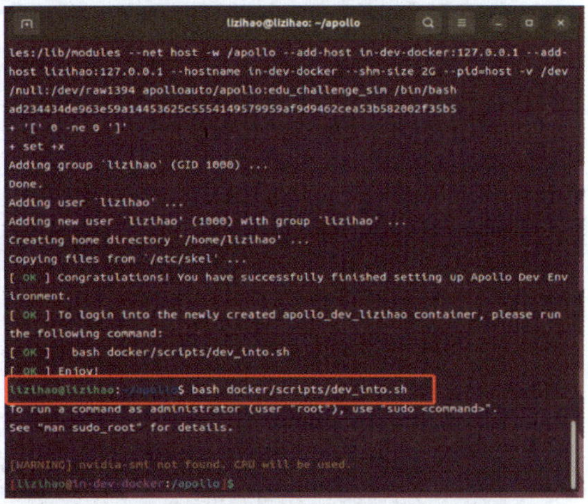	输入命令：bash docker/scripts/dev_into.sh
3. 在 docker 环境中执行启动 dreamview 指令	同上	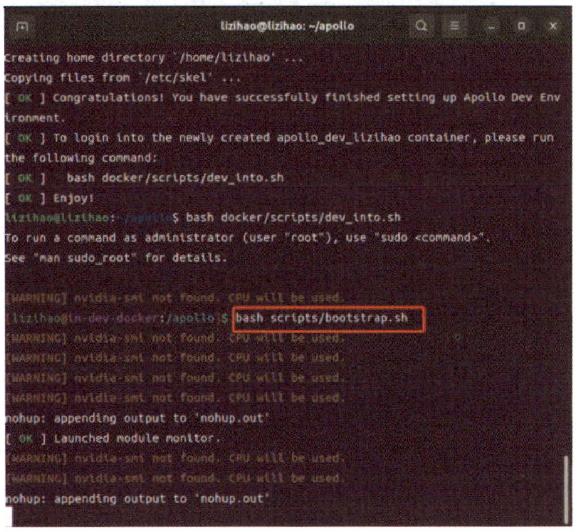	输入命令：bash scripts/bootstrap.sh

（续）

实施步骤	使用工具	图示	操作要点
4. 启动成功后，进入 dreamview	同上	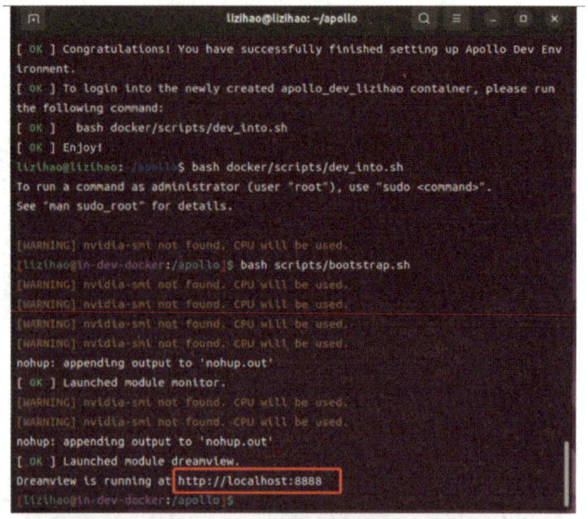	根据终端的运行结果，查看 Apollo 的地址（范例中为 http：//localhost：8888），打开链接通过浏览器进入地址
5. 进入 Sim_Control 仿真模式	同上	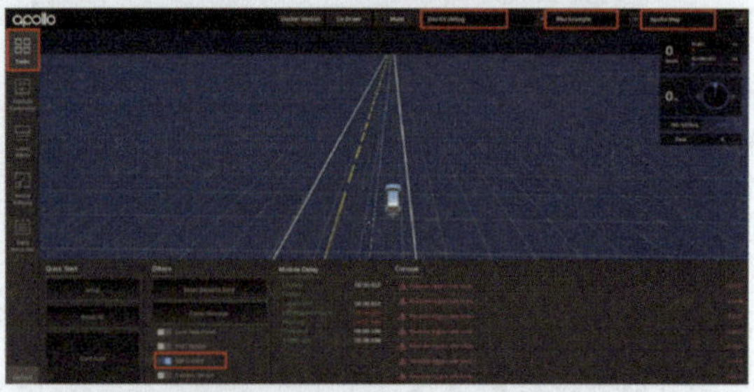	在上方菜单栏选择 Contest Debug，车辆型号选择 MkzExample，地图选择 Apollo Map，单击 Tasks 按钮，选择 Sim Control
6. 启动需要调试的模块进程	同上	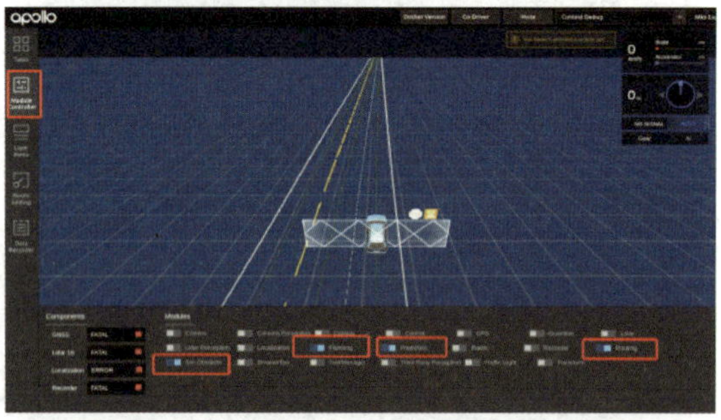	单击左侧 Module Control 栏，选择 Planing、Prediction、Routing、Sim Obstacle 模块
7. 编辑行驶路线，设置起点和终点	同上	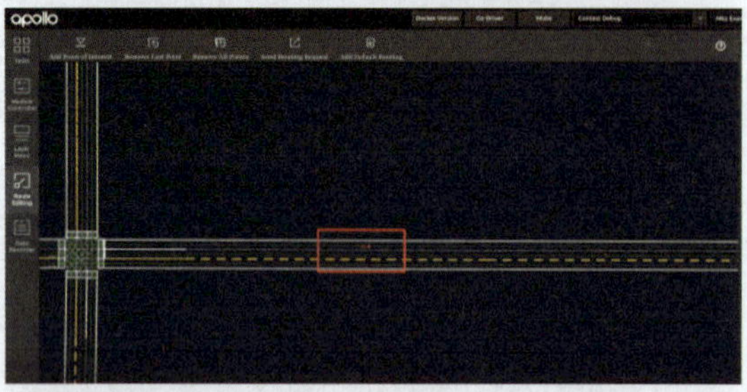	单击左侧 Routing Editing，选择起点到终点的路线需经过十字路口
8. 保存行驶路线	同上	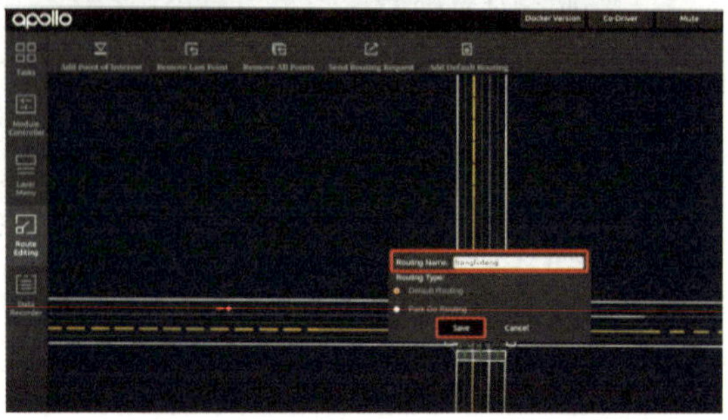	单击左侧 Add Default Routing，输入路线名字，单击 Save 按钮保存

126

(续)

实施步骤	使用工具	图示	操作要点
9. 进入任务模式	同上	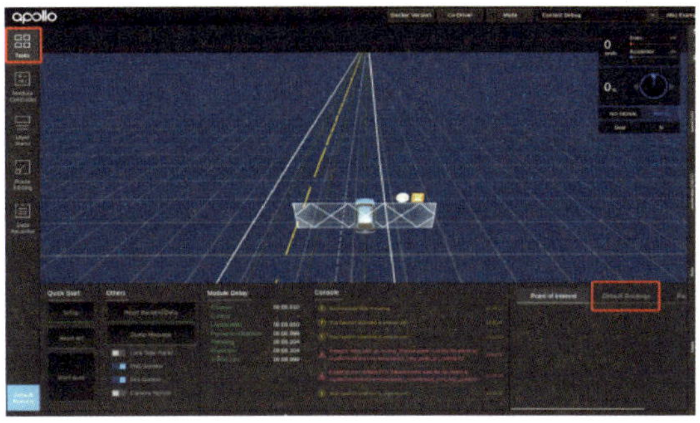	单击左侧 Tasks，在右下单击 Default Routings
10. 选择刚创建的行驶路线	同上	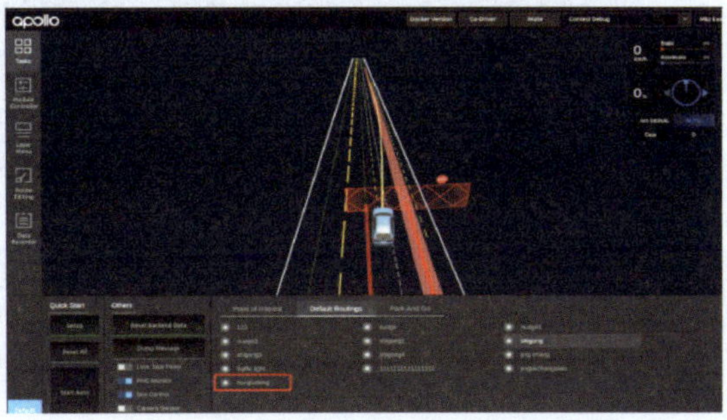	单击刚创建的行驶路线名字
11. 启动仿真场景	同上	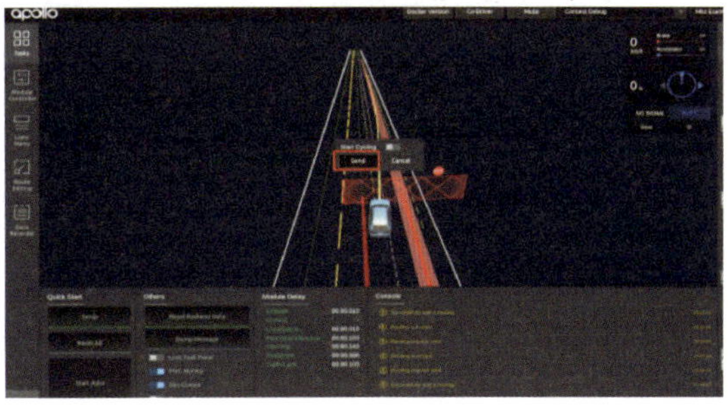	单击 Send 按钮
12. 红绿灯场景启动成功	同上	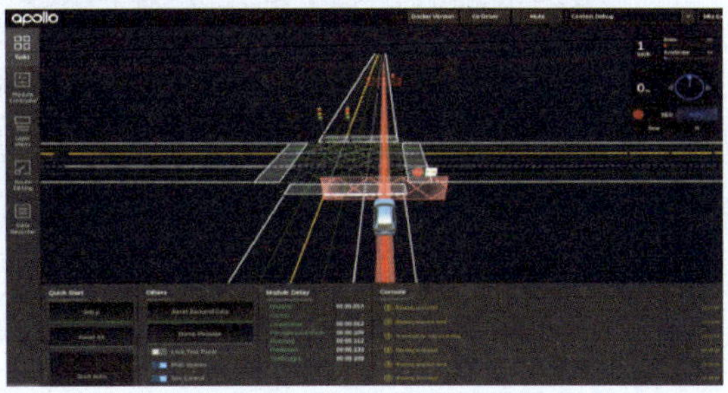	查看车辆行驶状态
13. 场景运行结束后，调整参数	同上	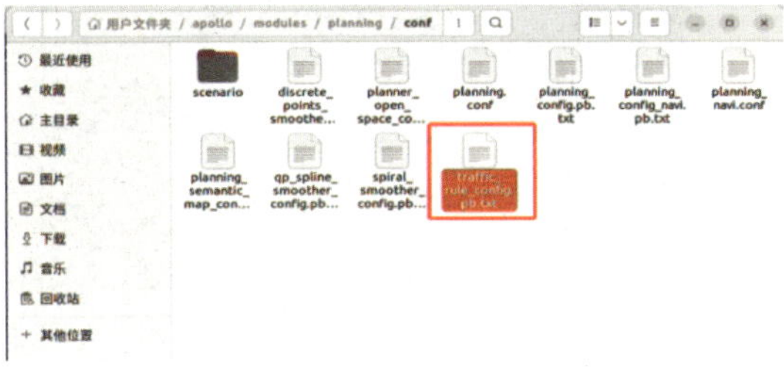	进入目录 apollo/modules/planning/conf，打开文件 traffic_rule_config.pb.txt

（续）

实施步骤	使用工具	图示	操作要点
14. 修改 traffic_rule_config.pb.txt 文件的参数	同上	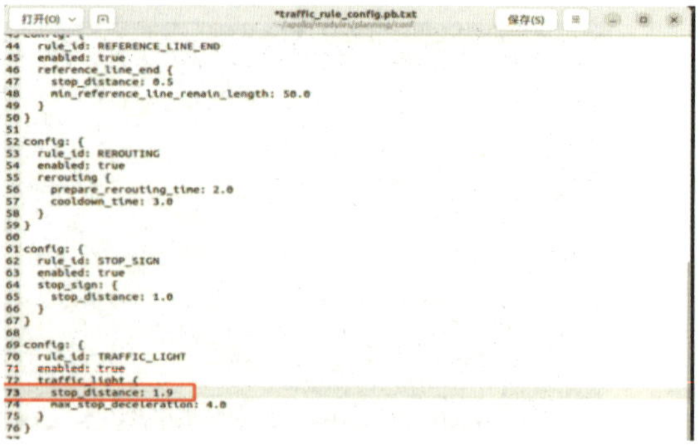	在第 73 行将 stop distance 改为 1.9，然后单击保存按钮
15. 重启模块	同上	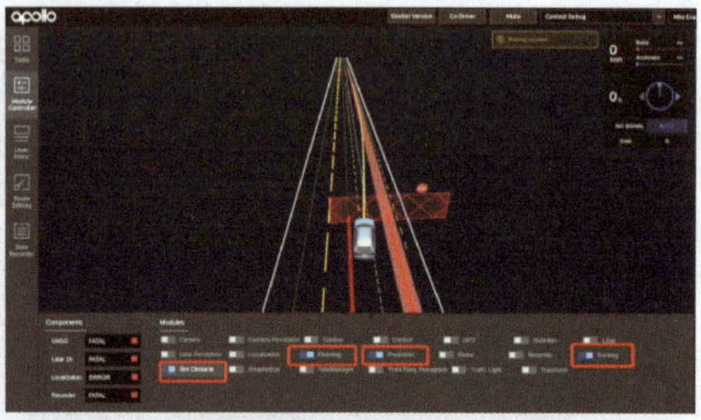	重新勾选 Planing、Prediction、Routing、Sim Obstacle 模块
16. 重新选择行驶路线	同上	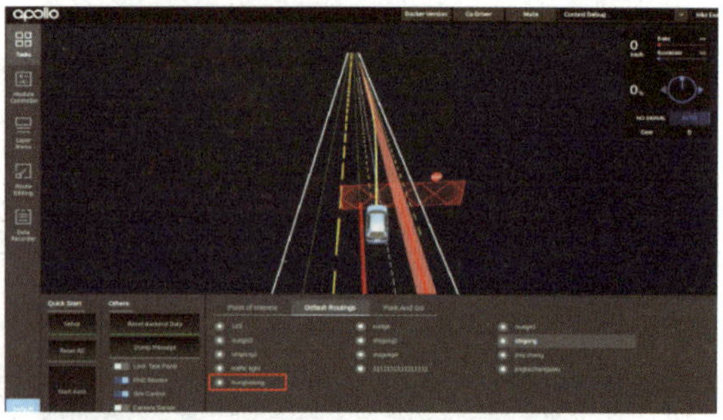	单击刚创建的行驶路线名字
17. 启动仿真场景	同上	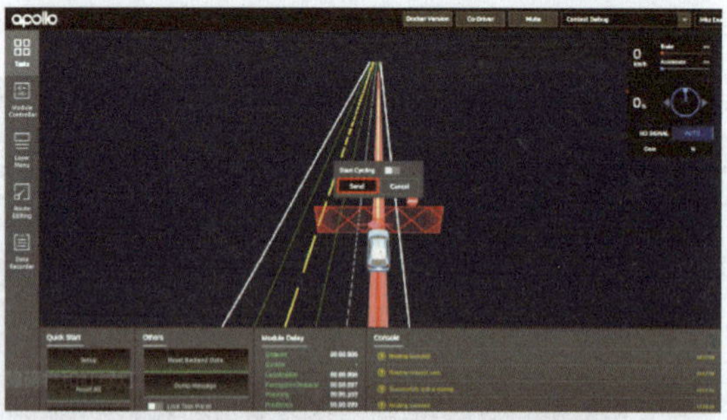	单击 Send 按钮
18. 红绿灯场景启动	同上	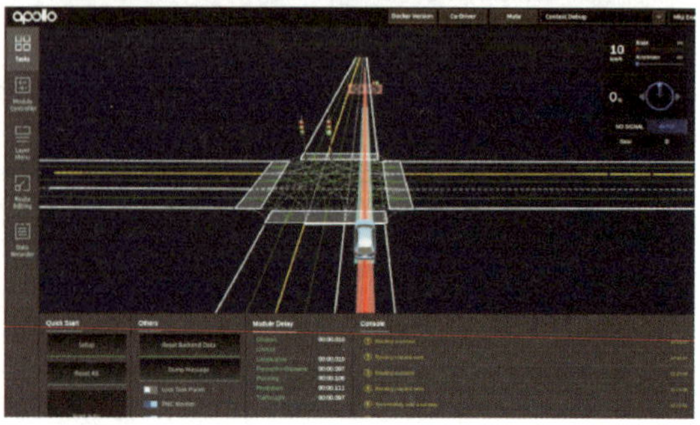	查看车辆行驶的效果

任务评价

仿真平台中的决策规划操作评分标准

学生姓名：_____　　学生学号：_____　　操作用时：_____min

序号	作业内容	配分	作业项目	分值	扣分	备注
1	开启计算机	15	□开启计算机，完成准备工作	15		
2	Apollo 仿真平台场景模拟	60	□完成静态障碍物场景模拟	15		如有未完成的项目，根据情况酌情扣分
			□完成红绿灯场景模拟	15		
			□完成人行道场景模拟	15		
			□完成减速带场景模拟	15		
3	TAD Sim 仿真平台安装	15	□准备软件安装包	5		
			□通过终端打开软件安装包	5		
			□完成软件安装	5		
4	关闭并归位设备	10	□完成计算机关机操作	10		
	合　计			100		

考核成绩：_____　　教师签字：_____

课后测评

一、选择题

1. （　　）不是目前常用的路径规划算法。

　A. A*算法　　　　　　　　　　B. Dijkstra 算法

　C. K-means 算法　　　　　　　D. 有限马尔科夫决策

2. 使用（　　）在搜寻到终点最短路径的同时会得到从起点到其他所有节点的最短路径。

　A. A*算法　　　　　　　　　　B. Dijkstra 算法

　C. K-means 算法　　　　　　　D. 有限马尔科夫决策

3. 百度 Apollo 平台可以在（　　）上进行安装与使用。

　A. Windows 系统　　B. Ubuntu 系统　　C. Mac 系统　　D. 计算平台

二、判断题

（　　）1. A*算法的复杂度相比于 Dijkstra 算法更大。

（　　）2. 有限马尔科夫决策是一个随机动态规划的方法。

（　　）3. Dijkstra 算法执行完毕后可以得到从起点到全部可达节点的最短路径，但相应地它的算法复杂度会更高。

（　　）4. 腾讯 TAD Sim 仿真平台可以在 Linux 系统上运行。

（　　）5. 腾讯 TAD Sim 仿真平台可以通过导入不同的算法模块从而完成不同的车辆自动驾驶任务。

三、简答题

1. 简述用于实现自动驾驶路径规划的 3 种算法。
2. 简述使用百度 Apollo 仿真平台完成路径规划的操作过程。
3. 简述使用腾讯 TAD Sim 仿真平台完成路径规划的操作过程。

任务二 实车系统的决策规划

任务导入

通过自动驾驶软件平台,可以在真实场景完成不同级别的自动驾驶功能。一名技术员想要从事自动驾驶软件平台决策规划模块的调试工作,该如何使用自动驾驶软件平台实现真实场景下自动驾驶决策规划模块的功能呢?

任务分析

要完成本次任务,首先要对自动驾驶软件平台的路径规划模块有一定的认知,通过对"任务资讯"的学习,达到如下所列"知识目标"的要求。对自动驾驶软件平台的路径规划模块有了一定的了解后,通过"任务实施"环节的实操演练,达成如下所列"技能目标"的能力。

知识目标	1. 掌握路径规划模块的功能 2. 掌握自动驾驶软件平台决策规划模块的基本工作原理
技能目标	1. 具有叙述路径规划模块功能的能力 2. 具有叙述自动驾驶软件平台决策规划模块基本工作原理的能力
素养目标	培养学生一丝不苟、精益求精的工匠精神

任务资讯

一、路径规划的功能

1. 轨迹规划

导航给的地图路线只是规划过程中的一部分,仍需要构建沿这条路线前进的局部轨迹。这意味着要处理一些不属于地图的物体,如其他车辆、自行车或行人。例如,与试图在前面掉头的汽车互动,或者超过前面一辆行驶缓慢的汽车。

如图 5-44 所示,轨迹规划的目标是生成一系列路径点所定义的轨迹。每个路径点都分配了一个时间戳和速度。由于移动的障碍物可能会暂时阻挡部分路段,轨迹中的每个路径点都有时间戳,可以将时间戳与预测模块的输出相结合,以确保计划通过时,轨迹上的每个路径点均未被占用。这些时间戳和空间上的两个维度共同创建了一个三维轨迹，同时为每个路径点指定了一个速度，用于确保车辆按时到达每个路径点，如图5-45所示。

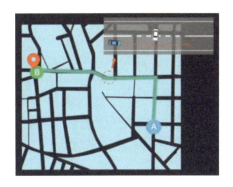

图 5-44　轨迹规划示意图

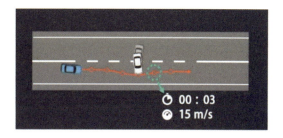

图 5-45　轨迹中路径点的时间戳

在道路的任何两点，可能会有多个不会发生碰撞、行驶舒适、可行且合法的轨迹。如图5-46所示，通常使用"cost function"选择最佳轨迹。"cost function"每个轨迹分配1个"成本"，然后选择成本最低的轨迹。轨迹成本由各种犯规处罚组成，例如：偏离道路中心、有可能产生碰撞、速度限制、轨迹的曲率和加速度让乘员感到不舒服等。

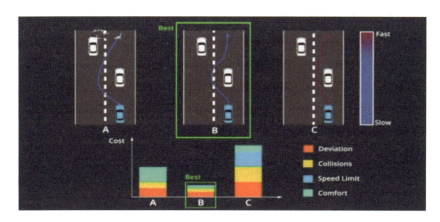

图 5-46　轨迹成本

轨迹成本将所有这些缺陷聚合为单个数值，因此能对不同的轨迹按数字大小进行排名。车辆甚至可能在不同的环境中使用不同的成本函数，例如高速路的成本函数可能与停车场的不同。

2. Frenet 坐标系

Frenet 坐标系可以描述汽车相对于道路的位置。在 Frenet 框架 Q 中，s 代表沿道路的距离，也被称为纵坐标。d 表示偏离道路中心线的位移，也被称为横坐标。在道路的每个点上，横轴和纵轴都是垂直的。纵坐标代表的是车辆在道路中的行驶距离，横坐标代表的是车辆偏离道路中心线的距离，如图 5-47 所示。

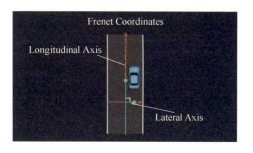

图 5-47　Frenet 坐标系示意图

3. 路径、速度解耦

规划本质上是一个搜索问题，为了降低算法的资源消耗，常用的处理方法是将横纵向的搜索解耦为横向的路径规划与纵向的速度规划，快速逼近问题的最优解。路径、速度解耦规划将轨迹规划分为两步：路径规划、速度规划。首先在路径规划步骤中生成候选曲线，这是车辆可行驶的路径。使用成本函数对每条路径进行评估，该函数包含平滑度、安全性、与车道中心的偏离以及开发者想要考虑的其他因素。然后，按成本对路径进行排名并选择成本最低的路径。

4. 路径与速度规划

为了在路径、速度解耦规划中生成候选路径，如图 5-48 所示，首先将路段分割成单元格，然后对这些单元格中的点进行随机采样。通过从每个单元格中取一个点并将点连接起来，创建了候选路径。通过重复此过程可以构建多个候选路径，然后使用成本函数对这些路径进行评估并选择成本最低的路径。成本函数可能考虑以下因素：与车道中心的偏离、与障碍物的距离、速度和曲率的变化、对车辆的压力等。

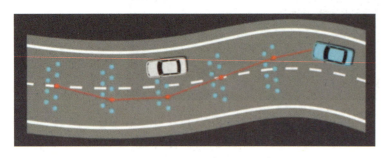

图 5-48　运用 Frenet 坐标系的路径规划

速度规划在 S-T 图上进行，使用预测给的目标信息来进行规划。在 S-T 图中，曲线的斜率即为速度，斜率越大，对应的速度越快，如图 5-49 所示。

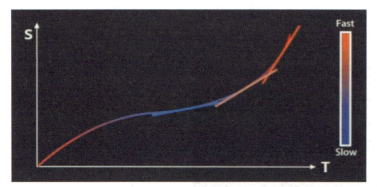

图 5-49　S-T 图

5. 路径与速度曲线的优化

路径、速度解耦规划在很大程度上取决于离散化。路径选择涉及将道路划分为单元格，速度曲线构建涉及将 ST 图划分为单元格。尽管离散化使这些问题更容易解决，但该解决方案生成的轨迹并不平滑。为了将离散解决方案转换为平滑轨迹，可使用"二次规划"技术。二次规划将平滑的非线性曲线与这些分段式线段拟合，如图 5-50 所示。

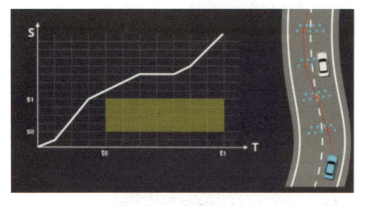

图 5-50　二次规划示意图

6. 轨迹生成

假设车辆正在路上行驶，感知系统观察到一辆缓慢行驶的车辆离己方车辆越来越近。首先，在这辆车的周围生成多条候选路线，使用成本函数对这些候选路径进行评估并选择成本最低的路径；然后，使用 S-T 图来进行速度规划。优化引擎可帮助确定最佳速度曲线，该曲线受制于约束和成本函数。通常可以使用二次规划让路径和速度曲线变得平滑。

二、路径规划模块操作

1. 基于摄像头的封闭园区自动驾驶搭建

（1）前提条件　完成基于摄像头的封闭园区自动驾驶搭建 - 感知设备集成、感知适配、虚拟车道线制作、规划适配；在道路平整、车少人少等相对安全的情况下实验；确保至少两人操作，一人操作工控机，一人操作遥控器，做好随时接管准备。

（2）启动流程　进入 can 卡目录，启动 can 卡，启动命令如下：

```
1. cd ~/SocketCan/
2. bash start.sh
```

进入 docker 环境，用 gpu 编译项目，启动 DreamView：

```
1. cd /apollo
2. bash docker/scripts/dev_start.sh
3. bash docker/scripts/dev_into.sh
4. bash apollo.sh build_opt_gpu
5. bash scripts/bootstrap.sh
```

在浏览器中打开 http：//localhost：8888，选择对应的车型，并选择相应高精地图，见表 5-2。

表 5-2　车辆铭牌信息对应车型

铭牌信息	车型选择
Apollo D-KIT Lite	dev_kit
Apollo D-KIT Standard	dev_kit_standard
Apollo D-KIT Advanced（NE-S）	dev_kit_advanced_ne-s
Apollo D-KIT Advanced（SNE-R）	dev_kit_advanced_sne-r

在 Module Controller 标签页启动 Canbus，Camera，GPS，Localization，Transform 模块，如图 5-51 所示。

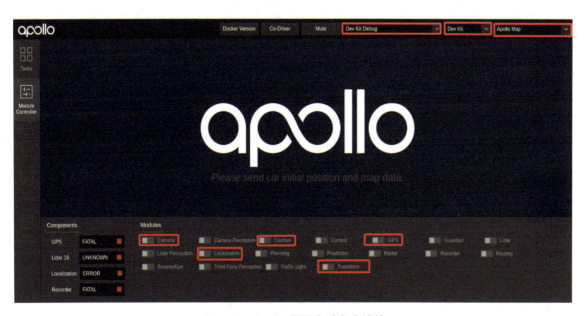

图 5-51　Apollo 界面启动各个模块

检查各模块 channel 是否正确，在 docker 中输入 cyber_monitor 命令并检查表 5-3 中的 channel 是否正常输出。

表 5-3　channel 检查项目表

channel_name	检查项目
/apollo/localization/pose	确保能正常输出数据
/apollo/sensor/gnss/best_pose	确保能正常输出数据、sol_type
/apollo/sensor/camera/front_6mm/image	确保能正常输出数据、帧率在 15 帧左右
/tf	确保能正常输出数据
/tf_static	确保能正常输出数据
/apollo/canbus/chassis	确保能正常输出数据
/apollo/canbus/chassis_detail	确保能正常输出数据

启动 Camera 感知，在 dreamview 中启动 Camera Perception 模块，使用 cyber_monitor 查看 /apollo/perception/obstacles 是否正常输出，并在 dreamview 上查看障碍物信息，如图 5-52 所示。

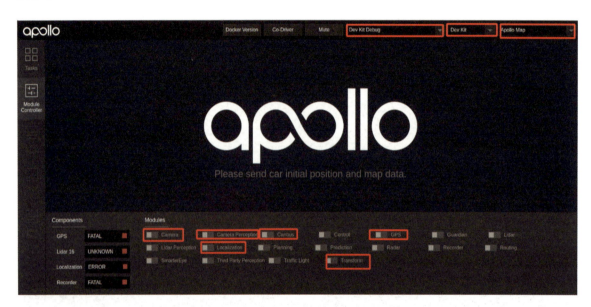

图 5-52　Apollo 启动 Camera Perception 模块

使用 cyber_monitor 查看 /apollo/perception/obstacles 是否正常输出，并在 DreamView 上查看障碍物信息：查看车前方 10m 内运动的人或自行车（自行车上要有人），以及障碍物颜色和位置、速度信息（自行车为青蓝色，行人为黄色，车辆为绿色），如图 5-53 所示。

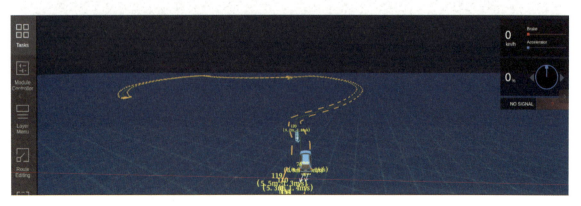

图 5-53　查看障碍物颜色以及位置、速度信息

/apollo/perception/obstacles 的数据如图 5-54 和图 5-55 所示。

```
ChannelName: /apollo/perception/obstacles
MessageType: apollo.perception.PerceptionObstacles
FrameRatio: 0.00
RawMessage Size: 4222 Bytes (4.12 KB)
perception_obstacle: +[4 items]
header:
  timestamp_sec: 1577792481.869878769
  module_name: perception_obstacle
  sequence_num: 411
  lidar_timestamp: 0
  camera_timestamp: 0
  radar_timestamp: 0
error_code: OK
```

图 5-54　障碍物数据 A

```
ChannelName: /apollo/perception/obstacles
MessageType: apollo.perception.PerceptionObstacles
FrameRatio: 0.00
perception_obstacle: [0]
  id: 35
  position:
    x: 437582.232340264
    y: 4432546.249290019
    z: 38.725664090
  theta: -1.989938378
  velocity:
    x: -0.000000000
    y: -0.000000000
    z: 0.000000000
  length: 0.193032563
  width: 0.089481525
  height: 0.286842972
  polygon_point: +[6 items]
  tracking_time: 0.907739878
  type: UNKNOWN
  timestamp: 1577431731.957907915
  acceleration:
    x: -0.000000400
    y: -0.000002569
    z: 0.000000000
  anchor_point:
    x: 437582.215586386
    y: 4432546.243630586
    z: 38.857739220
  bbox2d:
    xmin: 0.000000000
    ymin: 0.000000000
    xmax: 0.000000000
    ymax: 0.000000000
  sub_type: ST_UNKNOWN
  measurements: +[1 items]
  height_above_ground: nan
  position_covariance: +[9 items]
  velocity_covariance: +[9 items]
  acceleration_covariance: +[9 items]
```

图 5-55　障碍物数据 B

在 Module Controller 标签页启动 Planning，Prediction，Routing，Control 模块，如图 5-56 所示。

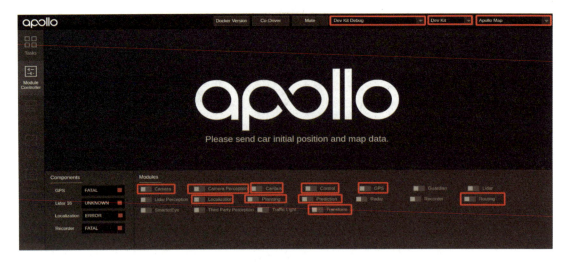

图 5-56 Apollo 启动 Control 模块

在 Routing Editor 标签中，单击"Add Point of Interest"按钮添加一个 point，然后选择"Send Routing Request"按钮发送添加的 routing 点，如图 5-57 所示。

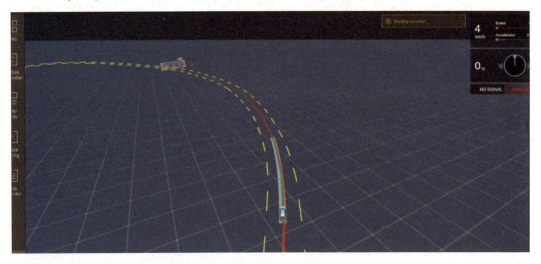

图 5-57 添加路径点

验证 Planning，Prediction，Routing，Control 模块是否启动成功，从 DreamView 中查看，会出现一个蓝色的线以及一个红色的 stop 标志，如图 5-58 所示。

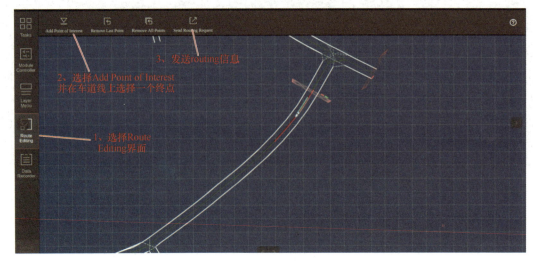

图 5-58 验证 Planning，Prediction，Routing，Control 模块是否启动成功

在车前方存在人或者自行车（车上有人）时，在 Tasks 标签页查看 Planning 轨迹线，如图 5-59 所示。

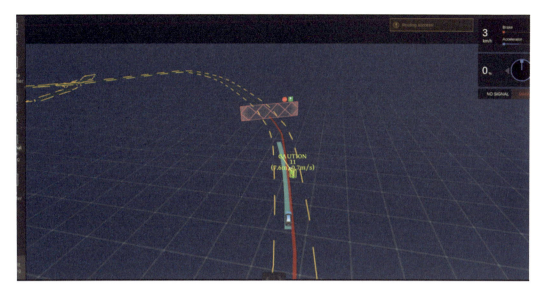

图 5-59　查看 Planning 轨迹

在 docker 环境中输入命令 cyber_monitor，并查看 Planning channel 信息，如图 5-60 所示。

图 5-60　查看 Planning channel 信息

如果出现图 5-60 所示的路径轨迹线信息，表示规划模块适配和开环测试通过，否则继续查看 log 信息进行调试。

2. 基于激光雷达的封闭园区自动驾驶搭建

（1）**前提条件**　完成封闭园区自动驾驶搭建 - 规划适配；确保在道路平整、车少人少等相对安全的情况下实验；确保至少两人操作，一人操作工控机，一人操作遥控器，做好随时接管准备。

（2）**启动流程**　进入 can 卡目录启动 can 卡，启动命令如下：

```
1. cd ~/SocketCan/
2. bash start.sh
```

进入 docker 环境，用 gpu 编译项目，启动 Dreamview：

```
1. cd apollo
2. bash docker/scripts/dev_start.sh
3. bash docker/scripts/dev_into.sh
4. bash apollo.sh build_opt_gpu
5. bash scripts/bootstrap.sh
```

在浏览器中打开 http：//localhost：8888，选择 Dev Kit Close Loop，Dev Kit，Apollo Map 信息，再选择对应的虚拟车道线或高精地图，在 Module Controller 标签页启动 Canbus，GPS，Localization，Transform 模块，如图 5-61 所示。

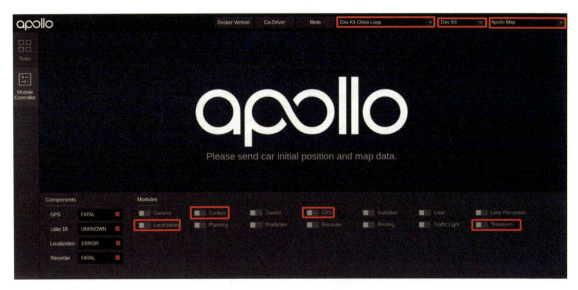

图 5-61　Apollo 启动各个模块

定位模块启动后，需要接收定位数据，等待约 1min。打开新的终端，并使用 bash docker/scripts/dev_into.sh 命令进入 docker 环境，在新终端中输入 cyber_monitor 命令，查看 tf、tf_static、/pose 数据，这 3 个数据在 cyber_monitor 中均显示为绿色则代表定位模块启动成功，如图 5-62 所示。

在 dreamview 中启动 lidar 模块，如图 5-63 所示。

使用 cyber_monitor，查看激光雷达数据是否正常输出，并使用上、下方向键选择 channel，使用右方向键查看 channel 详细数据。若数据无异常，则说明激光雷达启动成功。

1）单激光雷达用户，检查表 5-4 中的 channel 是否正常输出。

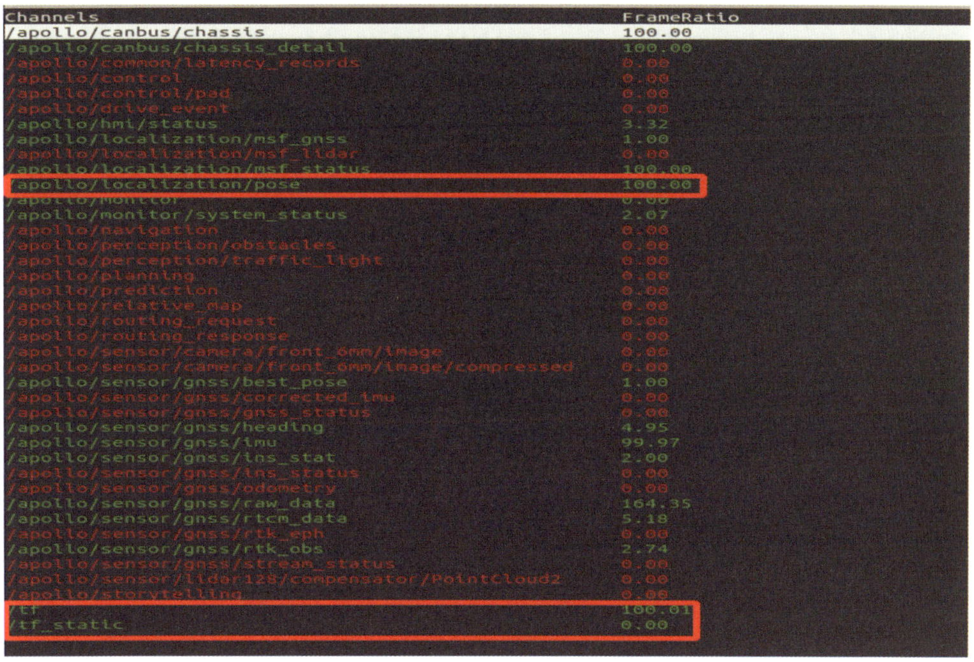

图 5-62 验证定位模块是否启动成功

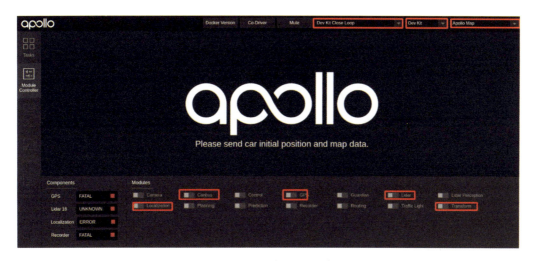

图 5-63 启动 lidar 模块

表 5-4 channel 单激光雷达帧率表

channel	帧率 /Hz
/apollo/sensor/lidar16/PointCloud2	10
/apollo/sensor/lidar16/Scan	10
/apollo/sensor/lidar16/compensator/PointCloud2	10

2）三激光雷达用户，检查表 5-5 中的 channel 是否正常输出。

表 5-5 三激光雷达帧率表

channel	帧率 /Hz
/apollo/sensor/lidar16/back/PointCloud2	10
/apollo/sensor/lidar16/left/PointCloud2	10

(续)

channel	帧率/Hz
/apollo/sensor/lidar16/right/PointCloud2	10
/apollo/sensor/lidar16/fusion/PointCloud2	10
/apollo/sensor/lidar16/compensator/PointCloud2	10

在 docker 中输入 cyber_monitor 命令并检查各 channel 是否正常输出。

1）单激光雷达用户，检查表 5-6 中的 channel 是否正常输出。

表 5-6　单激光雷达 channel 项目表

channel_name	检查项目
/apollo/localization/pose	确保能正常输出数据
/apollo/sensor/gnss/best_pose	确保能正常输出数据 sol_type：选项显示为 NARROW_INT
/apollo/sensor/lidar16/PointCloud2	确保能正常输出数据
/apollo/sensor/lidar16/Scan	确保能正常输出数据
/apollo/sensor/lidar16/compensator/PointCloud2	确保能正常输出数据
/tf	确保能正常输出数据
/tf_static	确保能正常输出数据
/apollo/canbus/chassis	确保能正常输出数据
/apollo/canbus/chassis_detail	确保能正常输出数据

2）三激光雷达用户，检查表 5-7 中的 channel 是否正常输出，见表 5-7。

表 5-7　三激光雷达 channel 项目表

channel_name	检查项目
/apollo/localization/pose	确保能正常输出数据
/apollo/sensor/gnss/best_pose	确保能正常输出数据、sol_type：选项显示为 NARROW_INT
/apollo/sensor/lidar16/back/PointCloud2	确保能正常输出数据
/apollo/sensor/lidar16/left/PointCloud2	确保能正常输出数据
/apollo/sensor/lidar16/right/PointCloud2	确保能正常输出数据
/apollo/sensor/lidar16/fusion/PointCloud2	确保能正常输出数据
/apollo/sensor/lidar16/compensator/PointCloud2	确保能正常输出数据
/tf	确保能正常输出数据
/tf_static	确保能正常输出数据
/apollo/canbus/chassis	确保能正常输出数据
/apollo/canbus/chassis_detail	确保能正常输出数据

确认各模块正常启动且 channel 输出正常后，启动 Lidar 感知。在 DreamView 上启动 Lidar Perception，使用 cyber_monitor 查看 /apollo/perception/obstacles 是否正常输出。

在 DreamView 上启动 Perception 模块，使用 cyber_monitor 查看 /apollo/perception/obstacles 是否正常输出，查看车前方 10m 内运动的人或者自行车（自行车上要有人），在 DreamView

上查看障碍物颜色以及位置、速度信息（自行车为青蓝色，行人为黄色，车辆为绿色），如图 5-64 所示。

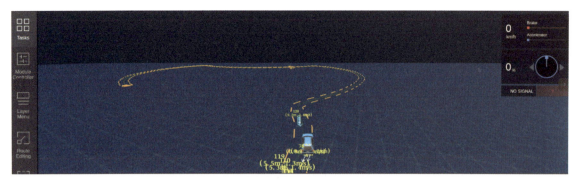

图 5-64　查看障碍物颜色以及位置、速度信息

/apollo/perception/obstacles 的数据如图 5-65 所示。

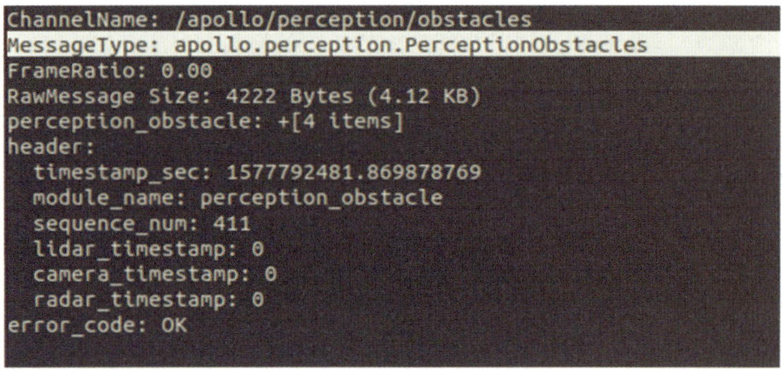

图 5-65　障碍物数据

确保在 DreamView 上能看到障碍物且 /apollo/perception/obstacles 有障碍物信息，如图 5-66 所示。

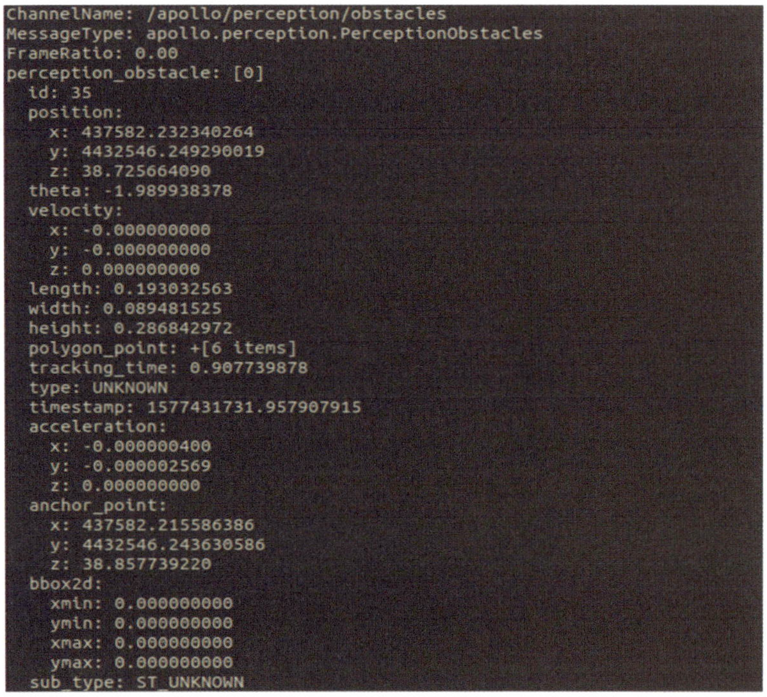

图 5-66　障碍物信息

在 Module Controller 标签页启动 Planning，Prediction，Routing，Control 模块。在 Routing Editor 标签中单击"Add Point of Interest"按钮添加一个 point，然后单击"Send Routing Request"按钮，发送添加的路径点，如图 5-67 所示。

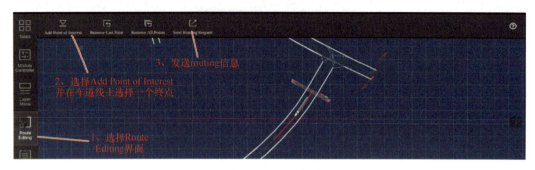

图 5-67　添加路径点

验证 Planning，Prediction，Routing，Control 模块是否启动成功，从 DreamView 中查看会出现一个蓝色的线以及一个红色的 stop 标志，如图 5-68 所示。

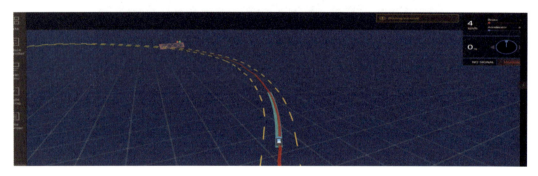

图 5-68　验证 Planning，Prediction，Routing，Control 模块是否启动成功

车前方存在人或者自行车（车上有人）时，在 task 标签页查看 Planning 轨迹线，正常情况下 Planning 会重新规划轨迹，如图 5-69 所示。

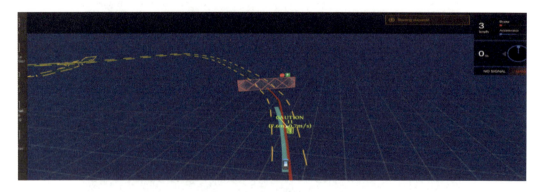

图 5-69　Planning 重新规划轨迹

在 docker 环境中输入命令 cyber_monitor，并查看 Planning Channel 信息，如图 5-70 所示。如果出现图 5-70 所示的路径轨迹信息，表示规划模块适配和开环测试通过，否则继续查看 log 信息进行调试。在完成上述操作后，启动自动驾驶。在附近没有人员和车辆的情况下，遥控器下放权限并在 task 标签页中单击"start auto"按钮使车辆进入自动驾驶状态，在自动驾驶过程中做好随时用遥控器接管的准备以确保安全。

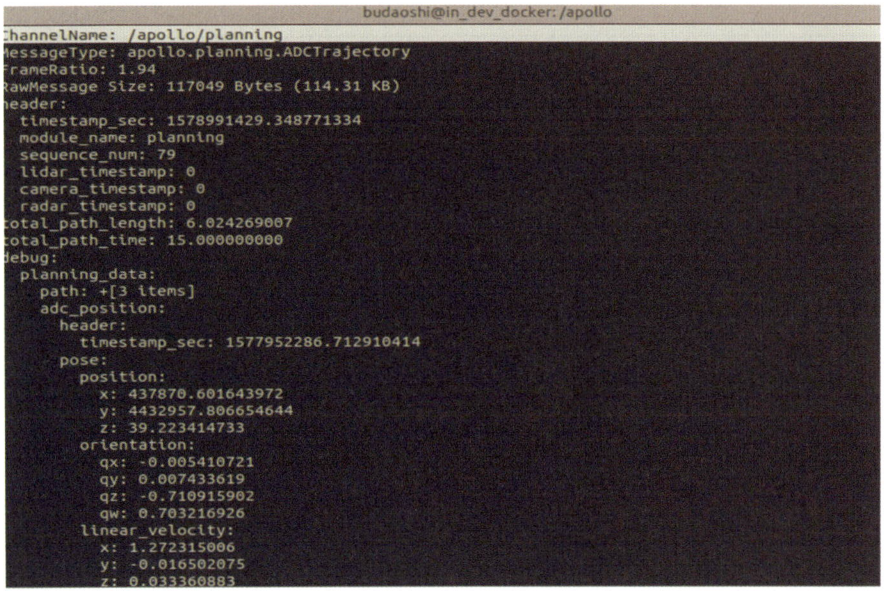

图 5-70 查看 Planning Channel 信息

任务准备

1. 工具、设备介绍

子任务模块	设备工具
子任务 1　Apollo 定位模块配置	Apollo 平台
子任务 2　车辆动力学标定	Apollo 平台

2. 实操预演

1）通过资料链接，熟悉 Apollo 定位模块配置步骤。
2）通过资料链接，熟悉车辆动力学标定步骤。

任务实施

1. 前期准备

为 Apollo 自动驾驶开发套件中的工控机配置好 Linux 系统与 Apollo 仿真平台。

2. 实操演练

（1）子任务 1　Apollo 定位模块配置

实施步骤	使用工具	图示	操作要点
1. 完成工控机与 M2 的连接配置	Apollo 自动驾驶开发套件		将 M2 升级线连接到 M2 上，通过延长线连接 M2 升级口，另一端接到工控机 COM1 串口。配置 M2 前要先给设备连接电源
2. 在工控机上安装 cutecom 串口助手	同上	 budaoshi@budaoshi-Nuvo-6108GC:~$ sudo apt-get install cutecom	输入命令：sudo apt-get install cutecom，然后根据提示输入用户密码

（续）

实施步骤	使用工具	图示	操作要点
3. 启动 cutecome 界面	同上	 budaoshi@budaoshi:~$ sudo cutecom	输入命令：sudo cutecom
4. 选择端口并启动设备	同上	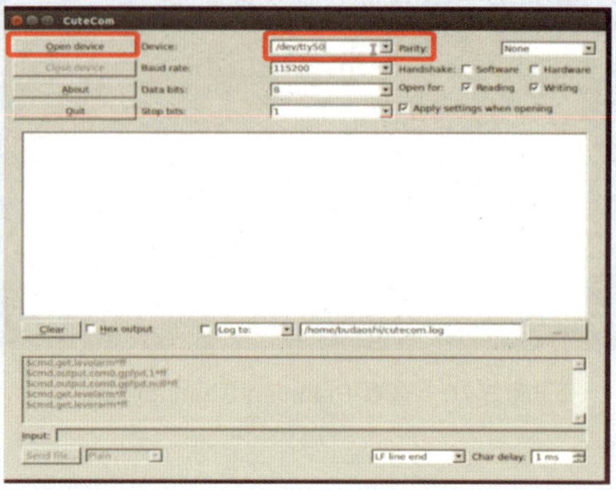	端口号选择 /dev/ttyS0，然后单击"Open device"按钮
5. 测试设备通信是否正常	同上	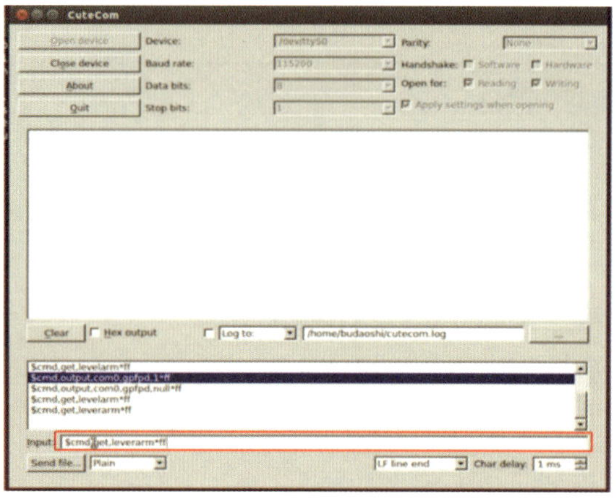	输入命令：$cmd, get, levelarm*ff，若数据面板出现返回值，则设备通信正常
6. 完成 GNSS 航向配置	同上		输入命令：$cmd, set, headoffset, 0*ff

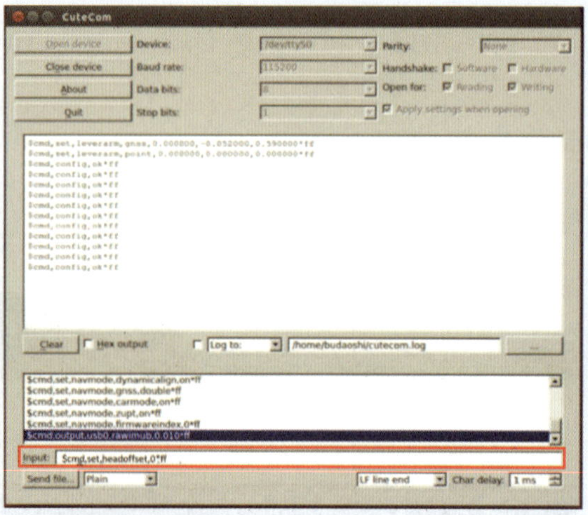

（续）

实施步骤	使用工具	图示	操作要点
7. 完成导航模式配置	同上		根据设备的型号选择对应的配置指令，在输入窗口中输入
8. 完成 USB 接口输出设置	同上		根据设备的型号选择对应的配置指令，在输入窗口中输入
9. 完成网口配置	同上		根据设备的型号选择对应的配置指令，在输入窗口中输入

（续）

实施步骤	使用工具	图示	操作要点
10. 设置路由器分配 IP 地址	同上	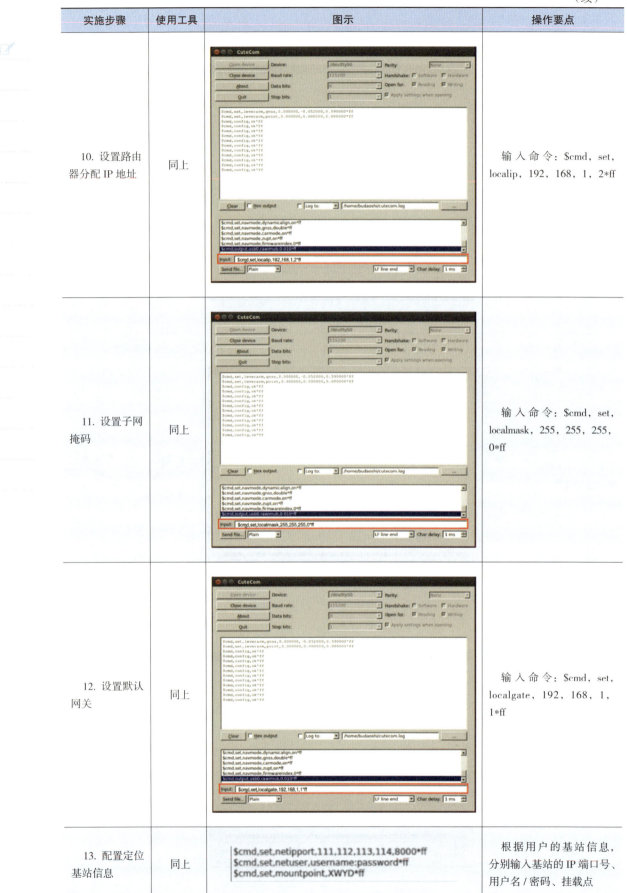	输入命令：$cmd, set, localip, 192, 168, 1, 2*ff
11. 设置子网掩码	同上		输入命令：$cmd, set, localmask, 255, 255, 255, 0*ff
12. 设置默认网关	同上		输入命令：$cmd, set, localgate, 192, 168, 1, 1*ff
13. 配置定位基站信息	同上	$cmd,set,netipport,111,112,113,114,8000*ff $cmd,set,netuser,username:password*ff $cmd,set,mountpoint,XWYD*ff	根据用户的基站信息，分别输入基站的 IP 端口号、用户名/密码、挂载点

（续）

实施步骤	使用工具	图示	操作要点
14. 完成杆臂值配置	同上		输入命令：$cmd, set, leverarm, gnss, x_offset, y_offset, z_offset*ff。其中，x_offset, y_offset, z_offset 就是车辆集成环节中测量所得的杆臂值
15. 保存设备配置信息，对 M2 设备进行重启，断电并重新上电，使配置生效	同上		输入命令：$cmd, save, config*ff
16. 找到基站信息文件	同上		根据路径 apollo/modules/calibration/data/ch/gnss_params/gnss_conf.pb.txt 找到文件
17. 配置用户基站信息	同上		根据用户的基站信息，输入 ip 地址、端口号、挂载点、用户名、密码
18. 修改时区信息	同上		设置 +zone 的值，北京时间为 50
19. 找到杆臂值配置文件	同上		根据路径 apollo/modules/calibration/data/ch/gnss_params/ant_imu_leverarm.yaml 找到文件

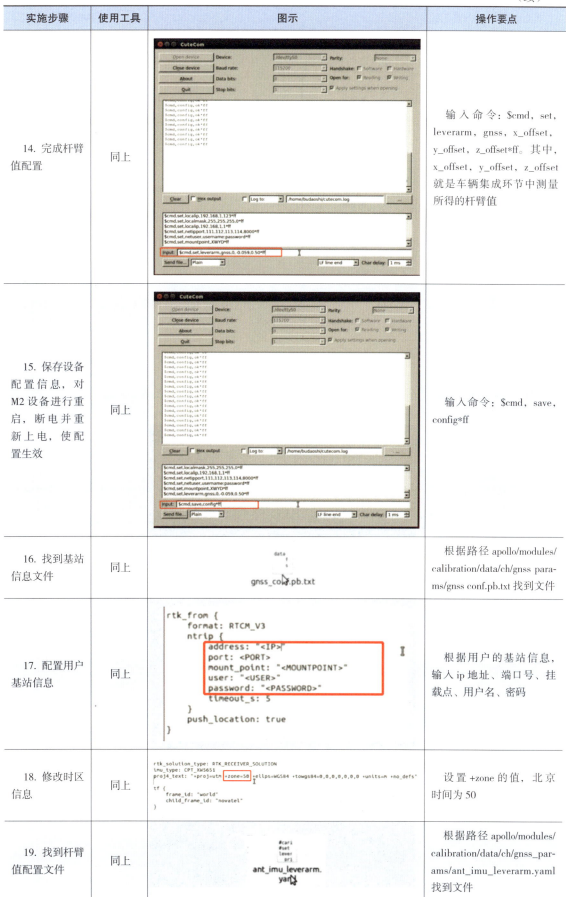

（续）

实施步骤	使用工具	图示	操作要点
| 20. 修改杆臂值 | 同上 | ```
#carid:mkz058
#set primary if single-antenna;set both primary ar
leverarm:
  primary:
    offset:
      x: 0.000
      y: -0.052
      z: 0.500
    uncertainty:
      x: 0.05
      y: 0.05
      z: 0.08
  secondary:
    offset:
      x: -0.006
      y: 0.840
      z: 0.600
    uncertainty:
      x: 0.05
      y: 0.05
      z: 0.08
``` | 根据用户的设备，修改杆臂值 |
| 21. 找到激光雷达配置文件 | 同上 | localization.conf | 根据路径 apollo/modules/localization/conf/localization.conf 找到文件 |
| 22. 修改激光雷达配置 | 同上 | ```
# Enable lidar-based localization.
# type: bool
# default: true
--enable_lidar_localization=false
``` | 将 -enable_lidar_localization=true 改为 -enable lidar_localization=false |
23. 将车辆底盘上电，工控机开机，进入 Linux 系统，启动 Apollo 平台	同上	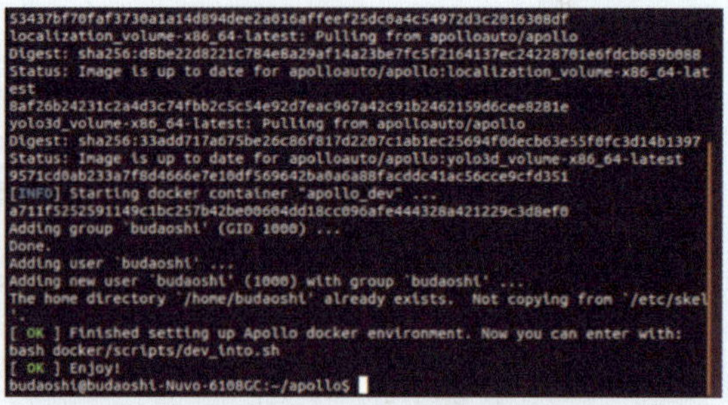 (终端截图)	输入命令 cd apollo 进入 Apollo 的路径，然后输入 bash docker/scripts/dev_start.sh 启动 docker 环境
24. 启动 bootstrap 脚本	同上	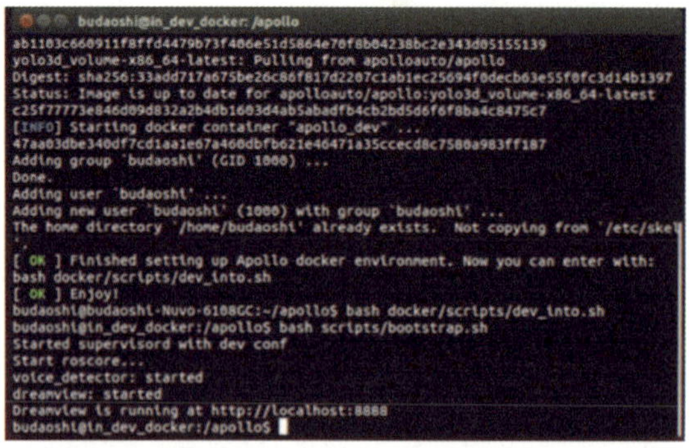 (终端截图)	输入命令：bash scripts/bootstrap.sh
25. 打开浏览器访问 DreamView	同上	 (apollo 浏览器截图)	打开浏览器，输入 http://localhost：8888

148

（续）

实施步骤	使用工具	图示	操作要点
26. 选择车辆	同上		在右上角"vehicle"选择"ch"
27. 启动 GPS 模块	同上	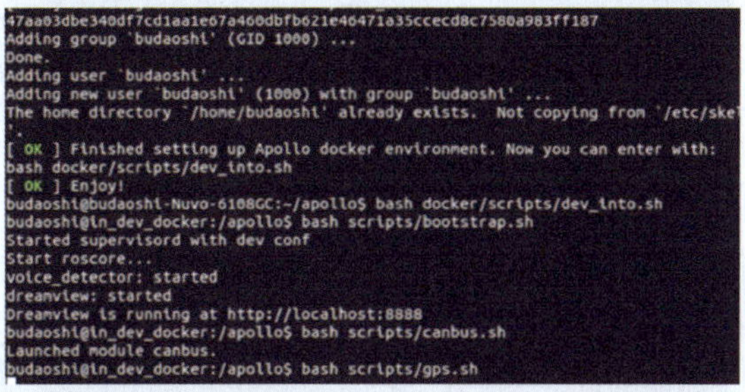	输入命令：bash script/gps.sh
28. 启动 localization 模块	同上	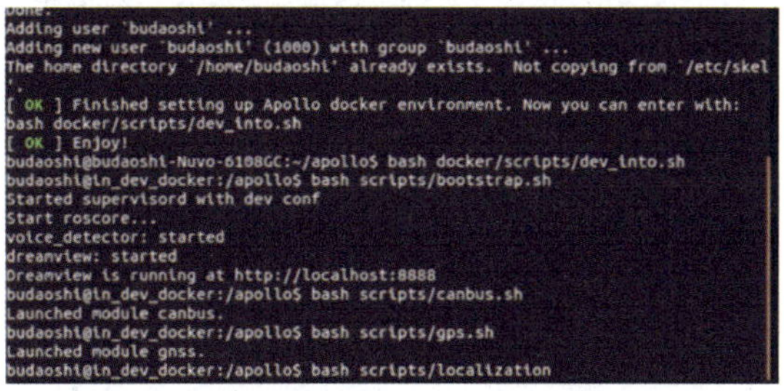	输入命令：bash script/localization.sh
29. 查看当前话题	同上	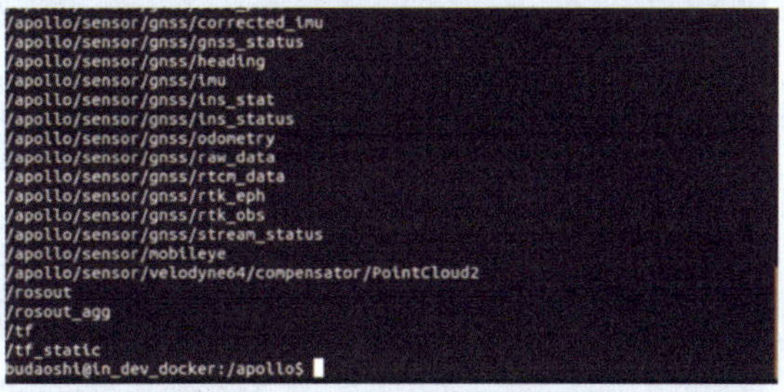	输入命令：rostopic list
30. 检查定位状态类型	同上	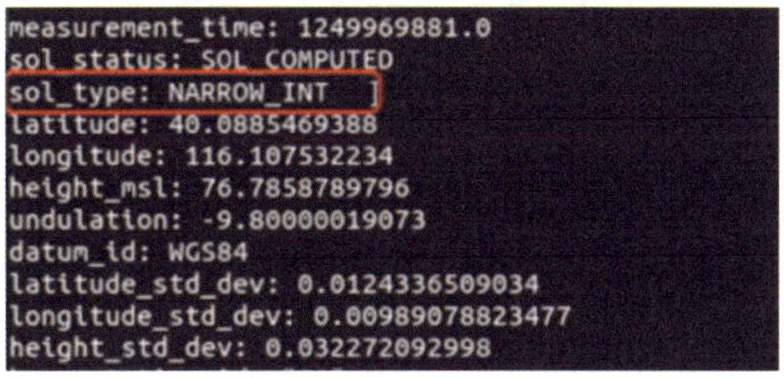	sol_type 为 NARROW_INT，输入命令：rostopic echo/apollo/sensor/gnss/best_pose
31. 将车辆遥控前进几米，再进行后退，然后检查定位输出	同上	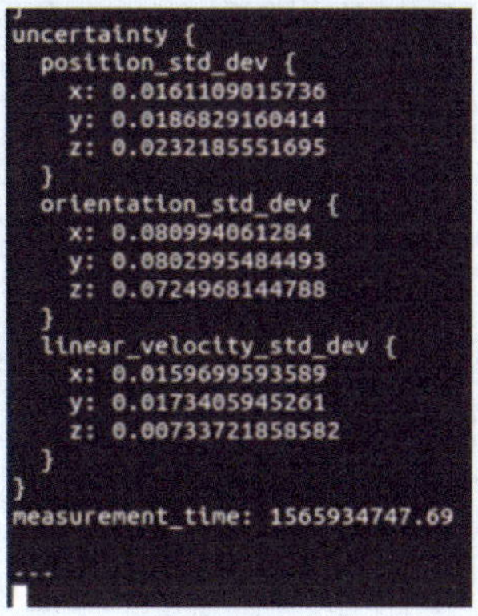	完成车辆遥控后，输入命令：rostopic echo/apollo/localization/pose，能看到不断刷新的定位数据

(续)

实施步骤	使用工具	图示	操作要点
32. 确定车辆已找到定位点	同上		Apollo 界面中出现车辆模型，界面中的车辆模型会随着遥控进行移动，车辆定位模块配置完成

（2）子任务 2　车辆动力学标定

实施步骤	使用工具	图示	操作要点
1. 进入 Linux 系统，启动 docker 环境	Apollo 自动驾驶开发套件	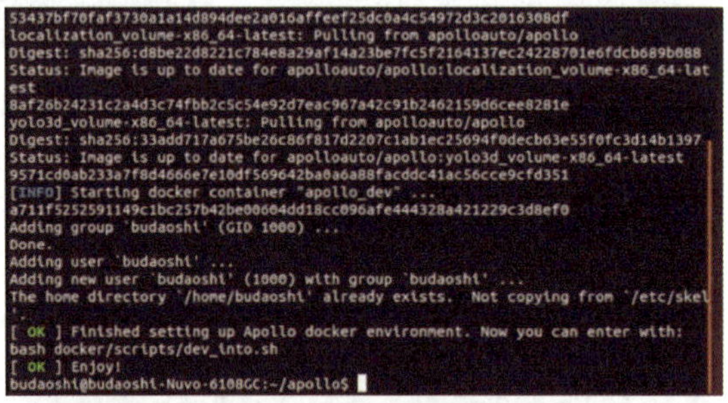	输入命令 cd apollo，进入 Apollo 的路径，然后输入 bash docker/scripts/dev_start.sh 启动 docker 环境
2. 进入 docker 环境	同上		输入命令：bash docker/scripts/dev_into.sh
3. 启动 canbus 模块	同上	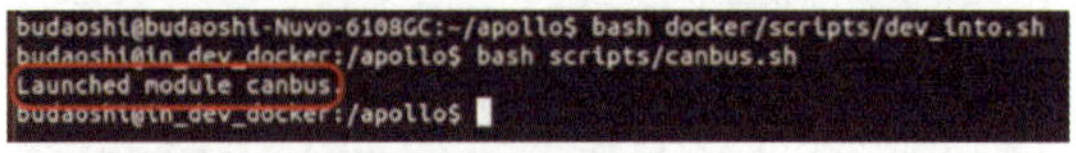	输入命令：bash scripts/canbus.sh
4. 启动 GPS 模块	同上	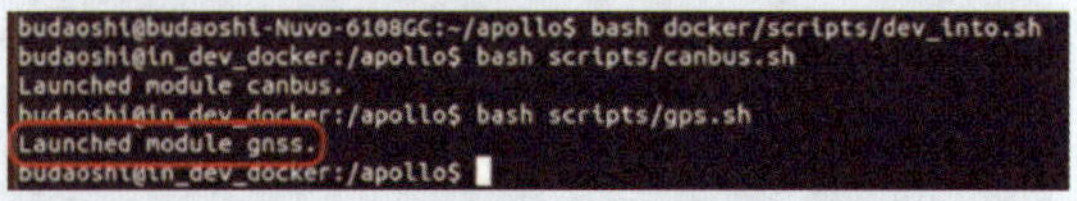	输入命令：bash scripts/gps.sh
5. 启动 localization 模块	同上	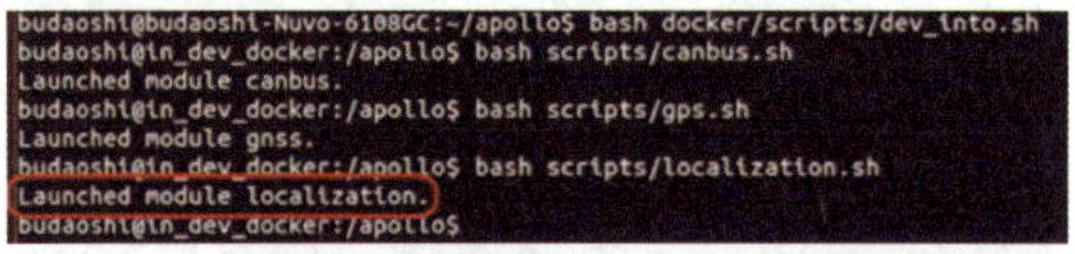	输入命令：bash scripts/localization.sh
6. 启动 roscore 模块	同上	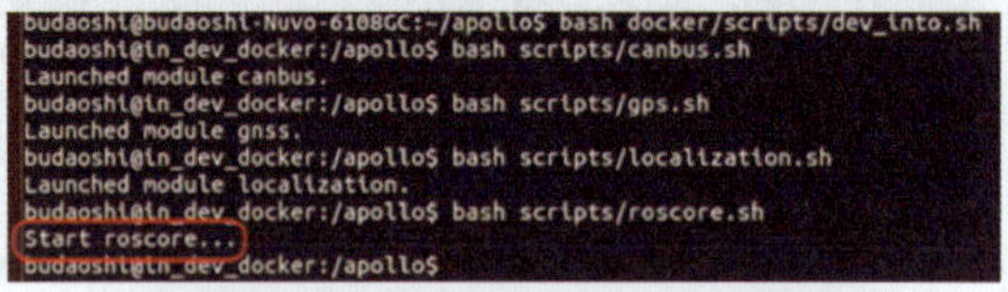	输入命令：bash scripts/roscore.sh
7. 检查 canbus 模块状态	同上	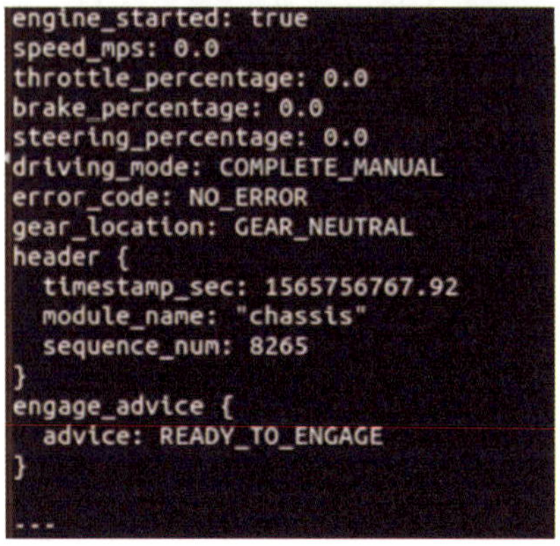	输入命令：rostopic echo /apollo/canbus/chassis，获取车辆底盘信息。若显示出底盘信息，则 canbus 模块运行正常

（续）

实施步骤	使用工具	图示	操作要点
8. 检查 GPS 模块状态	同上	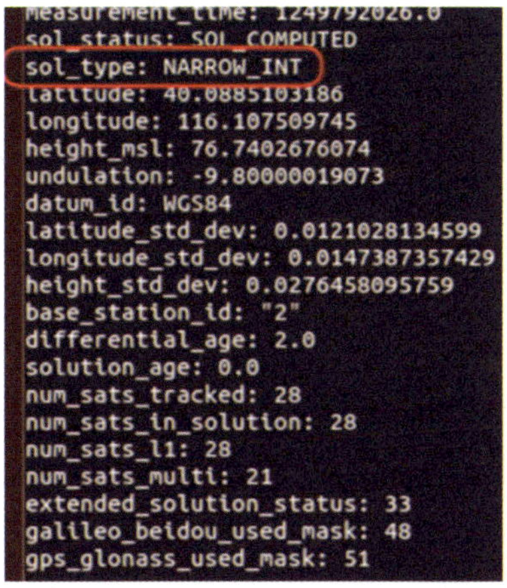 measurement_time: 1249792026.0 sol_status: SOL_COMPUTED sol_type: NARROW_INT latitude: 40.0885103186 longitude: 116.107509745 height_msl: 76.7402676074 undulation: -9.80000019073 datum_id: WGS84 latitude_std_dev: 0.0121028134599 longitude_std_dev: 0.0147387357429 height_std_dev: 0.0276458095759 base_station_id: "2" differential_age: 2.0 solution_age: 0.0 num_sats_tracked: 28 num_sats_in_solution: 28 num_sats_l1: 28 num_sats_multi: 21 extended_solution_status: 33 galileo_beidou_used_mask: 48 gps_glonass_used_mask: 51	输入命令：rostopic echo /apollo/sensor/gnss/best_pose，获取车辆位姿信息。若显示 sol_type 为 NARROW_INT，则 GPS 模块运行正常

9. 检查 localization 模块状态	同上	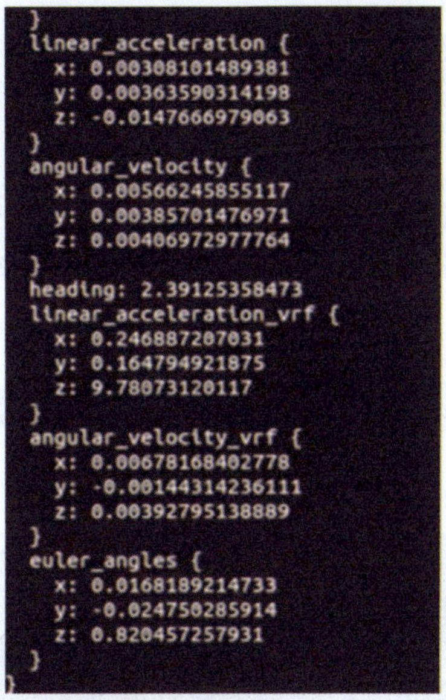 linear_acceleration {
		  x: 0.00308101489381
		  y: 0.00363590314198
		  z: -0.0147666979063
		}
		angular_velocity {
		  x: 0.00566245855117
		  y: 0.00385701476971
		  z: 0.00406972977764
		}
		heading: 2.39125358473
		linear_acceleration_vrf {
		  x: 0.246887207031
		  y: 0.164794921875
		  z: 9.78073120117
		}
		angular_velocity_vrf {
		  x: 0.00678168402778
		  y: -0.00144314236111
		  z: 0.00392795138889
		}
		euler_angles {
		  x: 0.0168189214733
		  y: -0.024750285914
		  z: 0.820457257931
		}
			输入命令：rostopic echo /apollo/localization/pose，获取车辆位置信息。若显示不断刷新的位置信息，则 localization 模块运行正常

10. 进入标定脚本执行目录	同上	 budaoshi@in_dev_docker:/apollo$ cd /apollo/modules/tools/calibration/ budaoshi@in_dev_docker:/apollo/modules/tools/calibration$ ls calibration_data_sample data_collector.py exp_02 plot_data.py plot_grid.py budaoshi@in_dev_docker:/apollo/modules/tools/calibration$	输入命令：cd /apollo/modules/tools/calibration
11. 为车辆选择空旷平直、无障碍物的场地，熟悉遥控器的指令	同上		遥控器中间为电源控制开关，左上为接管按钮，右上为急停开关，能够完成紧急制动
12. 熟悉通过车辆后侧的紧急按钮进行制动	同上		红色的紧急按钮位于车辆后侧的左上方，顺时针旋转可以解除紧急按钮

（续）

实施步骤	使用工具	图示	操作要点
13. 确保遥控器处于非接管车辆状态，运行标定执行脚本，开始车辆标定	同上		确保在目录 /apollo/modules/tools/calibration 下，然后输入命令：python data_collector.py
14. 根据提示输入 xyz 的值	同上	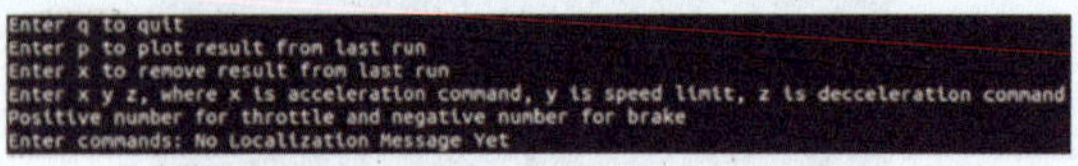	x：加速踏板开合度（百分比） y：车辆目标速度 z：制动踏板开合度（百分比），范例中输入的为：12, 1, -5 确保 z 为负值，否则车辆无法制动
15. 观察车辆的运动状态，继续输入指令	同上	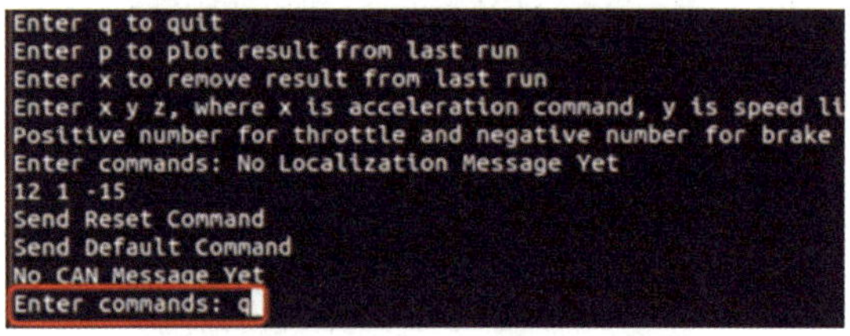	在输入完 xyz 值后，车辆会开始移动，当移动到设定的速度之后，会自动停止，然后输入命令：q，退出本次数据采集
16. 采集完成后，将车辆开回到起点，查看生成的数据	同上		输入命令：ls，查看是否生成 csv 文件
17. 重复标定测试，进行多次数据采集，获取不同标定结果	同上	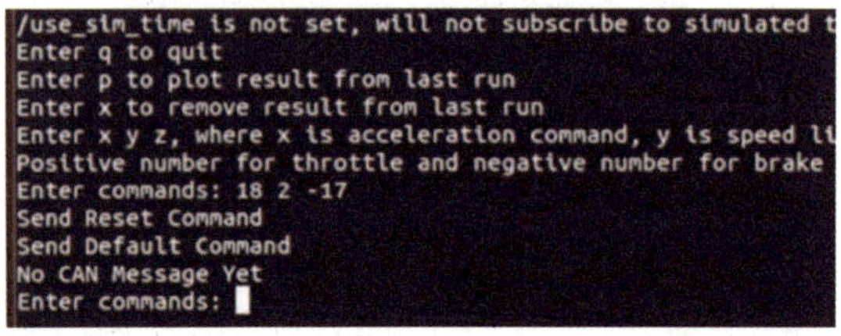	重复步骤 13、14、15、16，完成多次的标定数据采集，每次采集数据时输入不同的 xyz 值
18. 新建目录，存放标定数据	同上	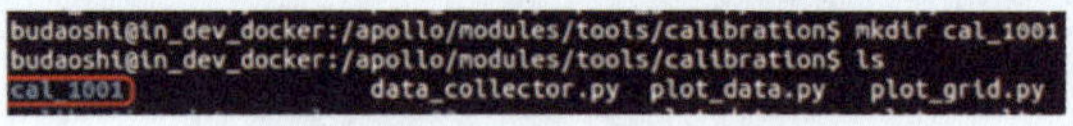	输入命令：mkdir cal_1001
19. 复制所有的数据文件到该目录下	同上		输入命令：cp*.csv./cal_1001/
20. 回到上级目录，执行数据处理脚本	同上	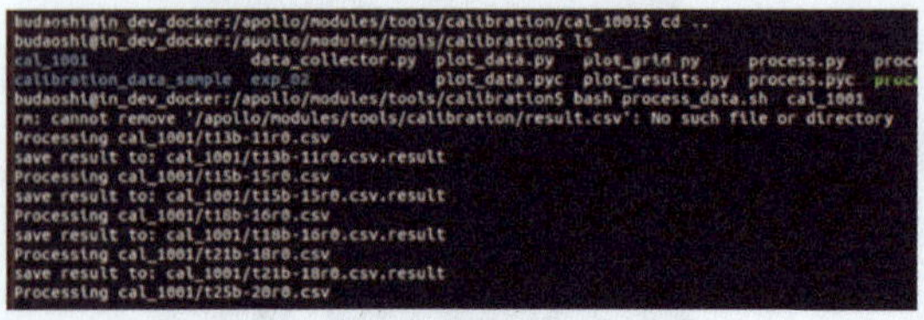	输入命令：cd..，然后输入命令：bash process_data.sh cal_1001，其中最后为存放数据的文件夹名字
21. 确认输出的标定数据处理结果文件	同上		输入命令：ls result.csv

（续）

实施步骤	使用工具	图示	操作要点
22. 通过脚本文件对标定数据处理结果进行图像可视化	同上	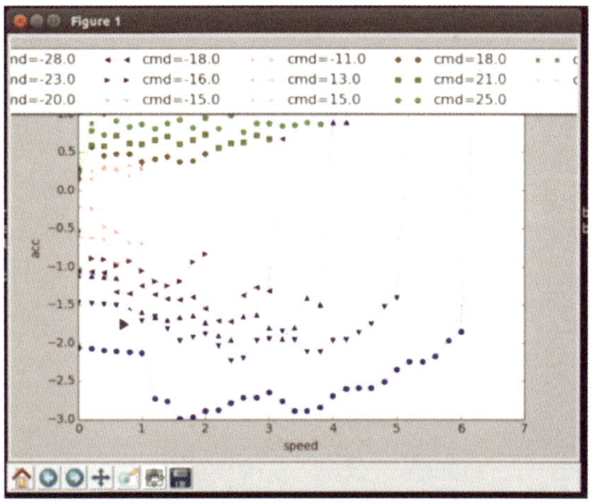	输入命令：python plot_results.py result.csv，查看生成的图像，横坐标为速度，纵坐标为加速度，通常理想的可视化结果得到的是平顺的曲线，曲线之间尽量没有交叉
23. 生成 protobuf 标定文件	同上	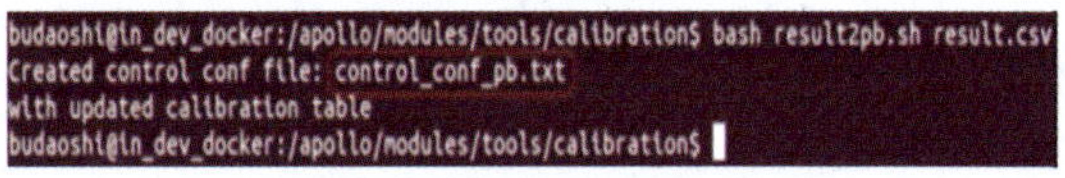	输入命令：bash result2pb.shresult.csv，control_conf_pb.txt 文件生成
24. 找到标定文件位置	同上		根据目录路径 /apollo/modules/calibration 找到文件
25. 打开标定文件，找到标定数据位置	同上	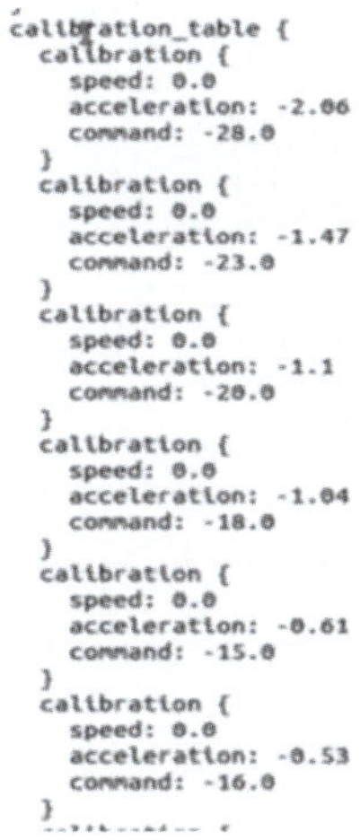	标定数据位置位于 lon_controller_conf 下 calibration_table 数据段
26. 删除无用数据	同上	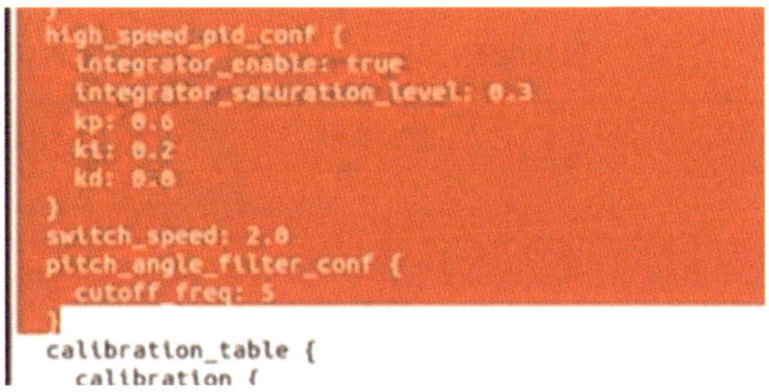	将 calibration_table 上面的数据删除

（续）

实施步骤	使用工具	图示	操作要点
27. 找到并复制 calibration_table 的整段数据	同上	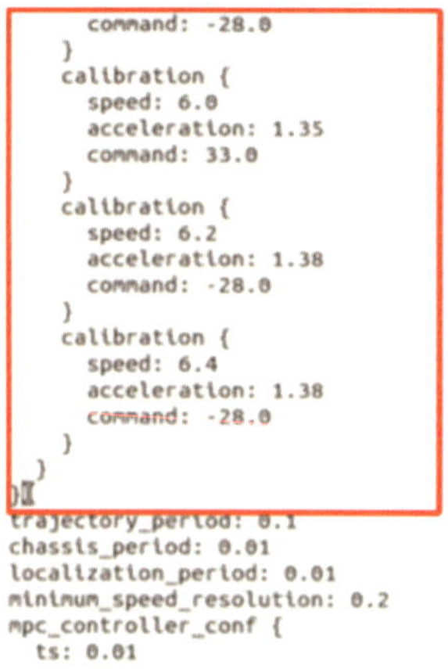 (calibration_table 数据末尾片段)	图为 calibration_table 数据段的末尾，将其前面的整段完整数据进行复制
28. 找到标定表文件	同上	 calibration_table.pb.txt	根据目录路径 /apollo/modules/calibration/data/ch 找到标定表文件
29. 打开标定表文件，对其 calibration_table 数据进行替换，然后保存文件，完成车辆标定	同上	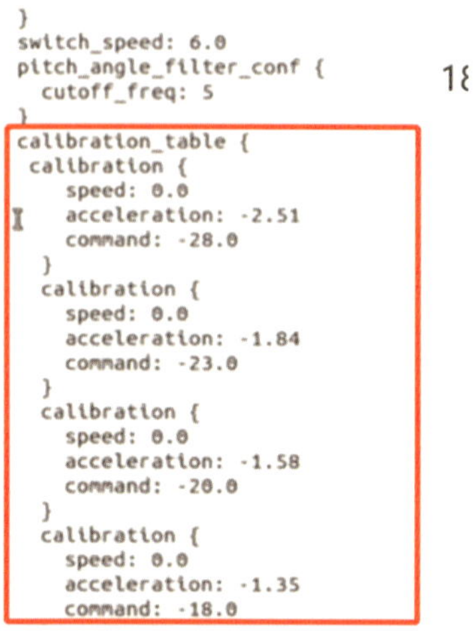 (calibration_table 数据段开头片段)	左图为 calibration_table 数据段的开头，找到整个数据段，选中然后粘贴，进行替换

任务评价

实车系统的决策规划操作评分标准

学生姓名：_____ 学生学号：_____ 操作用时：_____ min

序号	作业内容	配分	作业项目	分值	扣分	备注
1	Apollo 定位模块配置	40	□完成工控机与 M2 的连接配置	10		如有未完成的项目，根据情况酌情扣分
			□测试设备通信状态	10		
			□完成设备配置	10		
			□启动 Apollo 平台，检测车辆定位状态	10		

(续)

序号	作业内容	配分	作业项目	分值	扣分	备注
2	车辆动力学标定	40	□进入 Docker 环境，启动并测试各个模块状态	5		如有未完成的项目，根据情况酌情扣分
			□熟悉车辆紧急制动操作	5		
			□执行标定脚本，完成标定数据采集	10		
			□处理标定数据，生成标定文件	10		
			□替换标定文件数据，完成车辆标定	10		
3	设备归位	20	□整理设备并归位	20		
	合　计			100		

考核成绩：_____　　　　教师签字：_____

课后测评

一、选择题

1. （　　）不是现实世界中的轨迹规划需要满足的条件。

　A. 免于碰撞　　　　　　　　　　B. 让乘员感到舒适

　C. 速度平滑　　　　　　　　　　D. 完成 180° 转弯

2. 使用（　　）是对车辆进行位置描述的最佳选择。

　A. 笛卡尔坐标系　　　　　　　　B. Frenet 坐标系

　C. 三维坐标系　　　　　　　　　D. 雷达点云坐标系

3. 使用成本函数可以对路径进行评估并选择成本最低的路径，（　　）不是成本函数可能考虑的因素。

　A. 速度和曲率的变化　　　　　　B. 与障碍物的距离

　C. 车辆的质量　　　　　　　　　D. 与车道中心的偏离

二、判断题

（　　）1. 轨迹规划的目标是生成一系列路径点所定义的轨迹。

（　　）2. 路径、速度解耦规划将轨迹规划分为两步：路径规划、速度规划。

（　　）3. 为了将离散解决方案转换为平滑轨迹，可使用"二次规划"技术。二次规划可以将平滑的线性曲线与这些分段式线性段拟合。

（　　）4. 可以使用 S-T 图来进行速度规划，根据其他车辆随时间变化的位置对 S-T 图的部分区域进行阻挡。

（　　）5. 使用 Apollo 自动驾驶开发套件时，车辆自动驾驶过程中车轮来回摆动，可以通过修改 Planning 配置文件中的相关参数进行调整。

三、简答题

1. 简述使用 Apollo 自动驾驶平台实现基于摄像头的封闭园区自动驾驶搭建的操作过程。

2. 简述使用 Apollo 自动驾驶平台实现基于激光雷达的封闭园区自动驾驶搭建的操作过程。

3. 简述使用 Apollo 自动驾驶平台实现循迹搭建的操作过程。

项目六
计算平台执行器控制模块的测试

任务一　控制模块的原理与分析

任务导入

通过自动驾驶计算平台，可以控制车辆调用各种功能模块从而完成一系列的车辆自动驾驶任务。一名技术员想要从事自动驾驶计算平台的 CAN 总线控制调试以及线控底盘的调试工作，首先要熟悉自动驾驶计算平台的 CAN 总线工作原理以及线控底盘的原理。

任务分析

要完成本次任务，首先要对自动驾驶计算平台的控制模块有一定的认知，通过对"任务资讯"的学习，达到如下所列"知识目标"的要求。对自动驾驶计算平台的 CAN 总线和线控底盘原理有了一定的了解后，通过"任务实施"环节的实操演练，达成如下所列"技能目标"的能力。

知识目标	1. 掌握计算平台控制模块的工作原理 2. 掌握计算平台控制模块的基本作用
技能目标	1. 具有叙述计算平台控制模块工作原理的能力 2. 具有叙述计算平台控制模块基本作用的能力
素养目标	培养学生独立思考、科学严谨的工作态度

任务资讯

一、控制模块基本工作原理

1. CAN 总线

在控制模块中，各个硬件与软件之间通过 CAN 总线进行交互与传输。CAN（Controller Area Network，控制局域网络）是德国 Bosch（博世）公司从 20 世纪 80 年代初，为解决现代汽车中众多的控制与测试仪器之间的数据交换问题而开发的一种串行数据通信协议。CAN 总线（图 6-1）就像公共汽车一样可以传输大量的数据信息。不同的控制器并联挂接在总线上，任何节点都可以接收总线上其他节点发送的信号；为了提高信号抗干扰能力，两根 CAN 线（通常称为 CAN-H 线和 CAN-L 线）两端有 120Ω 电阻。

CAN 网络通常由 N 个节点组成，节点间呈总线式连接，每一个节点必须包含 CAN 收发器、CAN 控制器、主控制 CPU。常见的 CAN 通信速率为 500kbit/s、125kbit/s，即低速容错 CAN 和高速 CAN，二者具有不同的物理特性，如图 6-2 所示。

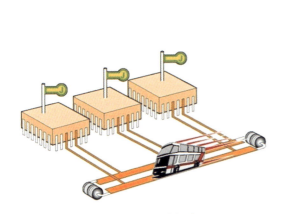

图 6-1　CAN 总线概念图

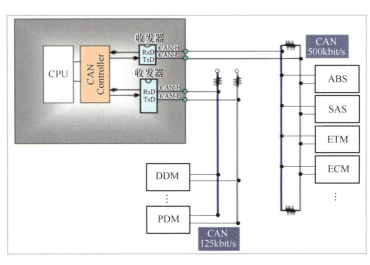

图 6-2　CAN 通信网络

CAN 总线的作用是将整车中各种不同的硬件设备连接起来，实现设备之间的信息传输与交互，并减少整车线束数量，如图 6-3 所示。

图 6-3　CAN 总线与硬件设备连接

CAN 通信的传输速度可分为低速和高速。低速 CAN 的定义为 CAN-H 或 CAN-L 仅有一根断开时，仍可正常通信，主要适用于对可靠性要求高的场合，如车身控制 CAN 网络通道，协议符合 ISO 11519-2 标准；高速 CAN 的定义为具有更高的数据吞吐能力，主要适用于实时性、数据传输量大的场合，如汽车动力系统 CAN 通道等，协议符合 ISO 11898 标准。在 OSI 参考模型中，ISO 11519-2 标准和 ISO 11898 标准数据链路层相同，但是物理层不同。物理层定义了 3 个子层，ISO 11519-2 标准和 ISO 11898 标准在 PMA 和 MDI 层次不同，如图 6-4 所示。

CAN 总线的工作原理跟其他总线一样，CAN 总线的通信是通过一种类似于"会议"的机制实现的。在会议中，会议的议题并不是由一个会议参加人员发起的，而是每一个会议参加人员都可以自由地提出会议议题。会议对应了 CAN 总线的局域网；会议参加人员对应了 CAN 总线的节点；会议议题对应了 CAN 总线的报文等，其对应关系如图 6-5 所示。

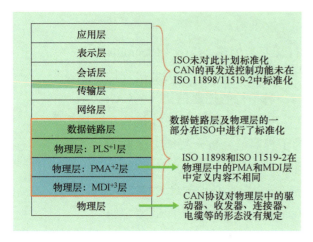

图 6-4　ISO 11519-2 标准和 ISO 11898 标准对应的物理层

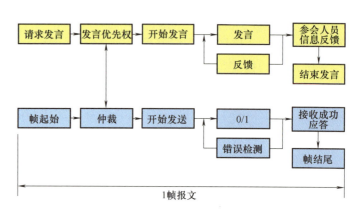

图 6-5　CAN 总线工作原理与会议对应关系

2. 车辆动力学模型

控制模块在控制车辆动力输出时，需要考虑车辆的动力学模型。一般车辆的动力学模型如图 6-6 所示，其开发的主要假设是点 A 和 B 处的速度分别沿着前轮和后轮的方向。换句话说，前轮处的速度方向与车辆的纵向轴线成一个角度。同样地，后轮的速度方向与车辆的纵向轴线形成一个角度。这相当于假设两个车轮处的"滑移角"为零，这是对车辆低速运动的合理假设（如速度小于 5m/s）。

点 P 是车辆的瞬时运动圆心，点 P 由垂直于两个转向轮的方位绘制的线 AP 和 BP 的交点限定。车辆路径的半径 R 由将重心 C 连接到瞬时运动圆心 P 的线 PC 的长度来定义，重心的速度垂直于线 PC。重心速度和车辆的纵向轴线的夹角称为车辆的滑移角 β；车辆的航向角为 ψ；车辆的行程角度是 $\gamma = \psi + \beta$。

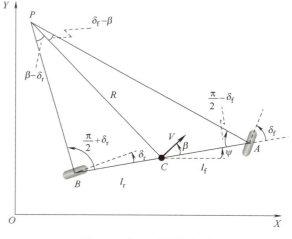

图 6-6　车辆动力学模型

对于三角形 PCA 有

$$\frac{\sin(\delta_\mathrm{f}-\beta)}{l_\mathrm{f}} = \frac{\sin\left(\frac{\pi}{2}-\delta_\mathrm{f}\right)}{R} \tag{6-1}$$

对于三角形 PCB 有

$$\frac{\cos\delta_\mathrm{r}\sin\beta-\cos\beta\sin\delta_\mathrm{r}}{l_\mathrm{r}} = \frac{\cos\delta_\mathrm{r}}{R} \tag{6-2}$$

根据式（6-1），可以得到

$$\frac{\sin\delta_f\cos\beta-\sin\beta\cos\delta_f}{l_f}=\frac{\cos\delta_f}{R} \tag{6-3}$$

根据式（6-2），可以得到

$$\frac{\cos\delta_r\sin\beta-\cos\beta\sin\delta_r}{l_r}=\frac{\cos\delta_r}{R} \tag{6-4}$$

式（6-3）两边乘以 $\dfrac{l_f}{\cos\delta_f}$ 可以得到

$$\tan\delta_f\cos\beta-\sin\beta=\frac{l_f}{R} \tag{6-5}$$

$$\sin\beta-\tan\delta_r\cos\beta=\frac{l_r}{R} \tag{6-6}$$

$$(\tan\delta_f-\tan\delta_r)\cos\beta=\frac{l_f+l_r}{R} \tag{6-7}$$

由于车辆速度低，假设车辆路径的半径变化缓慢，则车辆的行驶方向变化率（即 $\dot\psi$）等于车辆的角速度。由于车辆的角速度：

$$\dot\psi=\frac{V}{R} \tag{6-8}$$

结合式（6-7）和式（6-8）可以得到

$$\dot\psi=\frac{V\cos\beta}{l_f+l_r}(\tan\delta_f-\tan\delta_r) \tag{6-9}$$

动力学模型为

$$\dot X=V\cos(\psi+\beta) \tag{6-10}$$

$$\dot Y=V\sin(\psi+\beta) \tag{6-11}$$

$$\dot\psi=\frac{V\cos\beta}{l_f+l_r}(\tan\delta_f-\tan\delta_r) \tag{6-12}$$

模型中 3 个输入分别为 δ_f、δ_r、V。速度 V 是一个外部变量，可以假设为时变函数，或者可以从纵向车辆模型获得。式（6-5）乘以 l_r 减去式（6-6）乘以 l_f，可以得到滑移角 β 为

$$\beta=\tan^{-1}\left(\frac{l_f\tan\delta_r+l_r\tan\delta_f}{l_f+l_r}\right) \tag{6-13}$$

综上所述，可以得到车辆动力学模型参数，见表 6-1。

表 6-1 车辆动力学模型参数表

符号	术语	公式
X	全局坐标系 X 轴	$\dot X=V\cos(\psi+\beta)$
Y	全局坐标系 Y 轴	$\dot Y=V\sin(\psi+\beta)$
ψ	横摆角，车辆与 X 轴夹角	$\dot\psi=\dfrac{V\cos\beta}{l_f+l_r}(\tan\delta_f-\tan\delta_r)$
β	车辆滑移角	$\beta=\tan^{-1}\left(\dfrac{l_f\tan\delta_r+l_r\tan\delta_f}{l_f+l_r}\right)$

此模型仅考虑运动的几何学关系，适用于低速情况下前、后轮胎均没有滑移角（轮胎速度方向是沿着轮胎方向）的情况，不适用于车辆的高速运动（滑移角不可忽略）。

二、控制模块在自动驾驶中的基本作用

控制模块通过 CAN 总线来对车辆的各个软件与硬件进行信息传输与交互。图 6-7 所示为 Apollo 自动驾驶平台通信框架。该框架图介绍了自动驾驶中车辆各个模块所处的位置及功能，可以从中了解控制模块在流程中的作用。

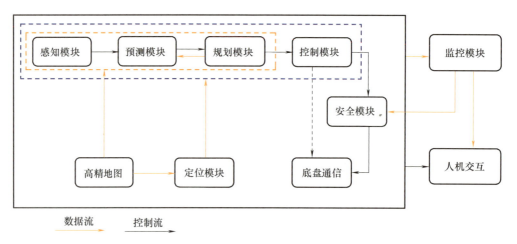

图 6-7　Apollo 自动驾驶平台通信框架

首先，感知模块把通过传感器采集到的环境信息根据控制指令传给预测模块，同时定位模块结合高精地图信息，将当前车辆在地图上的位置信息根据控制指令传给预测模块。然后，结合地图模块的数据调用规划模块，生成车辆的路径规划。最后，控制模块根据收到的路径规划指令调用车辆的底盘通信，完成车辆的路径规划过程。

图 6-8 所示为自动驾驶中与计算平台进行连接的传感器硬件架构。可以看到，大多数传感器（如激光雷达、摄像头、惯性测量单元）和外接硬件设备（如显示器、键盘、鼠标、路由器等）先与计算平台进行连接，然后计算平台通过 CAN 接口与车辆的底盘进行连接。计算平台与各个硬件设备进行连接，然后根据接收到的指令内容向各个单元发送指令，实现其功能。

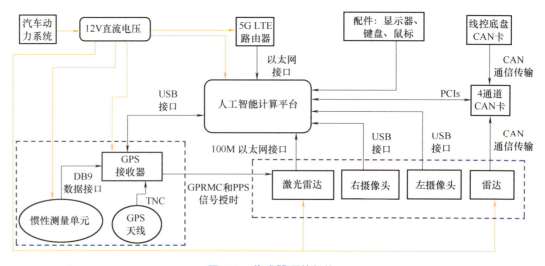

图 6-8　传感器硬件架构

三、底盘线控执行器原理

1. 底盘线控执行系统装配调试台架

底盘线控执行系统装配调试台架如图 6-9 所示，整个装配调试台架由线控控制器 N-Booster、线控转向机 EPS、线控驱动、线束、显示器、测试面板和机柜等模块组成。通过台架显示器上面的底盘线控上位机调试软件，可对底盘进行手动控制，例如，可以手动下发基本的前进、后退、左右转向等手动控制命令。

2. 计算平台装配调试台架

计算平台装配调试台架如图 6-10 所示，整个台架由测试面板、交换机、计算平台、显示器、机柜、线束模块等组成。计算平台装配调试台架可以通过线束与底盘线控执行系统装配调试台架进行通信，实现计算平台控制模块对底盘线控执行单元的实时控制和对底盘线控执行单元的故障检测功能。

3. Apollo 开发控制平台介绍

Apollo 自动驾驶实车中的硬件连接如图 6-11 所示，其中底盘包含了电机驱动器、制动模组、驱动电机、整车控制器等。

图 6-9　底盘线控执行系统装配调试台架

图 6-10　计算平台装配调试台架

图 6-11　Apollo 自动驾驶开发套件上装车体结构

其整车实车如图 6-12 所示。

4. Apollo 控制平台原理

（1）数据格式　Apollo 的各个模块是以组件形式存在的。组件之间利用数据通道进行通信。其中，最小的数据单元是由消息格式来定义的。组件、数据通道和消息格式定义见表 6-2。

1）组件。Apollo 的系统是由各个模块的组件组成的，每一个组件类似于一个功能件，一个模块（如定位、感知等）可以有多个组件。各个组件之间的通信是通过 Channel 来实现的。Channel 通信通道的具体数据格式由 Message 定义。

2）数据通道。Channel 是传输数据的通道，用于管理 CyberRT 中的数据通信。用户可以发布/订阅同一个 Channel 建立通信，实现点对点（P2P）通信。播放数据包之后，打开 CyberMonitor 工具并进入特定数据通道，可以看到，每个 Channel 中

图 6-12　Apollo 自动驾驶开发套件实车

都有 ChannelName、MessageType、FrameRatio、RawMessage Size 数据字段。各个数据字段的名称和描述见表 6-3。

表 6-2　组件、数据通道和消息格式定义

通信单元	定义
组件（Component）	在自动驾驶系统中，模块（如感知、定位、控制系统等）在 CyberRT 下以 Component 的形式存在，不同 Component 之间通过 Channel 进行通信，Component 概念不仅解耦了模块，还为将模块拆分为多个子模块提供了灵活性
数据通道（Channel）	用于管理 CyberRT 中的数据通信，用户可以发布/订阅同一个 Channel，实现 P2P 通信
消息格式（Message）	CyberRT 中用于模块之间数据传输的数据单元

表 6-3　数据字段定义

名称	描述	值
ChannelName	数据通道的名字	例如：/apollo/perception/obstacles
MessageType	通道内数据的数据类型	例如：apollo.perception.PerceptionObstacles
FrameRatio	数据更新频率	例如：10 Hz
RawMessage Size	原始数据的数据大小	例如：16863B

其中，MessageType 字段展现的数据格式是本 Channel 中使用的最小数据单元，由消息格式（Message）定义。示例中 apollo.perception.PerceptionObstacles 是数据通道 /apollo/perception/obstacles 的核心消息格式。

3）消息格式。Message 是 CyberRT 中用于模块之间数据传输的基本数据单元。Apollo 中，消息格式（Message）由 .proto 为后缀的文件定义。以 perception_obstacle.proto 文件定义的 PerceptionObstacles 消息格式为例：

```
1. message PerceptionObstacles {
2.     repeated PerceptionObstacle perception_obstacle = 1;  // An array of obstacles
```

```
3.    optional apollo.common.Header header = 2;
4.    optional apollo.common.ErrorCode error_code = 3 [default = OK];
5.    optional LaneMarkers lane_marker = 4;
6.    optional CIPVInfo cipv_info = 5;
7.  }
```

当一个消息格式（Message）由 .proto 文件定义好之后，其他模块均可以调用对应的消息格式。用户可以根据自身需求，任意创建新的消息格式。

消息格式主要分为两大类，即：

① 通用（Common）消息格式：各模块通用的消息格式，如定义时间的时间戳消息格式、错误代码消息格式。常用的通用消息格式见表6-4。

表 6-4　通用消息格式定义

文件	定义的数据内容	Message 定义
header	头信息	由 apollo.common.Header 定义
error_code	错误码	由 apollo.common.ErrorCode 定义

② 特定模块消息格式：各模块独有的消息格式。播放数据包并打开CyberMonitor 后，可以看到以下数据通道和对应的主消息格式。特定模块消息格式定义见表6-5。

表 6-5　特定模块消息格式定义

模块	数据通道	主消息格式
CANBUS 模块	/apollo/canbus/chassis	apollo.canbus.Chassis
控制模块	/apollo/control	apollo.control.ControlCommand
Guardian 模块	/apollo/guardian	apollo.guardian.GuardianCommand
人机交互模块	/apollo/hmi/status	apollo.dreamview.HMIStatus
定位模块	/apollo/localization/msf_gnss	apollo.localization.LocalizationEstimate
	/apollo/localization/msf_lidar	apollo.localization.LocalizationEstimate
	/apollo/localization/msf_status	apollo.localization.LocalizationStatus
	/apollo/localization/pose	apollo.localization.LocalizationEstimate
	/apollo/sensor/gnss/corrected_imu	apollo.localization.CorrectedImu
	/apollo/sensor/gnss/odometry	apollo.localization.Gps
监控模块	/apollo/monitor	apollo.common.monitor.MonitorMessage
	/apollo/monitor/system_status	apollo.monitor.SystemStatus
感知模块	/apollo/perception/obstacles	apollo.perception.PerceptionObstacles
	/apollo/perception/traffic_light	apollo.perception.TrafficLightDetection
规划模块	/apollo/planning	apollo.planning.ADCTrajectory
预测模块	/apollo/prediction	apollo.prediction.PredictionObstacles

（2）CANBUS 模块　/apollo/canbus/chassis 数据通道（channel）是 Apollo 系统的 CANBUS 模块输出的包含底层控制数据消息的通道。本任务介绍 /apollo/canbus/chassis 通道里各数据字段的含义。

1)/apollo/canbus/chassis 通道示例。可以通过 Cyber Monitor 工具查看数据包里的全部通道信息。

整个数据通道内的数据可以分为两部分：CyberRT 框架定义的元数据和通道对应的消息格式（Message）所定义的消息数据。

2）CyberRT 框架定义的元数据。该部分包括 ChannelName、MessageType、FrameRatio、RawMessage Size 数据字段，如下所示：

```
1. ChannelName: /apollo/canbus/chassis
2. MessageType: apollo.canbus.chassis
3. FrameRatio: 0.00
4. RawMessage Size: 527 Bytes
```

其中，MessageType 定义了当前通道对应的消息格式（Message）为 apollo.canbus.chassis。

3）消息格式（Message）定义的消息数据。该部分数据字段由 apollo.canbus.chassis 消息格式（Message）定义，如下所示：

```
1.  engine_started: 1
2.  engine_rpm: 0.000000
3.  speed_mps: 6.147222
4.  odometer_m: 0.000000
5.  fuel_range_m: 0
6.  throttle_percentage: 16.826124
7.  brake_percentage: 25.398642
8.  steering_percentage: 0.787234
9.  steering_torque_nm: -0.062500
10. parking_brake: 0
11. driving_mode: COMPLETE_AUTO_DRIVE
12. error_code: NO_ERROR
13. gear_location: GEAR_DRIVE
14. header:
15.     timestamp_sec: 1630995862.757138252
16.     module_name: canbus
17.     sequence_num: 953462
```

apollo.canbus.chassis 等消息格式（Message）定义的数据字段见表 6-6。

表 6-6　apollo.canbus.chassis 数据字段解释

数据名称	数据解释	Protobuf Message 定义
throttle_percentage	控制车身底层的加速踏板百分比	由 apollo.canbus.chassis 定义
brake_percentage	控制车身底层的制动百分比	由 apollo.canbus.chassis 定义
steering_percentage	控制车身底层的转向盘百分比	由 apollo.canbus.chassis 定义
gear_location	控制车身底层的档位	由 apollo.canbus.chassis 定义
driving_mode	自动驾驶状态	由 apollo.canbus.chassis 定义
header	头信息	由 apollo.common.Header 定义
error_code	错误码	由 apollo.common.ErrorCode 定义

在 CyberMonitor 工具中查看 /apollo/canbus/chassis 通道信息时，可以通过键盘的方向键 page down（Windows 系统）或 fn+ 下键（macOS 系统）查看下一页数据，通过键盘的方向键 page up（Windows 系统）或 fn+ 上键（macOS 系统）查看上一页数据。

（3）控制模块 /apollo/control 数据通道（channel）是 Apollo 系统的控制模块输出的包含控制数据消息的通道。本任务介绍 /apollo/control 通道里各数据字段的含义。

整个数据通道内的数据可以分为 5 部分：CyberRT 框架定义的元数据、通道对应的消息格式（Message）定义的消息数据、纵向控制算法 debug 数据信息、横向控制算法 debug 数据信息和控制算法输入数据信息。

1）CyberRT 框架定义的元数据。该部分包括 ChannelName，MessageType，FrameRatio，RawMessage Size 数据字段。

```
1. ChannelName: /apollo/control
2. MessageType: apollo.control.ControlCommand
3. FrameRatio: 0.00
4. RawMessage Size: 935 Bytes
```

其中，MessageType 定义了当前通道对应的消息格式（Message）为 apollo.control.ControlCommand。

2）消息格式（Message）定义的消息数据。该部分数据字段由 apollo.control.ControlCommand 消息格式（Message）定义。

3）纵向控制算法 debug 数据信息。此部分数据由 apollo.control.SimpleLongitudinalDebug 消息格式（Message）定义。

4）横向控制算法 debug 数据信息。此部分数据由 apollo.control.SimpleLateralDebug 消息格式（Message）定义。

5）控制算法输入数据信息。此部分数据由 apollo.control.input_debug 消息格式（Message）和 apollo.control.pad_msg 消息格式（Message）定义。

6）apollo.control.ControlCommand 消息格式（Message）定义的数据字段。见表 6-7。

表 6-7 apollo.control.ControlCommand 定义的数据字段

数据名称	数据解释	Protobuf Message 定义
ControlCommand	控制指令列表，列表中每个数据描述了下发底层的详细控制指令信息	由 apollo.control.ControlCommand 定义
header	头信息	由 apollo.common.Header 定义
error_code	错误码	由 apollo.common.ErrorCode 定义
throttle	加速踏板控制指令	由 apollo.control.ControlCommand 定义
brake	制动控制指令	由 apollo.control.ControlCommand 定义
steering_rate	转向盘转角变化率	由 apollo.control.ControlCommand 定义
steering_target	转向盘转角控制指令	由 apollo.control.ControlCommand 定义
acceleration	目标加速度控制指令	由 apollo.control.ControlCommand 定义
gear_location	目标档位控制指令	由 apollo.control.ControlCommand 定义

在 Cyber Monitor 工具中查看 /apollo/control 通道信息时，可以通过键盘的方向键 page down 进入下一页查看具体数据，通过键盘的方向键 page up 进入上一页查看具体数据。

任务准备

1. 工具、设备介绍

子任务模块	设备工具
子任务 1　Apollo Studio 系统调试	计算机
子任务 2　Apollo Sim Control 工具使用	计算机

2. 实操预演

第一步　通过资料链接，熟悉 Apollo Studio 系统调试步骤。

第二步　通过资料链接，熟悉 Apollo Sim Control 工具使用方法。

任务实施

1. 前期准备

为计算机配置网络，应能够正常登录 Apollo Studio 平台。子任务将在 Apollo Studio 平台上进行操作。

2. 实操演练

（1）子任务 1　Apollo Studio 系统调试

Apollo Studio 系统调试

实施步骤	使用工具	图示	操作要点
1. 登陆 Apollo Studio	计算机平台	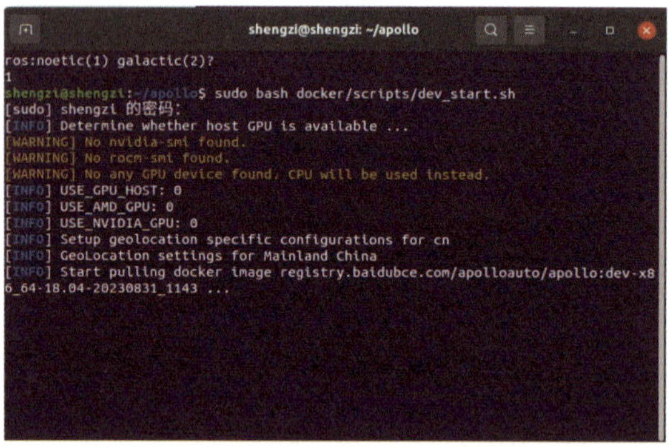	在 apollo 目录下输入以下命令启动 Apollo 环境容器 sudo bash docker/scripts/dev_start.sh
2. 进入 docker 容器	同上	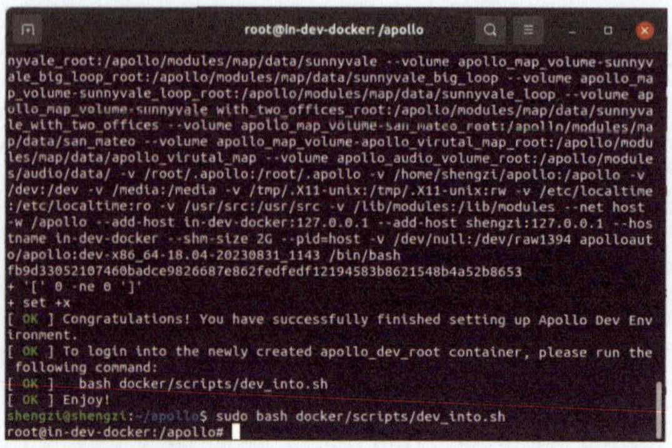	在 apollo 目录下输入以下命令进入容器 sudo bash docker/scripts/dev_into.sh

（续）

实施步骤	使用工具	图示	操作要点
3. 启动 Dreamview	同上	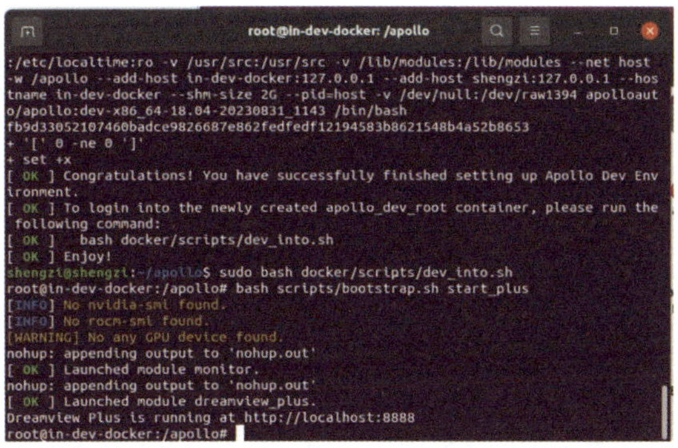	输入命令：bash scripts/bootstrap.sh start_plus，启动 Dreamview+，随后在浏览器中输入 localhost：8888 进入 Dreamview+ 界面
4. 播放数据包	同上	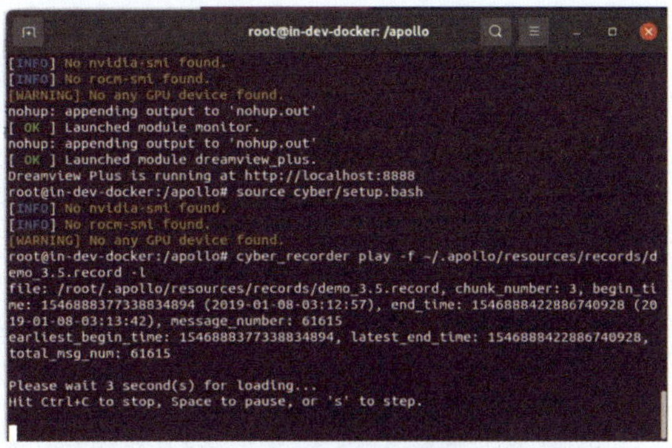	随后输入命令：source cyber/setup.bash cyber_recorder play -f ~/.apollo/resources/records/demo_3.5.record -l
5. 查看 HMI 画面	同上	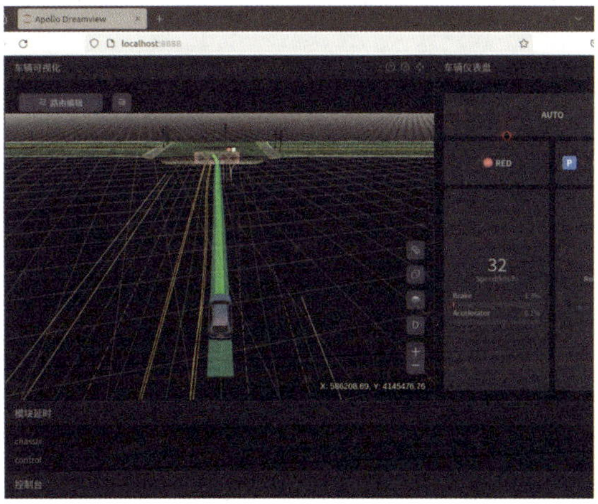	在输入命令完成后，可以在新打开的 Dreamview 页面中，查看 HMI 画面
6. 打开 cyber_monior	同上	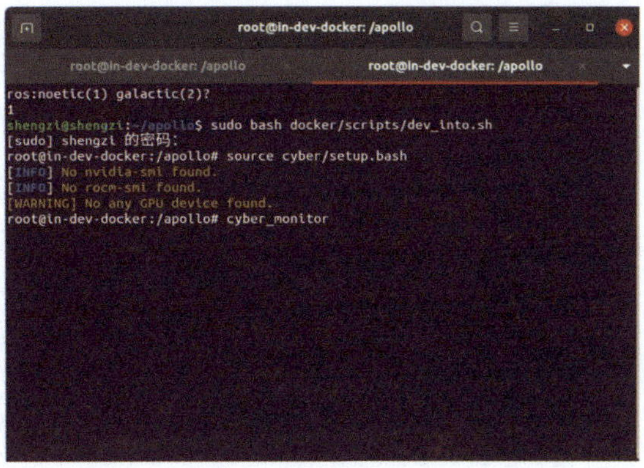	在终端输入命令：cyber_monitor

（续）

实施步骤	使用工具	图示	操作要点
7. 检查 channel 数据	同上	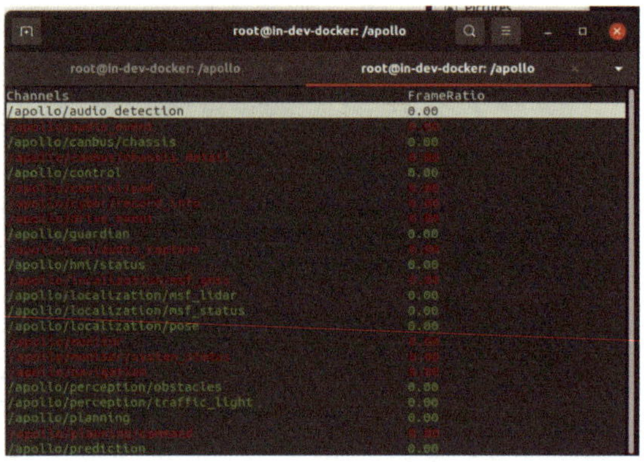	在终端输入命令完成后，可以监测到 channel 数据
8. 检查车辆感知障碍物信息	同上	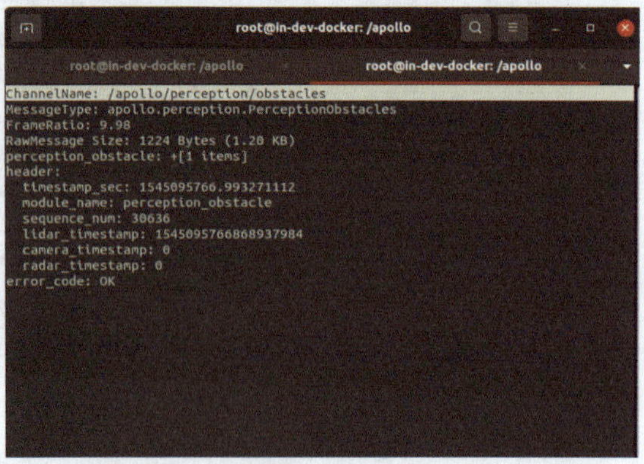	选择 /apollo/perception/obstacles 查看感知障碍物信息，可以用左键选择退回至工具初始界面
9. 检查车辆轨迹信息	同上	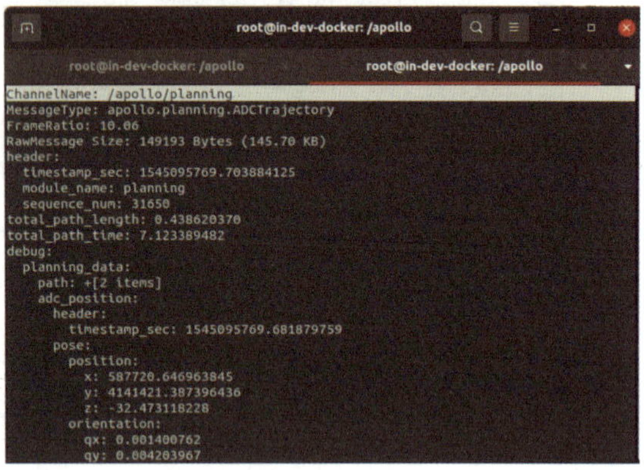	选择 /apollo/planning 查看规划轨迹信息，可以用左键选择退回至工具初始界面
10. 检查车辆状态信息	同上	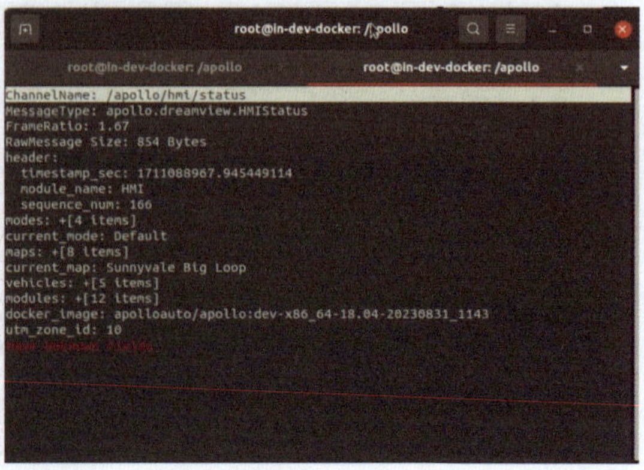	选择 /apollo/hmi/status 查看 HMI 信息，可以用左键选择退回至工具初始界面

（续）

实施步骤	使用工具	图示	操作要点
11. 结束项目	同上	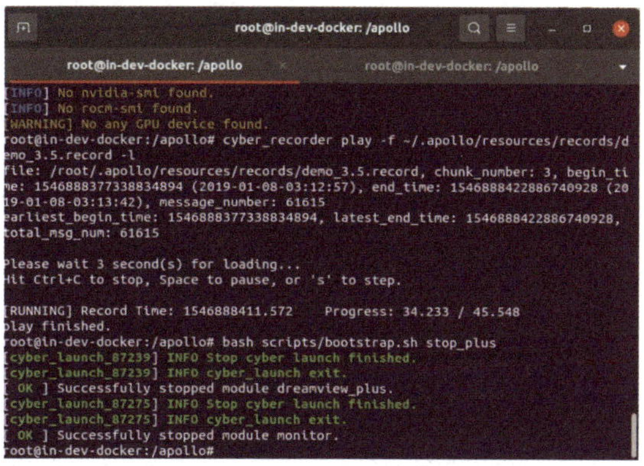	输入命令：bash scripts/bootstrap.sh stop_plug 关闭 Dreamview+

（2）子任务 2　Apollo Sim Control 工具使用

实施步骤	使用工具	图示	操作要点
1. 登陆 Apollo Studio，新建项目	计算机平台		登录 Apollo Studio，在左侧导航栏单击"实训平台"进入实训平台页面，单击"新建项目"，等待环境创建完成
2. 进入实训环境	同上		环境创建好之后，单击"进入项目"
3. 启动 Dreamview	同上		在终端输入命令：bash scripts/bootstrap.sh
4. 打开 Dreamview	同上		单击右上角"打开 Dreamview"，进入 Apollo 的可视化界面 Dreamview

Apollo Sim Control 工具使用

（续）

实施步骤	使用工具	图示	操作要点
5. 打开 Sim Control，选择模式、车型和地图	同上	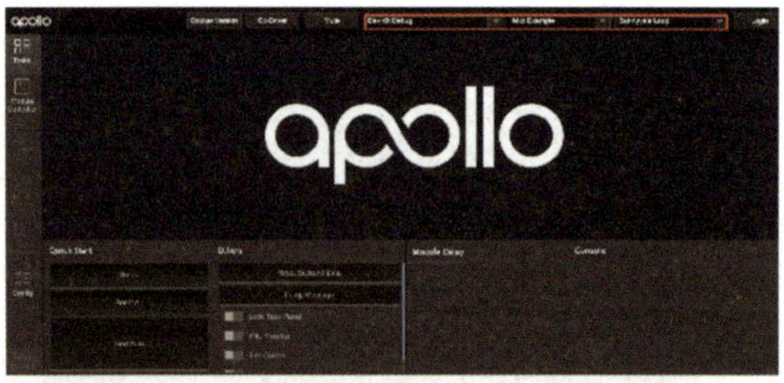	模式选择 Dev Kit Debug，车辆型号选择 MkzExample，地图选择 Sunnyvale Loop
6. 进入仿真模拟控制	同上	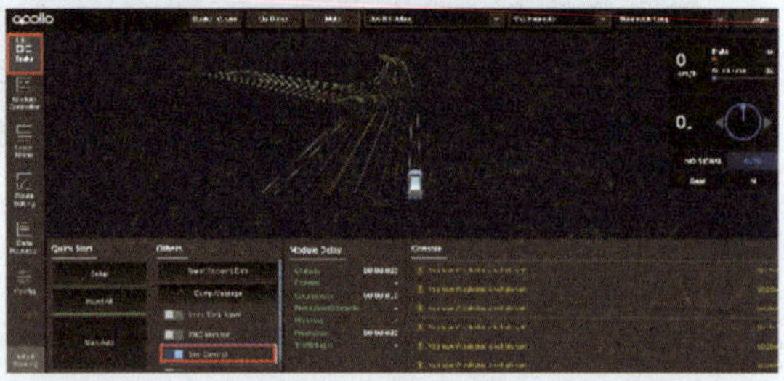	单击左侧 Tasks，在下方 Others 页签打开 Sim Control
7. 启动模块进程	同上	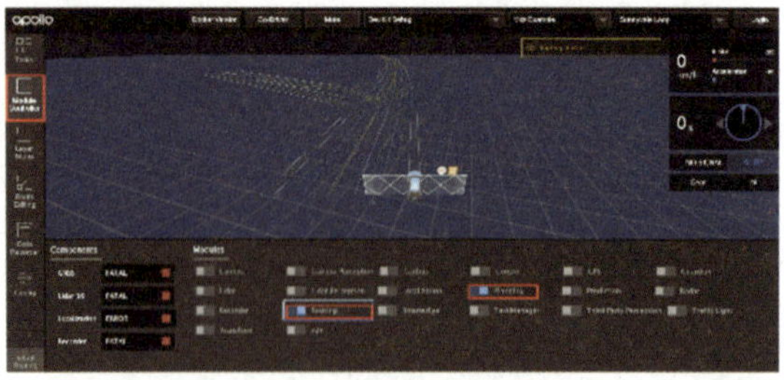	在选择好配置参数启动仿真模拟后，在"Module Controller"中选择需要调试的模块
8. 检查数据输出	同上	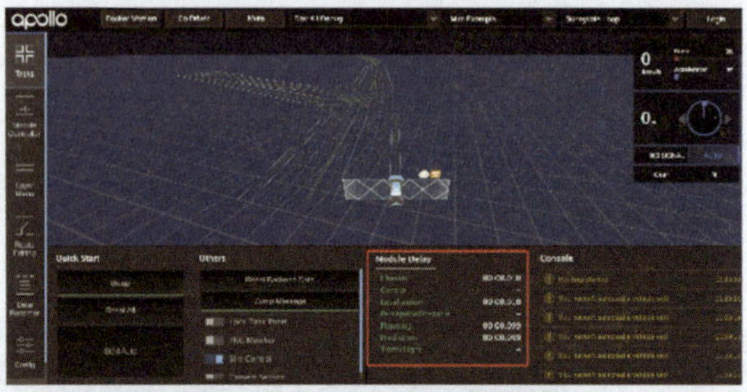	使用 Module Delay 中查看相应的模块是否有数据输出
9. 添加车辆行驶路径的起点和终点	同上	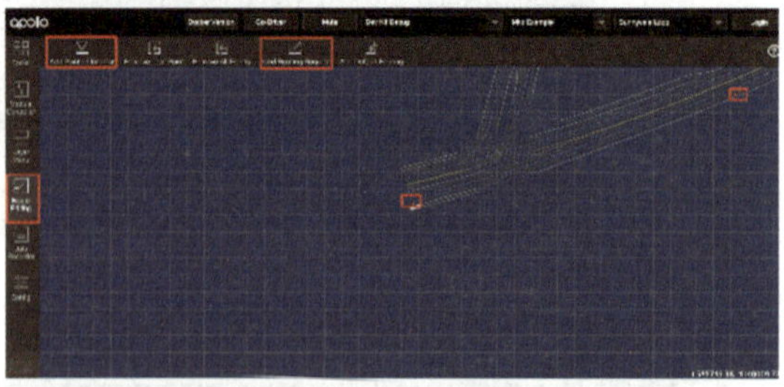	单击"Add Point of Interest"，在地图中选取一个起点，在车道线中选择一个终点作为目标点
10. 添加路径点	计算机	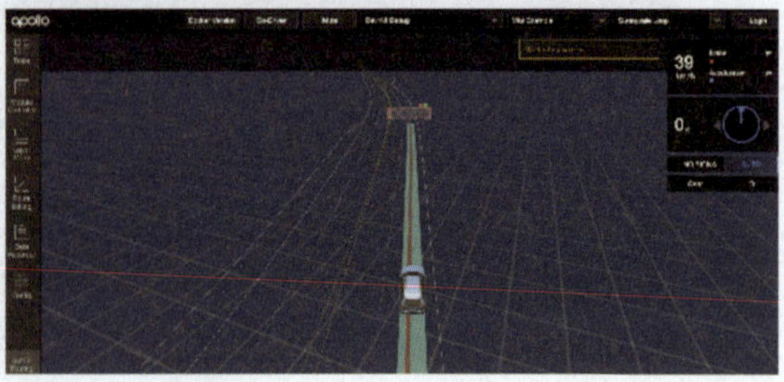	单击"Send Routing Request"，发送添加的路径点

（续）

实施步骤	使用工具	图示	操作要点
11. 调试 planning 模块中的车辆巡航速度	计算机	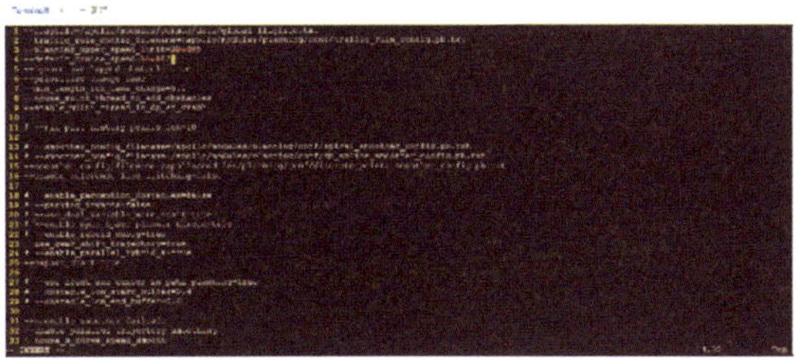	在代码 apollo/modules/planning/conf 找到配置文件 planning.conf
12. 重启 planning 模块	计算机	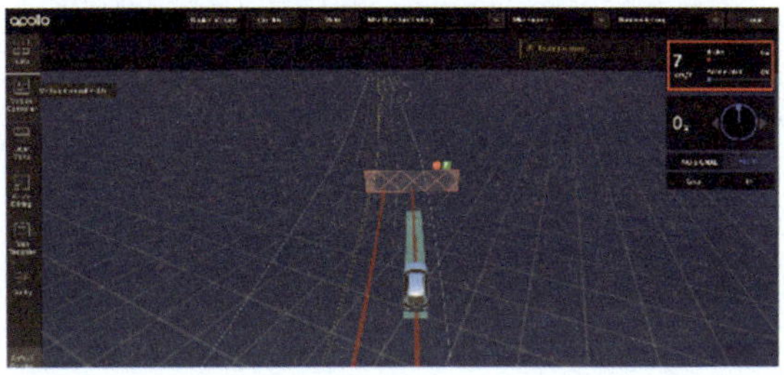	重新发送"routing request"查看车辆运行速度是否发生变化
13. 结束项目	计算机	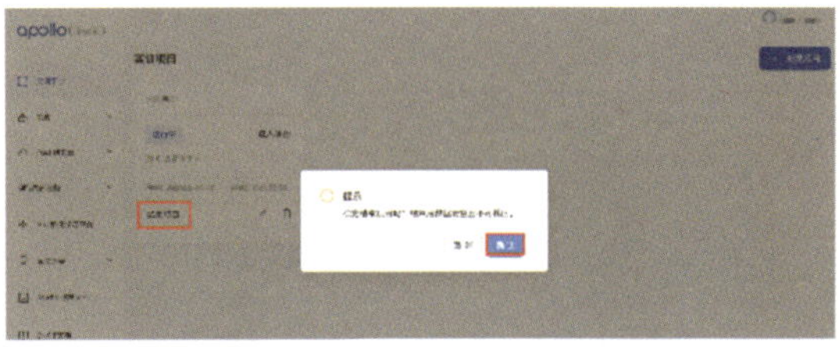	按住"Ctrl+C"，停止播放数据包，关闭 terminal，在实训平台页，单击"结束项目"，单击"确认"

任务评价

Apollo Studio 平台训练的操作评分标准

学生姓名：_____　　学生学号：_____　　操作用时：_____ min

序号	作业内容	配分	作业项目	分值	扣分	备注
1	Apollo Studio 系统调试	50	□登录 Apollo Studio	5		如有未完成的项目根据情况酌情扣分
			□进入实训平台，启动 Dreamview	5		
			□播放数据包，查看 HMI 画面	5		
			□检查 channel 数据	5		
			□检查惯导设备输入的 RTK 差分信息	5		
			□检查车辆感知障碍物信息	5		
			□检查车辆障碍物预测信息	5		
			□检查车辆规划轨迹信息	5		
			□查看系统日志	5		
			□结束项目	5		

(续)

序号	作业内容	配分	作业项目	分值	扣分	备注
2	Apollo Sim Control 工具使用	50	□登录 Apollo Studio	5		如有未完成的项目根据情况酌情扣分
			□进入实训平台，启动 Dreamview	5		
			□选择模式、车型和地图	10		
			□启动模块进程，检查数据输出	5		
			□添加车辆行驶路径	5		
			□调试 planning 模块中的车辆巡航速度	10		
			□重启 planning 模块，查看车辆运行速度	5		
			□结束项目	5		
			合 计	100		

考核成绩：_____　　　　教师签字：_____

课后测评

一、选择题

1. 目前常见的 CAN 通信速率是（　　）。

A. 100kbit/s　　B. 500kbit/s　　C. 1000kbit/s　　D. 2000kbit/s

2. （　　）不是 Apollo 平台提供的软件平台模块。

A. 感知模块　　　　　　　　　　B. 决策规划模块

C. 控制模块　　　　　　　　　　D. 电源模块

3. （　　）不是 Apollo 平台提供的硬件平台模块。

A. 激光雷达　　B. 计算平台　　C. 定位模块　　D. 惯性测量单元

二、判断题

（　　）1. CAN 总线传输的信号是广播发送，任何节点都可以接收总线上其他节点发送的信号。

（　　）2. CAN 通信中的 ISO11519—2 标准和 ISO11898 标准位于 OSI 模型中的物理层。

（　　）3. 通常情况下，针对车辆转向的动力学模型不适合车辆的高速运动。

（　　）4. 计算平台通过 CAN 接口与车辆的底盘进行连接，从而完成对车辆的动力控制。

（　　）5. 在使用 Apollo 自动驾驶套件时，可以使用 rostopic 命令查看传感器的数据输出状态。

三、简答题

1. 简述控制模块的工作原理。

2. 简述控制模块在自动驾驶中的基本作用。

3. 简述使用 Apollo Studio 平台播放离线演示包的过程。

任务二　控制模块的观测与调试

✅ 任务导入

通过自动驾驶计算平台，可以控制车辆调用各种功能模块从而完成一系列的车辆自动驾驶任务，在熟悉自动驾驶计算平台的 CAN 总线工作原理以及线控底盘的原理后，将开始计算平台与线控底盘车辆的控制调试工作，作为一名技术员如何完成自动驾驶计算平台与线控底盘的调试工作呢？

💻 任务分析

要完成本次任务，首先要对自动驾驶计算平台的控制模块有一定的认知，通过对"任务资讯"的学习，达到如下所列"知识目标"的要求。对自动驾驶计算平台与线控底盘有了一定的了解后，通过"任务实施"环节的实操演练，达成如下所列"技能目标"的能力。

知识目标	1. 掌握计算平台控制模块的调试工作 2. 掌握计算平台控制模块的装配工作 3. 掌握计算平台控制模块的故障检测方法
技能目标	1. 具有叙述计算平台中控制模块调试工作的能力 2. 具有叙述计算平台中控制模块装配工作的能力 3. 具有叙述计算平台中控制模块故障检测方法的能力
素养目标	培养学生一丝不苟、精益求精的工匠精神

◀ 任务资讯

一、计算平台控制模块的观测与调试

计算平台的控制模块能够基于规划和当前的汽车状态，使用不同的控制算法来生成舒适的驾驶体验，可以在正常模式和导航模式下工作。

1. 控制模块观测

在 Apollo 自动驾驶平台中，控制模块是整个自动驾驶软件系统中的执行环节。控制模块的目标是基于规划模块输出的目标轨迹和定位模块输出的车辆状态，生成转向盘、加速踏板、制动控制命令，并通过 CANBUS 模块传递给车辆底层执行器。简单而言，就是告诉车辆转向盘的转动角度、加速踏板的位置、制动力的大小。

控制模块由横向控制模块和纵向控制模块两个子模块组成。

横向控制模块根据规划模块的轨迹生成转向盘指令，如图 6-13 所示。

纵向控制模块根据规划模块的轨迹生成加速踏板、制动踏板指令，如图 6-14 所示。

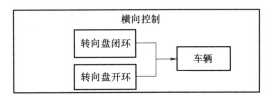

图 6-13　横向控制模块

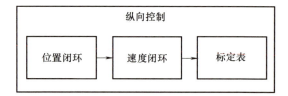

图 6-14　纵向控制模块

Apollo 控制模块的输入、输出对应的 channel 如图 6-15 所示。

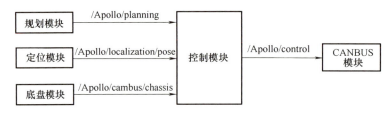

图 6-15　Apollo 控制模块的输入、输出对应的 channel

控制模块有 3 个输入 channel，1 个输出 channel，其说明见表 6-8 和表 6-9。

表 6-8　控制模块输入 channel 说明

channel 名称	输入输出	channel 说明
/Apollo/planning	输入	规划信息，自车规划的轨迹信息
/Apollo/localization/pose	输入	定位信息，自车的位置
/Apollo/canbus/chassis	输入	底盘信息，自车的转向盘、速度信息

表 6-9　控制模块输出 channel 说明

channel 名称	输入输出	channel 说明
/Apollo/control	输出	控制信息，转向盘角度、加速踏板位置、制动力大小

2. 控制模块调试

本任务介绍基于 DreamLand 的 Apollo 控制模块调试，主要包含横、纵向控制器参数整定方法。

（1）任务创建　登录 DreamLand，在仿真页面中申请仿真试用包，以启用仿真服务。

在 DreamLand 中新建任务，如图 6-16 所示。

新建任务后显示操作界面如图 6-17 所示。

根据需要选择相应的跑法、场景、代码库及分支、控制所需动力学模型。当前选择的是 pnc 跑法，选择直行场景、Apollo 代码库、master 分支、基于规则的动力学模型 echo_lincoln，如图 6-18 所示。

设置完成后，点运行即可让 Dreamland 利用开发者提供的 Git 分支的规划、控制等算法进行仿真测试。仿真结束后，可以在最终结果查看控制和规划算法在各个场景中的表现。

图 6-16　在 DreamLand 中新建任务

图 6-17　新建任务后的操作界面

图 6-18　设备任务参数

（2）Apollo 横向控制器调试　通过调节控制器参数可以达到用户想要的横向控制效果，横向控制器参数所在位置是 /apollo/modules/control/conf/control_conf.pb.txt。车辆的基础横向控制器调参步骤如下：

1）将 matrix_q 中所有元素设置为零。

2）增加 matrix_q 中的第 3 个元素。它定义了航向误差加权，以最小化航向误差。

3）增加 matrix_q 的第 1 个元素。它定义横向误差加权以最小化横向误差。

通过在横向控制器调参中列出的基本横向控制器调整步骤来调整系数，示例代码如下：

```
1. lat_controller_conf {
2.     matrix_q: 0.05
3.     matrix_q: 0.0
4.     matrix_q: 1.0
5.     matrix_q: 0.0
6. }
```

对于其他车型，首先更新车辆相关的物理参数，代码如下：

```
1. lat_controller_conf {
2.     cf: 155494.663
3.     cr: 155494.663
4.     wheelbase: 2.85
5.     mass_fl: 520
6.     mass_fr: 520
7.     mass_rl: 520
8.     mass_rr: 520
9.     eps: 0.01
10.    steer_transmission_ratio: 16
11.    steer_single_direction_max_degree: 470
12. }
```

通过上面列出的基本横向控制器调整步骤进行 Apollo 横向控制器的参数调整。

（3）Apollo 纵向控制器调试　纵向控制器由级联的 PID 控制器组成。该控制器包括 1 个位置控制器和 1 个具有不同速度增益的高速 / 低速控制器。Apollo 的纵向控制器调谐通过管理开环和闭环两种方式。

1）开环：基于校准表生成。

2）闭环：基于高速控制器→低速控制器→位置控制器的顺序。

通过调节控制器参数可以达到用户想要的纵向控制效果。纵向控制器参数所在位置是 /apollo/modules/control/conf/control_conf.pb.txt。

高 / 低速控制器的参数整定：

1）将 kp，ki 和 kd 的值设为 0。

2）开始增大 kp 的值，以减小阶跃响应对速度变化的上升时间。

3）增大 ki 的值，以降低速度控制器稳态误差。

高速控制器主要用于跟踪高于某一速度值的期望速度，参数整定示例代码如下：

```
1. high_speed_pid_conf {
2.     integrator_enable: true
3.     integrator_saturation_level: 0.3
4.     kp: 1.0
5.     ki: 0.3
6.     kd: 0.0
7. }
```

获得较高速度的相对准确的速度跟踪性能之后，就可以开始从起点调整低速 PID 控制器以获得一个舒适的加速率，示例代码如下：

```
1. low_speed_pid_conf {
2.     integrator_enable: true
3.     integrator_saturation_level: 0.3
4.     kp: 0.5
5.     ki: 0.3
6.     kd: 0.0
7. }
```

位置控制器参数整定：

Apollo 使用车辆的位置控制器来跟踪车辆轨迹基准与车辆位置之间的位置误差。一个位置控制器参数整定示例代码如下：

```
1. station_pid_conf {
2.     integrator_enable: true
3.     integrator_saturation_level: 0.3
4.     kp: 0.3
5.     ki: 0.0
6.     kd: 0.0
7. }
```

二、底盘线控执行系统装配调试

本任务介绍如何在 Apollo 内添加一辆符合 Apollo 标准的新车，方便用户设计符合 Apollo 线控要求的底盘系统，开发适配 Apollo 软件的底盘适配代码，构建快速接入 Apollo 软件的能力。

用户在适配一辆新车的 CAN 通信时，首先需要设计完成符合 Apollo 线控要求的底盘通信协议。这一部分就是根据 Apollo 线控列表构建一个车辆底盘信号的 DBC 文件，设计底盘相关接口定义、报文和信号与 DBC 一一对应。在完成了 DBC 文件设计后，根据 Apollo 提供的 DBC 转化代码工具，得到初版的 CANBUS 底层适配代码，然后添加相关车辆的控制逻辑，在 Apollo 内搭建车辆底层 chassis 信号及控制车辆信号。最后，通过 CANBUS 调试工具进行信号调试和验证，确保车辆的底盘信号与 Apollo 上层通信完全无问题。

1. 符合 Apollo 线控标准的车辆

（1）车辆 DBC　搭载 Apollo 系统的车辆，首先建立 Apollo 与车辆底层之间的通信，整车通过 CAN 总线进行各个控制器之间的通信。车辆需要开放一部分底盘信号，将这些信号配置成符合 Apollo 线控标准要求的 DBC 文件。Apollo 软件通过使用 canoe 软件的 CANdb++ 编辑生成的文件，处理底盘 DBC 文件生成底盘适配代码模板，即可将车辆开放的底盘信号适配至 Apollo 的软件中，实现 Apollo 与车辆底盘间的通信。

（2）DBC 线控标准详解　用户在开发车辆底盘控制信号时，需要参照 Apollo 官网车辆认证平台发布的车辆线控标准。车辆线控标准规定了车辆底盘信号的需求，也规定了每一帧控制信号在底盘的响应时间要求。车辆底盘信号不仅需要在功能上符合要求，也需要在性能上符合控制要求，这样才能符合 Apollo 的线控标准。

在实际开发 DBC 的过程中，每个信号定义的细节都有具体的要求，这样做即可节省开发者时间，又能提高车辆认证的效率，但需要开发者对每个信号重点理解和注意。Apollo 对车辆底盘信号的需求见表 6-10。

表 6-10　Apollo 对车辆底盘信号的需求

分类	功能	子功能	信号
横向控制	线控转向功能	转向控制信号	使能
			目标转向盘转角
			目标转向盘转速控制

（续）

分类	功能	子功能	信号
横向控制	线控转向功能	转向反馈信号	转向盘实际转角
			转向盘实际转速
			转向驾驶模式
			故障信息
		人工接管	转向盘转矩门限（乘用车／商用车）或转向指令覆盖
		越界处理	越界拒绝执行，并退出自动驾驶模式
纵向控制	线控驱动功能	驱动控制	使能
			目标加速踏板位置
			车辆目标纵向加速度
			车辆目标驱动转矩
		驱动反馈	驾驶模式
			加速踏板位置
			纵向加速度
			车速
			轮速
			发动机／电动机转速
			故障信息
		人工接管	加速踏板指令覆盖
		越界处理	越界拒绝执行，并退出自动驾驶模式
	线控制动功能	制动控制	使能
			制动踏板目标位置
			目标减速度
			制动灯控制
		制动反馈	当前驾驶模式
			制动踏板位置
			制动灯状态
			故障信息
		人工接管	制动踏板切换至人工接管
		越界处理	越界拒绝执行，并退出自动驾驶模式
	线控档位功能	档位控制	档位控制使能
			目标档位
		档位反馈	档位信息
			故障信息
	线控驻车功能	驻车控制	驻车控制使能
			驻车请求
		驻车状态反馈	EPB 开关状态
			驻车状态反馈
			驻车系统故障反馈

车辆的底盘控制是 Apollo 与底盘通信的基础，每一个控制信号都需要可靠和准确。人工接管和越界处理是保证在测试和使用时随时接管，确保突发情况发生时的行车安全。除了线控列表内对信号的详细要求外，开发者需要格外注意横向和纵向使能信号的独立、底盘接管逻辑等特殊要求。

（3）DBC 文件要求　熟悉了 Apollo 对车辆底盘信号的要求后，第 2 步是对车辆底盘信号 database（DBC）文件进行编辑，设置通信的网络结构，即每个信号的初值、符号类型、精度、大小、范围、取值等，进而组合成相应的 CAN 通信报文（message）与 Apollo 进行通信。CANdb++ 软件有较好的可视化界面，但目前只适用于 Windows 系统。根据 Apollo 代码要求，使用 CANdb++ 软件对 DBC 文件进行编辑，有以下注意事项：

1）控制信号名称建议为 ACU。在定义网络上 ECU 名称时，建议定义 Apollo 端的控制器名称为 ACU（Apollo Control Unit），如图 6-19 所示。

2）CAN 信号 ID 建议不大于 2048。目前，乘用车 CAN 通信建议采用标准帧格式（CAN Standard 2.0），Apollo 可支持扩展帧，如图 6-20 所示。

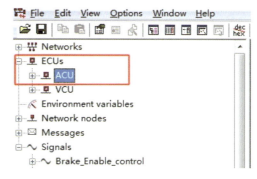

图 6-19　定义 Apollo 端控制器名称

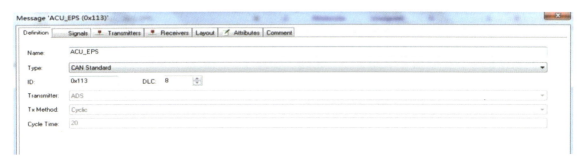

图 6-20　CAN 信号 ID 示例

3）注释不能有回车符和换行符，注释（comment）必须为英文。每帧报文如果有注释，注释内不要有换行，示例如图 6-21 所示。

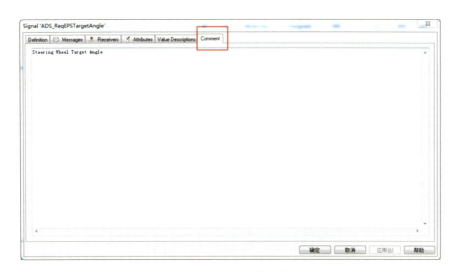

图 6-21　报文注释示例

4）枚举值（Value Description）需要使用英文，且不能有相同定义名称，必须为字母或字母和数字组合，不能有符号。

对于大部分状态反馈信号和控制信号，如档位反馈、驾驶模式反馈等，需要对信号进行定义，在信号定义的枚举值项内进行定义。档位反馈信号的枚举值定义如图 6-22 所示。

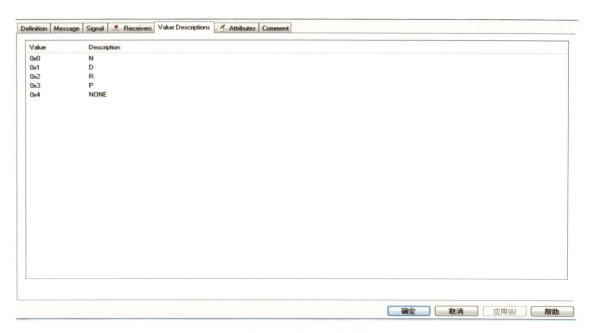

图 6-22　档位反馈信号的枚举值定义

5）反馈信号和控制信号中如车速、轮速、加速度、踏板位置（百分比）等 double 类型的反馈和控制信号在 DBC 枚举值项中必须为空。

对于实时数值反馈信号和数值控制信号，如车速（实际车速）、轮速反馈（实际轮速）、踏板控制（百分比）、转角控制（实际转角值）等，在定义枚举值项中不能加任何内容，如图 6-23 所示。

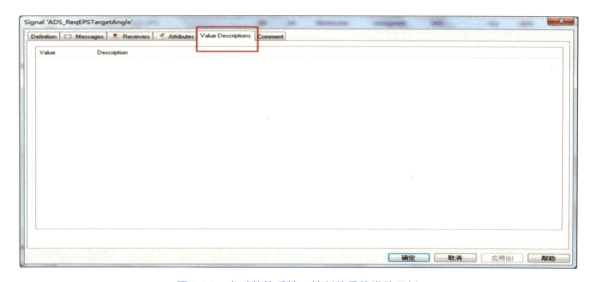

图 6-23　实时数值反馈、控制信号枚举值示例

6）在定义转向信号时，要填写准确的取值范围，如图 6-24 所示。注意控制转角的精度一般不高于 0.05deg，踏板百分比精度不高于 0.1。对于所有报文的 Byte Order，一个 DBC 内

的信号只能统一定义，全部是 Motorola 格式或者全部是 Intel 格式。

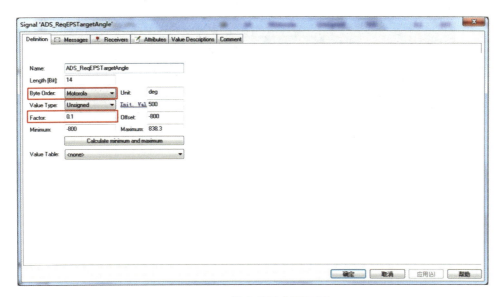

图 6-24　转向信号范围示例

2. 适配 CANBUS 代码

（1）DBC 文件转换　　CANBUS 适配代码可以使用 Apollo 的工具生成，在转换代码前，要保证 DBC 按照上述的 DBC 文件要求完成，并通过 gedit 打开 DBC 文件，另存转码为 UTF-8 格式保存。

1）将 DBC 文件放置在指定目录 apollo/modules/tools/gen_vehicle_protocol 下。

2）修改 DBC 转换脚本的配置文件：下面以 GE3 车型添加为例，在 apollo/modules/tools/gen_vehicle_protocol 目录下，复制默认存在的 mkz_conf.yml 文件并重命名为 ge3_conf.yml，修改该配置文件，如图 6-25 所示。

其中：

• dbc_file：填写对应的 DBC 文件名称。DBC 文件名称一般以车型名称命名，并以 .dbc 结束。

• protocol_conf：与上述 DBC 文件名称命名相同，填写 ge3.yml。

• car_type：填入车型名称。

• sender_list：[ ]：发送列表，这里默认为空。

图 6-25　DBC 配置文件修改

• sender：此处修改为与 DBC 内定义的 Apollo 的名称一致，ge3 的 DBC 内定义 Apollo 名称为 SCU。

3）完成 ge3_conf.yml 配置文件设置，启动 docker，进入 Apollo 的容器后，在 apollo/modules/tools/gen_vehicle_protocol 目录下，找到 DBC 转化工具 gen.py，执行以下代码：

```
1. cd modules/tools/gen_vehicle_protocol
2. python gen.py ge3_conf.yml
```

执行完成上述脚本后，终端内会显示生成控制协议 5 个，反馈协议 11 个，如图 6-26 所示。

图 6-26 控制协议与反馈协议数量显示界面

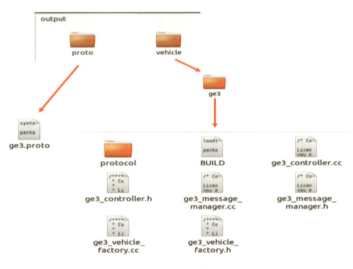

图 6-27 代码适配添加流程

这时在 apollo/modules/tools/gen_vehicle_protocol 目录下，会生成 1 个 output 文件夹，其中包含 2 个文件夹，proto 和 vehicle，如图 6-27 所示。

这两个文件内的代码内容就是要适配 CANBUS 的基本代码模板了，需要把文件内的代码拷贝到 Apollo 的 CANBUS 层，进行代码适配添加。

注意：把这个 output 文件夹内生成的代码模板拷贝至相应的 Apollo 目录后，要删除该文件夹。如果不删除该文件夹，后期编译 Apollo 时会报错。该文件夹有保护权限，可在 Apollo 的 docker 内执行删除代码：

```
1. rm -rf output/
```

（2）**适配车型代码**　下面以添加 ge3 车型为例，将该代码添加至 Apollo 内，如图 6-28 所示。

1）将 apollo/modules/tools/gen_vehicle_protocol/output/proto 文件夹内 ge3.proto 文件拷贝至 apollo/modules/canbus/proto 文件夹内，并在该文件夹内修改 chassis_detail.proto，在该文件头部添加头文件 import "modules/canbus/proto/ge3.proto"，如图 6-29 所示。

在 message ChassisDetail{} 结构体内的最后一行添加要增加的新车型变量定义：Ge3 ge3 = 21，如图 6-30 所示。

2）将 apollo/modules/tools/gen_vehicle_protocol/output/vehicle/ 内的 ge3 文件夹拷贝至 apollo/modules/canbus/vehicle/ 文件夹下，如图 6-31 所示。

（3）**实现新的车辆控制逻辑**　在 apollo/modules/canbus/vehicle/ge3/ge3_controller.cc 文件编写控制逻辑代码，主要包含将解析的底盘反馈报文的信息，通过 chassis 和 chassis_detail 广播出车辆底盘

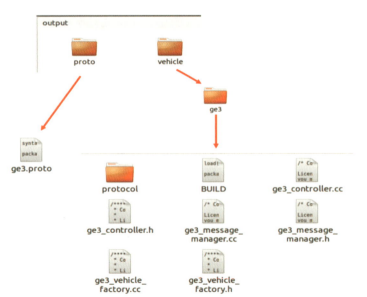

图 6-28 代码添加流程

信息。chassis 主要包括获取底盘的车速、轮速、发动机转速、踏板反馈、转角反馈等信息，chassis_detail 是每一帧报文的实际信息。

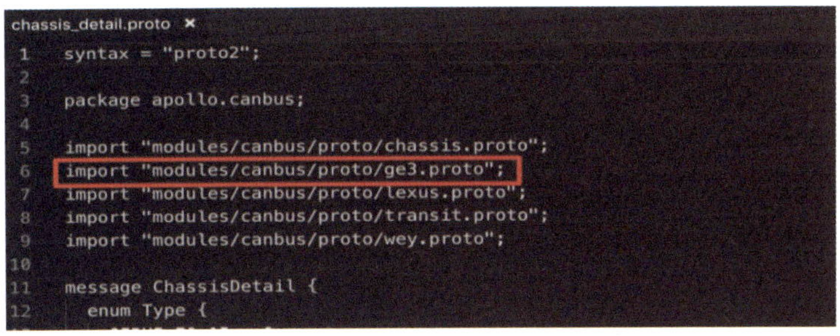

图 6-29　导入新模块代码添加位置 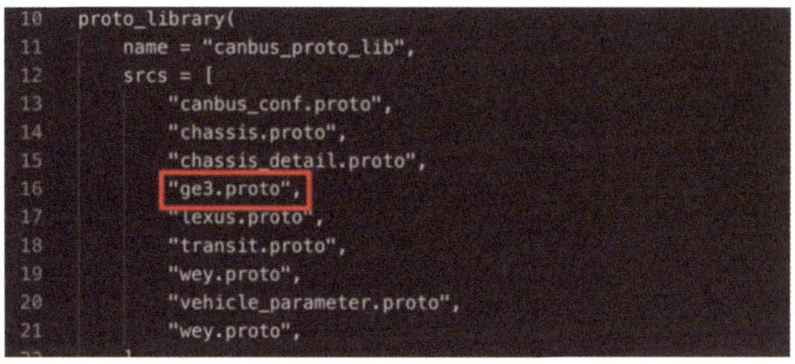　　　　图 6-30　ge3 车型代码添加位置

设置自动驾驶模式，编辑相关使能逻辑。在 Apollo 中，车辆的驾驶模式主要包含：

1）完全自动驾驶模式（COMPLETE_AUTO_DRIVE）：横向、纵向都使能。

2）横向自动驾驶模式（AUTO_STEER_ONLY）：横向使能，纵向不使能。

3）纵向自动驾驶模式（AUTO_SPEED_ONLY）：横向不使能，纵向使能。

添加控制信号的相关功能，必须要添加的控制信号包括车辆的加速踏板控制、制动踏板控制、转向控制和档位控制；其他控制信号包括前照灯控制、喇叭控制、转向灯控制、电子驻车制动控制。

图 6-31　apollo/modules/canbus/vehicle/ 文件夹目录

添加 CheckResponse 逻辑，Apollo 程序内增加了对车辆底层是否在自动驾驶模式的监控，即车辆横向、驱动、制动模块的驾驶模式反馈是否处于自动驾驶状态。如果在一个 CheckResponse 周期内，车辆某个驾驶模块反馈处于接管或者手动驾驶模式，则 Apollo 会控制车辆成为紧急停车模式，即各模块均控制为手动模式，确保车辆的安全。不同的车辆 CheckResponse 周期可能不同，需要开发者根据情况通过设置 retry_num 设定 check 周期。开发者可以不改原 check 代码方案，将 3 个驾驶模式反馈报文与 Apollo 内 chassis_detail 做映射：

1）is_eps_online-> 转向模式反馈信号。

2）is_vcu_online-> 驱动模式反馈信号。

3）is_esp_online-> 制动模式反馈信号。

在 apollo/modules/canbus/vehicle/ge3/protocol/scu_eps_311.cc 文件内，增加以下代码：

```
1. chassis->mutable_check_response()->set_is_eps_online(eps_drvmode
(bytes, length) == 3)
```

在 apollo/modules/canbus/vehicle/ge3/protocol/scu_vcu_1_312.cc 文件内，增加以下代码：

```
1. chassis->mutable_check_response()->set_is_vcu_online(vcu_drvmode
(bytes, length) == 3)
```

在 apollo/modules/canbus/vehicle/ge3/protocol/scu_bcs_1_306.cc 文件内，增加以下代码：

```
1. chassis->mutable_check_response()->set_is_esp_online(bcs_drvmode
(bytes, length) == 3)
```

（4）修改底盘车速反馈协议　Apollo 系统内默认使用的车速反馈量单位为 m/s，底盘车速信息对 Apollo 非常重要，在车辆标定、控制、规划等阶段都需要采集该数据，所以开发者要在开发适配代码时，重点检查车速反馈的单位。车速由 km/h 转化为 m/s 时，反馈车速的信号除以 3.6 即可。找到 ge3 车辆反馈车速的报文在文件 apollo/modules/canbus/vehicle/ge3/protocol/scu_bcs_2_307.cc 下，反馈车速消息为 Scubcs2307：：bcs_vehspd{}，如图 6-32 所示。

```
// config detail: {'description': 'Vehicle speed', 'offset': 0.0, 'precision':
// 0.05625, 'len': 13, 'name': 'bcs_vehspd', 'is_signed_var': False,
// 'physical_range': '[0|240]', 'bit': 39, 'type': 'double', 'order':
// 'motorola', 'physical_unit': 'km/h'}
double Scubcs2307::bcs_vehspd(const std::uint8_t* bytes, int32_t length) const {
  Byte t0(bytes + 4);
  int32_t x = t0.get_byte(0, 8);

  Byte t1(bytes + 5);
  int32_t t = t1.get_byte(3, 5);
  x <<= 5;
  x |= t;

  double ret = x * 0.056250 / 3.6;  // modified by 20181211 , change km/h to m/s
  return ret;
}
```

图 6-32　修改底盘车速反馈

（5）注册新车辆　在 modules/canbus/vehicle/vehicle_factory.cc 里注册新的车辆，在该文件内新建类，如图 6-33 所示。

```
void VehicleFactory::RegisterVehicleFactory() {
  Register(VehicleParameter::LINCOLN_MKZ, []() -> AbstractVehicleFactory * {
    return new LincolnVehicleFactory();
  });
  Register(VehicleParameter::GEM, []() -> AbstractVehicleFactory * {
    return new GemVehicleFactory();
  });
  Register(VehicleParameter::LEXUS, []() -> AbstractVehicleFactory * {
    return new LexusVehicleFactory();
  });
  Register(VehicleParameter::TRANSIT, []() -> AbstractVehicleFactory * {
    return new TransitVehicleFactory();
  });
  Register(VehicleParameter::GE3, []() -> AbstractVehicleFactory * {
    return new Ge3VehicleFactory();
  });
  Register(VehicleParameter::WEY, []() -> AbstractVehicleFactory * {
    return new WeyVehicleFactory();
  });
}
```

图 6-33　为新车辆在代码中新建类

添加头文件，如图 6-34 所示。

```
vehicle_factory.cc ×
 * http://www.apache.org/licenses/LICENSE-2.0
 *
 * Unless required by applicable law or agreed to in writing, software
 * distributed under the License is distributed on an "AS IS" BASIS,
 * WITHOUT WARRANTIES OR CONDITIONS OF ANY KIND, either express or implied.
 * See the License for the specific language governing permissions and
 * limitations under the License.
 *****************************************************************************/

#include "modules/canbus/vehicle/vehicle_factory.h"
#include "modules/canbus/proto/vehicle_parameter.pb.h"
#include "modules/canbus/vehicle/ge3/ge3_vehicle_factory.h"
#include "modules/canbus/vehicle/gem/gem_vehicle_factory.h"
#include "modules/canbus/vehicle/lexus/lexus_vehicle_factory.h"
#include "modules/canbus/vehicle/lincoln/lincoln_vehicle_factory.h"
#include "modules/canbus/vehicle/transit/transit_vehicle_factory.h"
#include "modules/canbus/vehicle/wey/wey_vehicle_factory.h"
```

图 6-34　添加头文件

添加 BUILD 依赖库。在 apollo/modules/canbus/vehicle/BUILD 文件内添加 ge3_vehicle_factory 依赖库，如图 6-35 所示。

图 6-35　添加依赖库

（6）更新配置文件　在 modules/canbus/proto/vehicle_parameter.proto 文件内添加 GE3 车辆分支，如图 6-36 所示。

在 modules/canbus/conf/canbus_conf.pb.txt 更新配置，改为 ge3 的 canbus 通信程序，如图 6-37 所示。

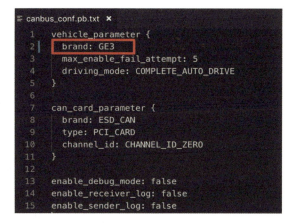

图 6-36　添加车辆分支　　　　　　　　　　图 6-37　更新车辆配置

三、底盘线控系统的通信故障检测方法

1. 查看传感器是否有数据输出

使用 rostopic 命令可以查看传感器的数据输出状态。例如，查看 HDL-64ES3 的输出，可以在终端中输入如下命令：

```
1. rostopic echo /apollo/sensor/velodyne64/VelodyneScanUnified
```

2. 查看车辆的定位状态

使用 Novatel 组合惯导为例,在终端中输入如下命令:

```
1. rostopic echo /apollo/sensor/gnss/ins_stat
```

找到"pos_type"字段,若该字段的值为 56,则表示进入了良好的定位状态,可以用于标定。若不为 56,则无法获得可靠的标定结果。

3. 进行车辆质检

目前质检主要是通过人工来完成的。标定完成后,页面会提供标定过程中拼接得到的点云。若标定结果良好,会得到锐利和清晰的拼接点云,可反映出标定场地的细节。通常质检的参照物有平整的建筑立面、路灯、电线杆、路沿等。若标定质量较差,则会使拼接点云出现一些模糊、重影的效果。图 6-38 和图 6-39 所示是两张不同标定质量的拼接点云。

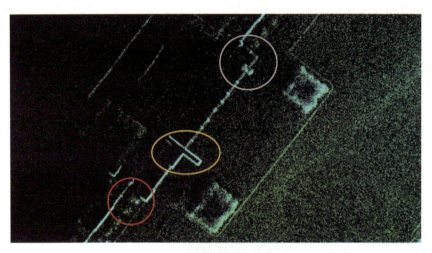

图 6-38 高质量的标定结果

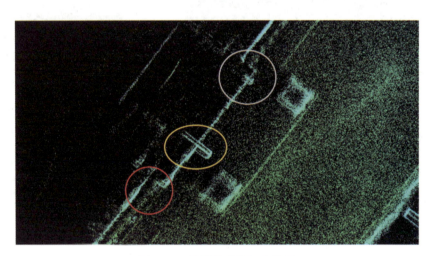

图 6-39 质量较差的标定结果

4. 解决标定程序权限错误

Output path 需要 write 权限来创建文件夹以及保存标定结果,若缺少相关权限,则会出现如下错误:

```
terminate called after throwing an instance of 'boost::filesystem::filesystem_error'
what():  boost::filesystem::create_directories: permission denied: "***"
```

通过输入以下命令，可为 Output path 添加 write 权限：

```
1. sudo chmod a+w /apollo/modules/calibration/data/mkz8 -R
```

5. 解决执行 sensor_calibration.sh 时出现的权限错误

Log 存储文件夹需要 write 权限来创建日志，若缺少相关权限，则会出现如下错误：

```
tee:/apollo/data/log/***.out: permission denied
```

通过输入以下命令，可为脚本添加 write 权限：

```
1. sudo chmod a+x /apollo/data/log
```

任务准备

1. 工具、设备介绍

子任务模块	设备工具
子任务 1　车辆控制评测分析云服务应用	计算机
子任务 2　车辆动力学云标定	计算机

2. 实操预演

1）通过资料链接，熟悉车辆控制评测分析云服务应用。

2）通过资料链接，熟悉车辆动力学云标定。

任务实施

1. 前期准备

为计算机配置网络，能够正常登录 Apollo Studio 平台，子任务将在 Apollo Studio 平台上进行操作。

2. 实操演练

（1）子任务 1　车辆控制评测分析云服务应用

实施步骤	使用工具	图示	操作要点
1. 记录数据包，并对数据进行检查	计算机平台		输入命令：cyber_recorder info xxxxxx.record.xxxxx，检查采集数据内是否存在上述 channel 的数据

(续)

实施步骤	使用工具	图示	操作要点
2. 上传数据之前，确保文件夹格式要求正确	同上	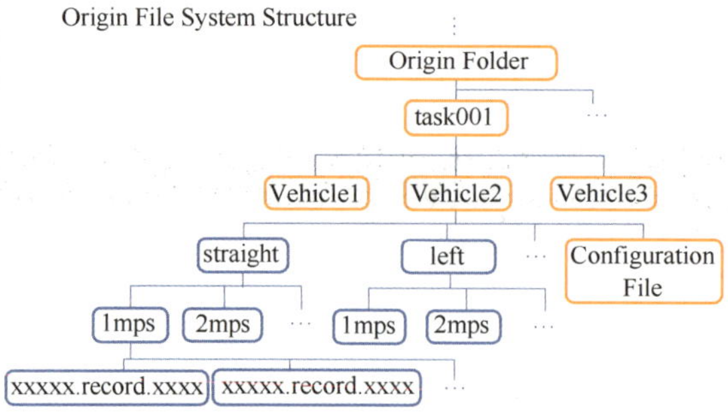 Origin File System Structure 文件夹结构图：Origin Folder → task001 → Vehicle1/Vehicle2/Vehicle3；Vehicle1 → straight → 1mps, 2mps → xxxxx.record.xxxx；Vehicle2 → left → 1mps, 2mps → xxxxx.record.xxxx；Vehicle3 → Configuration File	将数据按照如左图所示的文件夹结构进行放置
3. 进入 Apollo 云服务任务页面	同上	 Apollo仿真开发平台页面截图	登录 Apollo 仿真开发平台，在左侧框中选择 Apollo Fuel →任务
4. 新建任务	同上	 任务列表页面截图	单击"新建任务"
5. 选择控制评测	同上	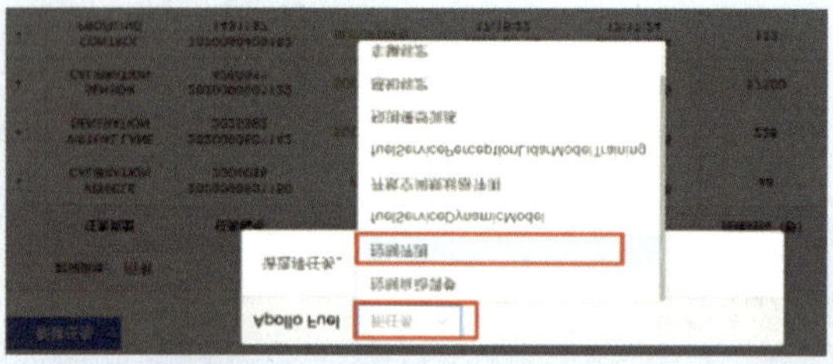 下拉框选择页面截图	在下拉框内选择"控制评测"
6. 输入数据路径	同上	 输入数据路径页面截图	输入相应要评测的数据路径，在输入数据路径中填写到根目录
7. 获取评测结果	同上	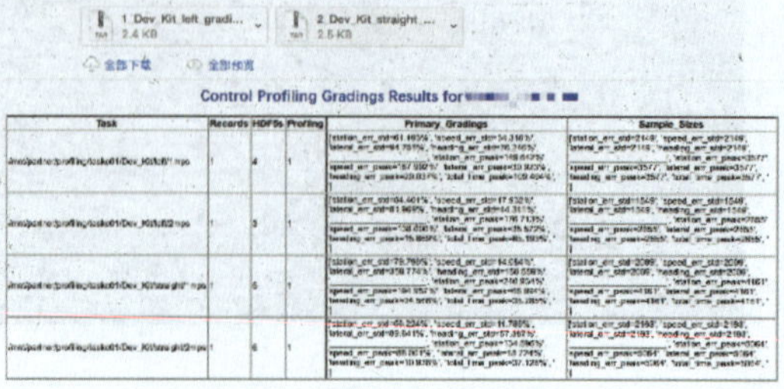 Control Profiling Gradings Results 结果页面截图	通过注册账号的邮箱可以收到评测结果

（2）子任务 2　车辆动力学云标定

实施步骤	使用工具	图示	操作要点
1. 将车辆移动至适合标定的场地，启动 Apollo，选择模式与车型	计算机平台	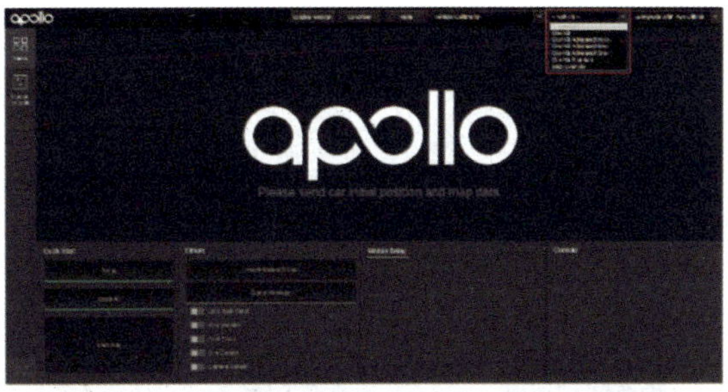	输入命令：bash apollo.sh build_opt bash scripts/bootstrap.sh，根据车辆信息选择车型
2. 启动标定所需要的软件模块	同上	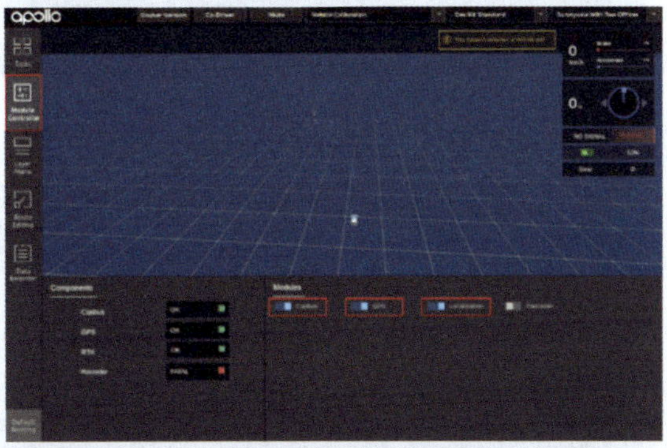	选择 Module Controller 标签，然后在主界面启动 CANBUS、GPS、Localization 模块
3. 等待 CANBUS，GPS，RTK 信号至正常	同上	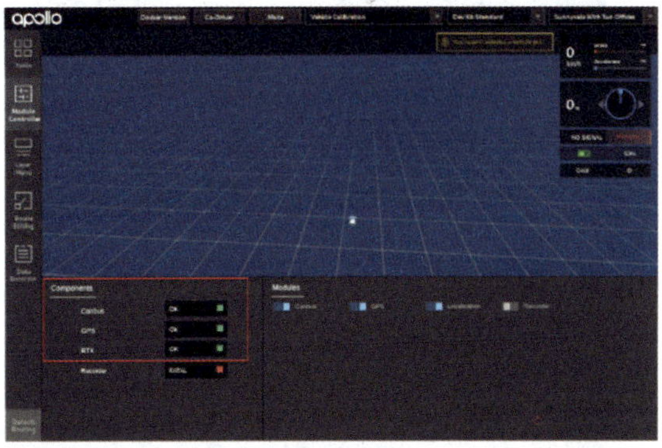	通过左侧 Components 查看 CANBUS，GPS，RTK 状态，直到信号都达到 OK 才能够进行下一步，Localization 启动后，需要等待 1~2min，RTK 状态才能变成 OK
4. 进入采集界面	同上	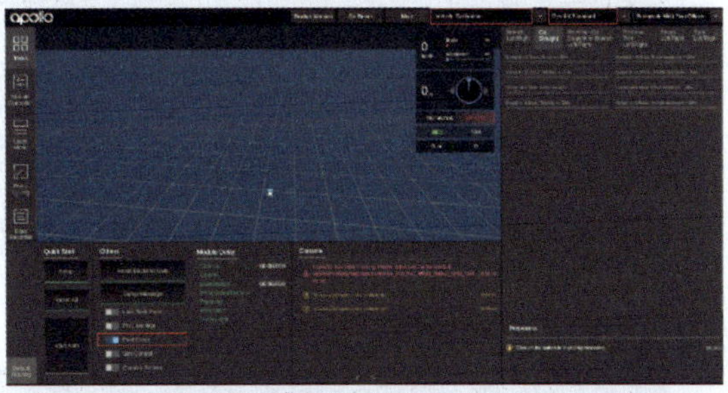	在 Others 区域，打开 Fuel Client 开关启动云服务采集界面，然后在界面右上侧选择 Go Straight 标签，查看
5. 开始采集	同上	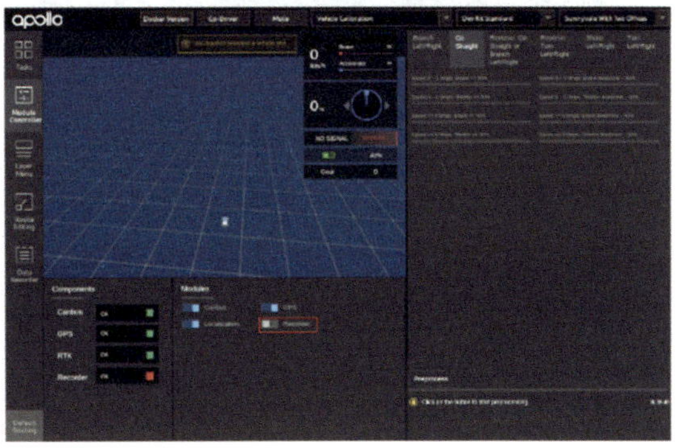	选择 Module Controller，这时单击 Recorder 开关，开始录制标定数据，Apollo 系统开始录制记录车辆标定数据

(续)

实施步骤	使用工具	图示	操作要点
6. 采集相应标定条件的车辆数据	同上	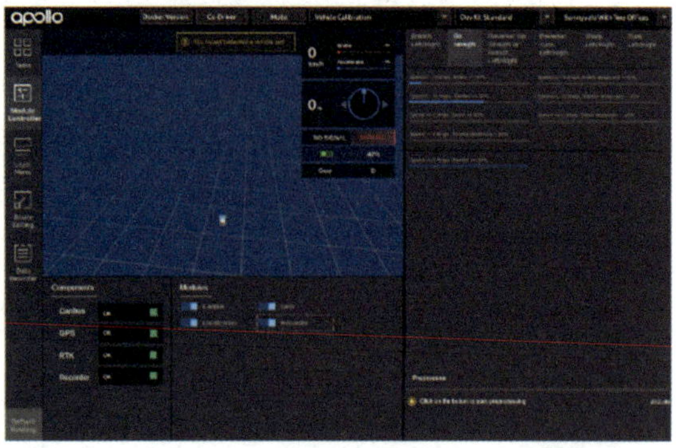	使用遥控器遥控车辆，采集相应标定条件的车辆数据，每符合标定条件 1 次，则进度条增加 1 点，直至进度条增加满为止
7. 关闭数据记录，结束车辆标定数据采集	同上	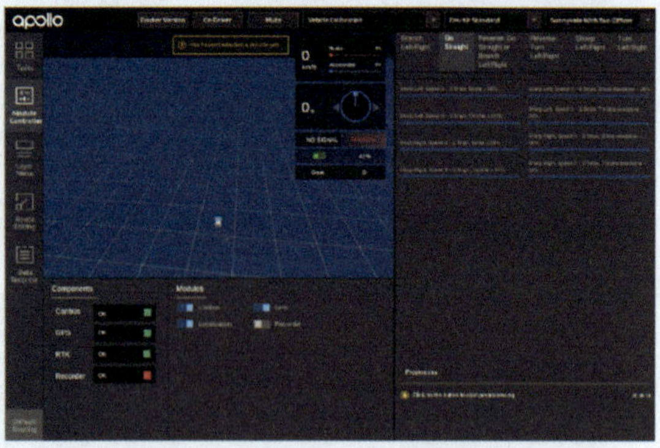	待监视器内各标定条件进度条（蓝色）全部采集完成后，单击关闭 Recorder 开关，关闭数据记录，结束车辆标定数据采集
8. 对标定数据进行预处理	同上	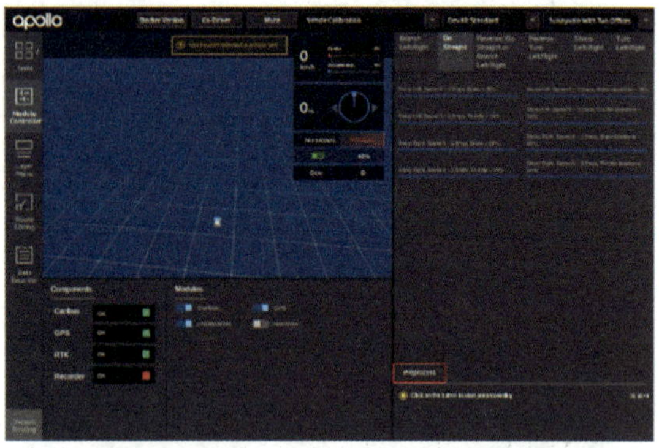	采集完车辆的标定数据，关闭 Recorder 后，如左图所示，单击右下角 Preprocess 按钮，进行标定数据预处理
9. 查看预处理结果	同上	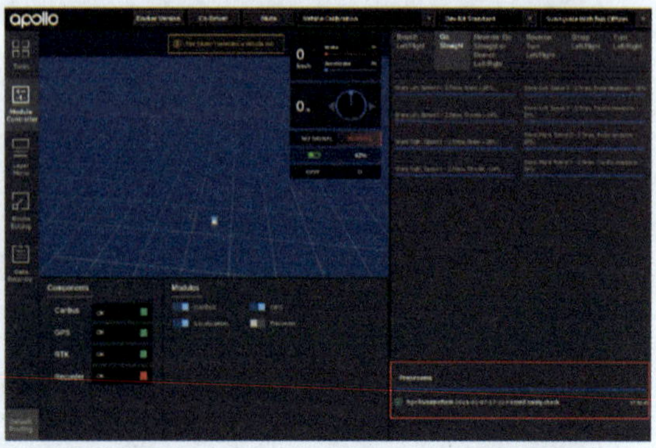	单击"Preprocess"按钮后，首先对标定数据进行数据完整检查。如果数据完整检查不通过，在进度条下方会有不通过的错误提示

（续）

实施步骤	使用工具	图示	操作要点
10. 拷贝预处理完成后的文件夹，用于标定	同上	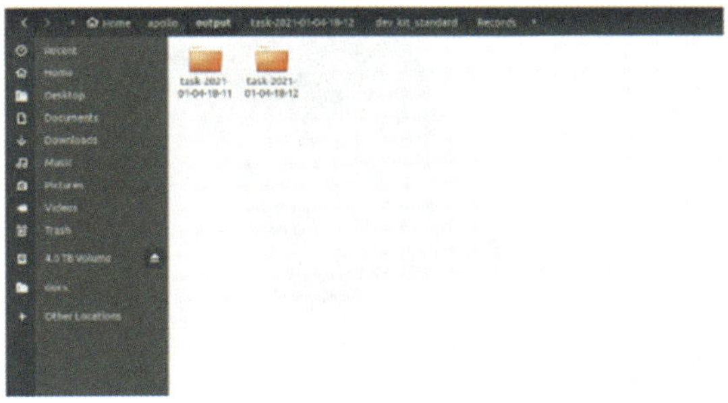	结束数据完整检查，将生成的预处理数据存入到 apollo/output/task-*******
11. 上传结果至 BOS	同上	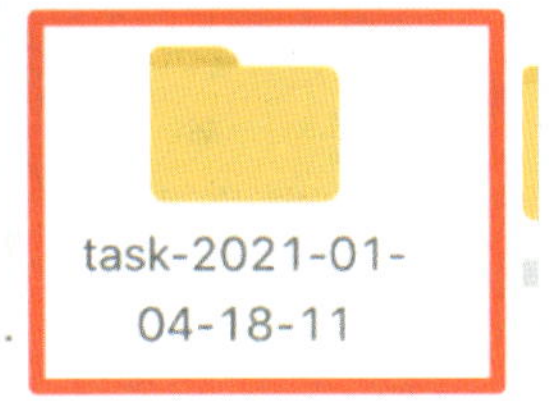	在 BOS 的初始目录，上传上一步选择的文件夹
12. 进入 Apollo 云服务任务页面	同上	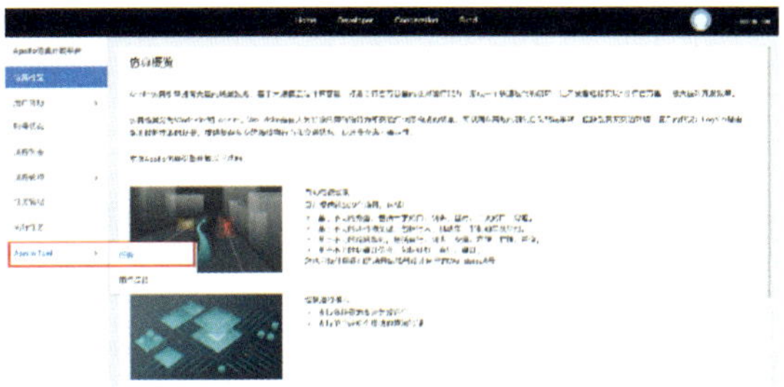	登录后，在左侧框中选择 Apollo Fuel →任务
13. 新建任务	同上		单击"新建任务"
14. 查看车辆定位信息	同上	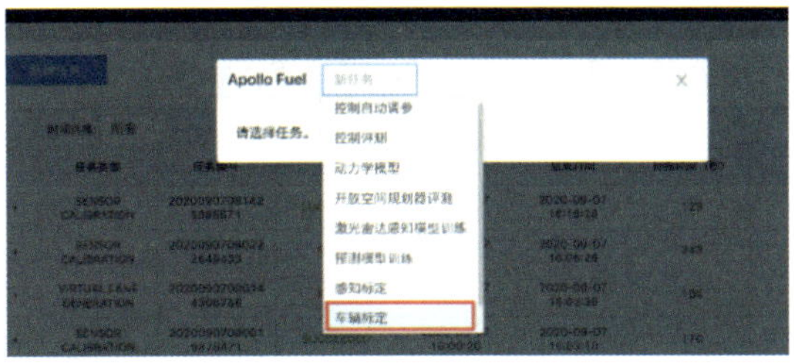	在下拉框内选择"车辆标定"
15. 输入相应要评测的数据路径	计算机		在输入数据路径中填写到根目录，在本示例中填写为 task001

（续）

实施步骤	使用工具	图示	操作要点
16. 获取标定结果及标定表	同上	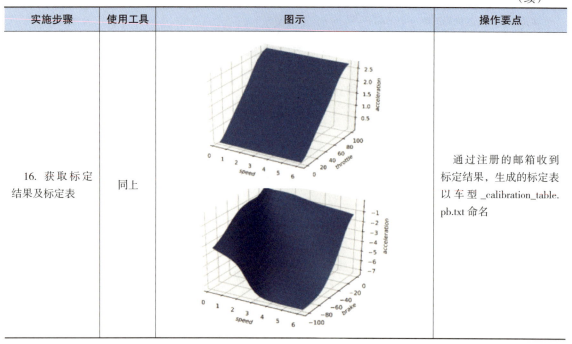	通过注册的邮箱收到标定结果，生成的标定表以车型_calibration_table.pb.txt 命名

任务评价

Apollo Studio 平台训练的操作评分标准

学生姓名：_____　　学生学号：_____　　操作用时：_____ min

序号	作业内容	配分	作业项目	分值	扣分	备注
1	车辆控制评测分析云服务应用	30	□进入 Apollo 云服务任务页面	5		如有未完成的项目，根据情况酌情扣分
			□新建任务	5		
			□选择控制评测	5		
			□输入数据路径	5		
			□获取评测结果	10		
2	车辆动力学云标定	70	□将车辆移动至适合标定的场地，启动 Apollo，选择模式与车型	5		
			□启动标定所需要的软件模块	5		
			□等待 CANBUS、GPS、RTK 信号至正常	5		
			□进入采集界面，开始采集	5		
			□采集相应标定条件的车辆数据	5		
			□关闭数据记录，结束车辆标定数据采集	5		
			□对标定数据进行预处理	5		
			□查看预处理结果	5		
			□上传结果至 BOS	5		
			□进入 Apollo 云服务任务页面	5		

(续)

序号	作业内容	配分	作业项目	分值	扣分	备注
2	车辆动力学云标定	70	□新建任务	5		如有未完成的项目，根据情况酌情扣分
			□查看车辆定位信息	5		
			□输入相应要评测的数据路径	5		
			□获取标定结果及标定表，将标定表写入控制配置文件中	5		
合　计				100		

考核成绩：_____　　　　教师签字：_____

课后测评

一、选择题

1. （　　）不是控制模块输出的控制命令。
   A. 转向盘　　　B. 激光雷达　　　C. 加速踏板　　　D. 制动

2. （　　）不是纵向控制模块所具备的功能。
   A. 位置闭环　　B. 速度闭环　　　C. 控制闭环　　　D. 标定表

3. （　　）不是纵向控制中线控制动功能的子功能。
   A. 制动功能　　B. 制动反馈　　　C. 越界处理　　　D. 档位控制

二、判断题

（　　）1. 在Apollo自动驾驶平台中，控制模块是整个自动驾驶软件系统中的执行环节。

（　　）2. 开发1辆搭载Apollo系统的车辆，首先的工作就是建立Apollo与车辆底层之间的通信。

（　　）3. Apollo系统中，控制模块由横向控制模块和纵向控制模块两个子模块组成。

（　　）4. Apollo系统中，横向控制模块的转向盘开环是通过上游规划模块输出的目标转向盘角度和下游CANBUS模块返回的实际转向盘角度做差，作为控制器的转向盘开环输出。

（　　）5. Apollo系统中，纵向控制模块的速度闭环是通过规划模块的目标车辆位置和定位模块给出的实际车辆位置做差，经过纵向位置控制器生成对应的速度偏差。

三、简答题

1. 简述控制模块的调试流程。
2. 简述控制模块中底盘线控执行系统的装配调试流程。
3. 简述常见的底盘线控系统的通信故障检测方法。

参考文献 References

[1] 王敏，付建宽，宗岩，等.高级别自动驾驶汽车计算平台综述［J］.时代汽车，2021（22）：30-32.

[2] 邹文超，李仁发，吴武飞.适应于自动驾驶的计算结构与平台综述［J］.计算机工程与科学，2019，41（3）：505-512.

[3] 孔凡忠，徐小娟，褚景尧.智能汽车计算平台的关键技术与核心器件［J］.中国工业和信息化，2018（6）：28-38.

[4] 李明.基于多片多核处理器的自动驾驶控制软硬件架构实现研究［D］.长春：吉林大学，2021［2021-05-01］.

[5] 邵亚辉，郑岩，战伟.2018中国汽车工程学会年会论文集［C］.北京：机械工业出版社，2018.

[6] 荆喆.汽车软件架构的标准与应用［J］.智能网联汽车，2021（3）：37-39.

[7] 彭俊杰.车载以太网软件架构研究［D］.成都：电子科技大学，2019［2019-04-01］.